Katharina Fantl Julia Litschko

Dein Kind isst besser, als du denkst!

Katharina Fantl Julia Litschko

Dein Kind isst besser, als du denkst!

Das confidimus-Prinzip

Warum Eltern
dem inneren
Ernährungskompass
vertrauen können

Kösel

Für unsere Jungs
Vincent, Valentin, Paul und Vitus.

Inhaltsverzeichnis

Vorwort

Ausgewogen, abwechslungsreich, mit viel Obst und Gemüse, Vollkornbrot und wenig Zucker: So oder so ähnlich stellen wir uns als Eltern eine gesunde Ernährung für unsere Kinder vor. Allerdings deckt sich diese Vorstellung selten mit den Vorlieben der jüngsten Familienmitglieder: Das Gemüse wird standhaft ignoriert. Der Obstkorb ringt verzweifelt um Aufmerksamkeit. Nudeln ohne Sauce bestimmen wochenlang den Speiseplan. Schokolade und Eis stehen gefühlt immer hoch im Kurs.

Oft entstehen am Esstisch Machtkämpfe, weil wir uns als Eltern darüber ärgern, dass das grüne Gemüse verschmäht wird. Wir sehen uns in der Verantwortung, unseren Kindern zu erklären, was gesund für sie ist. »Und grünes Gemüse enthält doch so viele Vitamine!«, ruft die innere Stimme uns zu.

Wir stellen Regeln auf, sodass die Marmelade abends nicht mehr ihren Weg auf den Esstisch findet. Den Gemüseteller machen wir zur Pflicht, erst danach darf es Pudding geben. Und am Ende des Tages haben wir als Eltern irgendwie den Eindruck, dass Freude und Genuss buchstäblich unter den Tisch fallen.

Wir sind selbst Mütter und möchten diese Situation gerne ändern. Nicht nur, damit Essen wieder Spaß macht, sondern vor allem, damit Kinder ein gesundes Essverhalten entwickeln. Und das schaffen sie, wenn wir sie in dem Selbstvertrauen aufwachsen lassen, dass ihr Körper ein absolut zuverlässiger Ernährungskompass ist: Er signalisiert Hunger und Sättigung. Und er zeigt uns anhand von minimalen Signalen an, welche Nahrung die individuell richtige für uns ist.

Ja, das deckt sich nicht immer mit den Empfehlungen von Ernährungsexperten und -ratgebern. Aber gerade deshalb ist Vertrauen am Esstisch so wichtig. Denn gesunde Ernährung ist etwas ganz individuelles, und ein intakter innerer Ernährungskompass kann Kinder vor Übergewicht und Essverhaltensstörungen schützen. Rigide Ernährungsempfehlungen aber bringen diese faszinierende innere Orientierung aus dem Gleichgewicht.

Mit dem von uns entwickelten confidimus-Prinzip helfen wir Familien, einen vertrauensvollen und gelassenen Umgang mit dem Thema Ernährung zu finden. Im Rahmen von Kursen und Coachings begleiten wir sie auf diesem Weg. Kinder, die Diät halten mussten, finden zurück zu einem natürlichen Körpergefühl und lernen, wieder auf Hunger und Sättigung zu vertrauen. Eltern mit einer strikten Haltung zum Thema Zucker lösen sich von ihrem Regelwerk und erleben verblüffende Aha-Momente, weil die Kinder ausgewogener essen als zunächst vermutet. Familien, die stark kontrollierend auf das Essverhalten von Kindern einwirken, lernen, dass ein gesundes Essverhalten keine Kontrolle braucht, sondern Vielfalt, Freude und Vertrauen.

Wir möchten darauf hinweisen, dass wir präventiv und niedrigschwellig mit gesunden Kindern arbeiten. Wenn Sie das Gefühl haben, dass Ihr Kind eine Essverhaltensstörung entwickelt hat oder ernsthaft krank ist, suchen Sie bitte Ihren Kinderarzt auf. Auch wenn Sie den Eindruck haben, dass Ihr Kind überhaupt keine Sättigung spüren kann, sollten Sie einen Arzt zurate ziehen. In sehr seltenen Fällen kann ein biologisch inaktives Sättigungshormon die Ursache sein.

Trotz aller Prävention ist natürlich nicht auszuschließen, dass ein Kind dennoch ein problematisches Essverhalten entwickelt. Dabei spielen stets mehrere Faktoren eine Rolle, wie beispielsweise bestimmte Charaktereigenschaften und die genetische Veranlagung. Es gibt keine Garantie, aber wir können Ihnen helfen, Bedingungen zu schaffen, die es unwahrscheinlicher machen, dass das natürliche Essverhalten Ihres Kindes beeinträchtigt wird.

Unsere Coaching-Familien bestätigen uns, dass es möglich ist, Kindern auch ohne Regeln und Verbote ein ausgewogenes Essverhalten zu vermitteln: auf liebevolle, wertschätzende und achtsame Weise. Für dieses Buch haben wir viele eindrückliche Erfahrungsberichte aus unserer Coaching-Praxis zusammengetragen und uns entschlossen, diese zur Wahrung der Identität mit geänderten Namen zu veröffentlichen – mit Ausnahme von Vincent, Paul, Valentin und Vitus. Wenn Ihnen diese vier Namen begegnen, wissen Sie, dass wir von unseren eigenen Familienerfahrungen sprechen.

Wir raten Ihnen nicht, bestehende Essensregeln abzuschaffen, weil sie anstrengend und mühsam durchzusetzen sind. Wir laden Sie ein, Vertrauen zu schenken und zeigen Ihnen einen Weg, wie dies gelingen kann. Für starke Kinder, die im Selbstvertrauen aufwachsen.

Katharina Fantl und Julia Litschko

Einleitung

Das confidimus-Prinzip

Was dürfen Sie von diesem Buch erwarten?

Unser Leben als Eltern ist bunt und herausfordernd: Für unsere Kinder sind wir der Fels in der Brandung. Wir sind ihre Motivationstrainer, und sie verlassen sich darauf, dass wir als medizinische Ersthelfer und Beschützer für sie da sind. Wir sind mutige Spielplatz-Eroberer, kluge Verhandlungsstrategen, einfallsreiche Ideengeber, begabte (oder bemühte) Küchenchefs und gut informierte Ernährungsberater. »Denn Kinder müssen sich doch gesund ernähren!«

Aber was macht eine gesunde Ernährung für Kinder aus? Dieser Frage versuchen Hunderte Ratgeber, Bücher und Experten auf den Grund zu gehen. Mitunter wollen auch Großeltern und andere Mütter oder Väter mit Ratschlägen behilflich sein. Dabei zeigt sich oft: Kaum ein Thema kennt so viele Wahrheiten wie gesunde Ernährung. Wir wissen viel. Aber viele Informationen sind auch widersprüchlich.

Was dürfen Sie von diesem Buch erwarten? Sie lernen einen ganzheitlichen Ansatz kennen, der Ihnen vermittelt, dass Kinder in puncto Ernährung auf ihre Körperintelligenz vertrauen dürfen oder sie wiedererlangen können. Was uns darüber hinaus am Herzen liegt: Ihnen als Eltern mehr Selbstvertrauen und Gelassenheit zu vermitteln, damit Sie Ihr eigenes Selbstwertgefühl und dadurch auch das Ihres Kindes stärken können. Wir wünschen uns, dass Sie sich als Mutter, als Vater, als Familie – gemeinsam mit Ihrem Kind –

auf eine Reise begeben. Dieses Buch dreht sich nicht darum, wie Sie Ihr Kind optimieren können. Es weist Ihnen einen Weg, den Sie gemeinsam gehen können.

Wir hoffen, dass dieses Buch viele Ihrer Ansichten zu gesunder Kinderernährung auf den Kopf stellt. Es trägt die Handschrift zweier Mütter, deren Alltag genauso bunt und herausfordernd ist wie Ihr Familienleben. Was wir aber nicht mehr tun: unsere Kinder am Esstisch bevormunden. Nicht, weil wir resignieren, sondern weil wir es für absolut entbehrlich halten. Ja, unsere Kinder dürfen essen, was sie möchten. Sie dürfen etwas übrig lassen und Nachschlag verlangen. Wenn sie mal gar keinen Hunger haben, ist das auch in Ordnung und für uns kein Grund zur Sorge. Dabei stehen auch wir immer wieder vor Herausforderungen – und wir versuchen, sie ohne Perfektionsdruck zu meistern. Denn wir sind fest überzeugt, dass ein achtsamer und vertrauensvoller Umgang mit Kindern, die ihrer Körperintelligenz uneingeschränkt folgen dürfen, der beste Weg zu Selbstvertrauen, Stärke und einem lebenslang entspannten, gesunden Essverhalten ist.

Mehr als ein Buch

Wir haben für dieses Buch so viele Inhalte, Übungen, Tipps und Expertenmeinungen zusammengetragen, dass wir – hätten wir alles in der gedruckten Fassung veröffentlicht – es wohl auf den Umfang eines Lexikons gebracht hätten. Dennoch möchten wir Ihnen diese Inhalte natürlich nicht vorenthalten. Unter www.koesel.de/deinkindisstbesser finden Sie die folgenden, zusätzlichen Materialien zum Download:

- **Arbeitsblätter zu unseren Coaching-Tools** – Sie finden einen Hinweis zum Download jeweils direkt an den entsprechenden Stellen im Buch.
- **Zahlreiche Experteninterviews** – die wir mit Ärzten, Therapeuten und Pädagogen geführt haben.
- **Ein Audio-Mentaltraining** – das Sie als Eltern gezielt darin unterstützt, loszulassen und das Vertrauen in Ihr Kind zu stärken.

Wie der Fokus auf gesunde Ernährung das natürliche Essverhalten unserer Kinder ruiniert

Viele Eltern, vielleicht zählen auch Sie dazu, verfügen über ein beeindruckendes Wissen rund um das Thema Ernährung: Sie können Lebensmittel routiniert und treffsicher in eine gesunde und eine ungesunde Ecke stellen. Eine Untersuchung mit Grundschülern hat gezeigt, dass auch Kinder diese Einteilung schon sehr gut vornehmen können: Man bat sie, eine Auswahl von Produkten in »gesunde Lebensmittel« wie Vollkornbrot oder Salat und »nicht gesunde Lebensmittel« wie Süßigkeiten und Burger einzusortieren – für die Kinder kein Problem, sie erledigten die Aufgabe zielsicher und fehlerfrei. Danach waren sie aufgefordert, dieselben Produkte den Kategorien »mag ich« oder »mag ich nicht« zuzuordnen. Das Ergebnis wird Sie nicht überraschen: Alles Gesunde landete in der »mag ich nicht«-Ecke, während die vermeintlich ungesunden Lebensmittel in die »mag ich«-Ecke sortiert wurden.[1]

Das kognitive Wissen, welche Lebensmittel gesund oder ungesund sind, beeinflusst also Vorlieben und Essverhalten bei Kindern möglicherweise eher in gegenteiliger Hinsicht. Als Eltern sagen wir: »Iss bitte mehr davon, das ist gesund!« und betiteln damit Speisen, die Kinder in der Regel nicht so gerne essen. Das vermeintlich gesunde Lebensmittel wird aus der Kinderperspektive zudem mit Zwang und Bevormundung assoziiert.

Kinder hören den Begriff *gesund* und denken: Das schmeckt mir eh nicht!

Wenn wir uns also wünschen, dass unsere Kinder ausgewogen essen, können wir dies nicht durch die Vermittlung von Ernährungswissen erzwingen.

In unseren Augen sind Empfehlungen und Regeln wie beispielsweise »fünf Mahlzeiten pro Tag«, »viel Obst und Gemüse«, »regelmäßig Vollkorn-Getreide« oder »ausreichend trinken« kontraproduktiv, weil sie nicht dazu führen, dass Kinder ein gesundes Essverhalten entwickeln. Sie bewirken eher das Gegenteil, denn sie setzen Eltern unter Druck, weil Kinder in den allermeisten Fällen nicht so essen, wie Ernährungsexperten es empfehlen.

Kinder orientieren sich nicht an Regeln und Vorgaben, sie verlassen sich beim Essen auf ihr Körpergefühl. Es ist ihnen gleichgültig, ob Experten fünf Mahlzeiten pro Tag empfehlen: Wenn sie nachmittags nicht hungrig sind, essen sie nichts – es sei denn, die Eltern bestehen darauf. Wenn Kinder morgens zu Hause ausgiebig gefrühstückt haben, rühren sie ihre Brotdose in der Schule oder dem Kindergarten oft nicht an. Wenn sie Durst haben, trinken sie viel. Wenn das Vollkornbrot ihnen Bauchschmerzen bereitet, lassen sie verständlicherweise die Finger davon. Und wenn der Brokkoli komisch riecht, lehnen sie ihn ab, völlig unabhängig davon, ob Mama und Papa erklären, dass darin viele Vitamine enthalten sind und sie selbst unglaublich gerne Brokkoli essen. Er riecht trotzdem komisch! Der Körper des Kindes signalisiert Ablehnung im Sinne von: Das bekommt mir nicht gut, bitte iss das nicht! Das Kind folgt diesem inneren Signal, es vertraut auf seinen Körper. Es braucht kein Ernährungswissen, um sich gesund zu ernähren.

Leider kann es passieren,dass wir mit unserem Gesundheitsfokus, unserem Verhalten und den gesendeten Botschaften bei kleinen Kindern das säen, was wir als Essverhaltensstörung bei Jugendlichen ernten. Eine junge Frau, die Teil unseres confidimus-Netzwerks ist, schildert genau diese schmerzvolle Erfahrung:

Leider haben alle Frauen in meiner Familie ein problematisches Verhältnis zum Essen und zu ihrem Körper. Meine Mutter absolvierte immer wieder erfolglos Diätprogramme. Die Botschaft, die sie mir vermittelte, war klar: »Als Frau muss man auf sein Gewicht achten.« Auch meine Oma geht alles andere als ungezwungen mit dem Thema Essen um. Sie selbst isst nichts Süßes, weil sie stets Sorge hat, zuzunehmen. Schon als Kind habe ich von ihr Sätze gehört wie: »Ich darf das nicht essen, da ich sonst dick werde.« Leider hat sie auch immer wieder schlecht über übergewichtige Menschen gesprochen und deren Disziplinlosigkeit angeprangert. Gleichzeitig hat sie mir häufig Essen regelrecht aufgezwungen. Von mir wurde erwartet, dass ich den von ihr gebackenen Kuchen esse, auch wenn ich gerade gar nicht hungrig war. Heute ist mir klar, dass sie mit ihrem Verhalten wohl versucht hat, eigene Probleme zu kompensieren; ähnlich wie Magersüchtige, die ihre Familie bekochen. Sicher spielte auch eine Rolle, dass sie das Kuchenessen mit Anerkennung und Liebe verknüpfte, im Sinne von: Wird mein Kuchen geliebt, werde auch ich geliebt. Heute kann ich sagen, dass diese Beeinflussungen viel mit mir gemacht haben. Einerseits wurde mein Essverhalten stark kontrolliert, ich wurde meiner Autonomie beraubt, denn die Erwachsenen haben entschieden, wie viel Nahrung ich brauche. Meinen Hunger- und Sättigungssignalen durfte ich nicht folgen. Und dann konnte ich sie irgendwann selbst nicht mehr spüren. Andererseits wurde mir auch beigebracht, innere Kontrolle aufzubauen. Tief in mir hatte ich verinnerlicht: »Als Frau muss man diszipliniert essen, sonst wird man dick.« Bei mir hat sich dies dahingehend ausgewirkt, dass ich Bulimie entwickelt habe. Beide Faktoren, sowohl die Kontrolle von außen als auch der Druck, diszipliniert essen zu müssen, haben dabei eine große Rolle gespielt. Die Bulimie war meine Art der Kompensation.

Als Eltern haben wir leider ständig das Gefühl, dass unser Ernährungswissen (Brokkoli hat viele Vitamine und wenig Kalorien) wichtiger ist als die innere Stimme unserer Kinder (Der Brokkoli riecht komisch). Und das beschreibt genau das Dilemma, in dem wir uns befinden. Experten sagen uns: Das ist gesund für dein Kind! Nur leider will das Kind den Brokkoli nicht essen. Egal, wie liebevoll wir ihn zubereitet haben. Wie kann eine Lösung aussehen? Wir schlagen Ihnen diesen Weg vor:

Sie können Ihr Kind auf liebevolle und wertschätzende Weise dabei begleiten, ohne Druck und Zwang ein unbeschwertes und gesundes Essverhalten zu entwickeln. Sie unterstützen Ihr Kind dabei, Hunger und Sättigung zu spüren und erlauben ihm, auf die natürlichen Signale seines Körpers zu vertrauen. Sie verzichten darauf, Ihr Kind beim Essen zu bevormunden, sondern ermutigen es, seinen Körper wertzuschätzen. Und wenn der Körper Ihres Kindes sagt: »Bitte keinen Brokkoli!«, dann akzeptieren Sie das und bestärken Ihr Kind darin, nur das zu essen, was ihm gut schmeckt und auch gut bekommt. Weil Sie darauf vertrauen, dass es sich nimmt, was es braucht. Sie ermutigen Ihr Kind, eigene Erfahrungen zu machen. Sie bieten ihm viele verschiedene Lebensmittel an und lassen es auch mal über die Stränge schlagen, weil Sie wissen: Jede Erfahrung prägt sich ein. Sie stehen verteidigend hinter Ihrem Kind, wenn die Oma sagt: »Iss bitte den Teller leer!« Sie schenken Ihrem Kind Vertrauen beim Essen. Weil für Sie nicht Ernährungsempfehlungen oder gesellschaftliche Akzeptanz wichtig sind, sondern das Wohlbefinden Ihres Kindes. Sie vermitteln Ihrem Kind ein gesundes Essverhalten, das nicht auf den Empfehlungen Dritter basiert, sondern auf den individuellen Vorlieben Ihres Kindes.

Wenn es Ihnen am Herzen liegt, dass die Ernährungsweise Ihres Kindes seine individuelle Entwicklung optimal unterstützt, dann ist unser Ansatz für Sie genau richtig.

Und der erste, wichtige Schritt in diese Richtung ist: Lösen Sie sich von Regeln, Tipps und Vorgaben, die Ihnen einreden wollen »Nur wenn ein Kind so und so isst, entwickelt es sich auch gesund«.

Vertrauen kann nicht halbherzig gelebt werden. Es ist nicht vertrauensbildend, wenn Sie Ihr Kind bei den (vermeintlich) gesunden Lebensmitteln frei wählen lassen, während Sie die ungünstigen Lebensmittel strikt begrenzen. Entweder wir entschciden uns für das Vertrauen in unsere Kinder und lernen loszulassen, oder wir bleiben bei unserem starren Regelwerk.

Warum es die *eine* gesunde Ernährungsweise nicht gibt

Um eines vorwegzunehmen: Wir vertreten nicht die Haltung »Jeder esse so viele Fertigprodukte und Süßigkeiten, wie er kann!«. Kinder, die sich gut spüren und ihren Körpersignalen vertrauen, tun dies auch nicht. Vielmehr setzen wir uns dafür ein, dass Kinder Vertrauen in ihren Körper entwickeln und ungezwungen und selbstbestimmt am Esstisch entscheiden dürfen, was ihnen guttut.

Denn: Jeder Organismus verstoffwechselt Nahrung unterschiedlich, sodass es keine allgemeingültigen Ernährungsempfehlungen geben kann, die für alle Menschen gleichermaßen gelten. Der Gesundheitswissenschaftler Thomas Frankenbach bestätigt: »Jeder Mensch ist einzigartig und hat individuelle Ernährungsbedürfnisse. Und die können sehr unterschiedlich ausfallen. Allein schon die Genetik und die jeweilige Lebenssituation sorgen dafür, dass Nahrung, die dem einen Menschen guttut, beim anderen bereits die Ursache für gesundheitliche Probleme sein kann.«[2] Vollkorn ist also immer die beste Wahl? Nein, nicht für all die Menschen, denen das Vollkornbrot Bauchschmerzen bereitet.

Vielleicht ruft Ihre innere Stimme nun laut: »Aber es ist doch bewiesen, dass Zucker ungesund ist! Es kann doch nicht die Lösung sein, wenn mein Kind nur noch Pommes, Pizza und Süßigkeiten in sich hineinschaufelt.« Keine Sorge: Auf all diese Aspekte gehen wir ein. Wir verstehen Ihre Ängste. Aber wir sind überzeugt, dass Ihnen dieses Buch helfen wird, sie zu überwinden. Und dass Sie es auf diese Weise schaffen, die natürliche Körperintelligenz Ihres Kindes nachhaltig zu stärken.

Wir stehen nicht für Laisser-faire. Wir stehen für eine vielfältige, individuelle Ernährung, die Genuss und Freude in den Mittelpunkt rückt.

Wir schreiben die Regeln neu

Lassen Sie uns die weitverbreiteten Regeln zu gesunder Kinderernährung also neu schreiben und dabei den inneren Ernährungskompass von Kindern in den Mittelpunkt rücken. Wenn wir für das confidimus-Prinzip ein Regelwerk hätten, dann würde es wie folgt lauten:

1. ~~Richtig und ausreichend trinken.~~

Jedes Kind darf sich auf sein Durstgefühl verlassen und so die richtige Trinkmenge für sich selbst herausfinden. Wichtig ist, dass Ihr Kind jederzeit die Möglichkeit hat, sich etwas zu trinken zu nehmen.

2. ~~Öfter mal frisch kochen.~~

Ja, denn grundsätzlich gilt: Je natürlicher eine Mahlzeit ist, umso besser können wir spüren, ob wir sie gut vertragen.

Wir dürfen als Eltern aber auch eine Tiefkühlpizza oder Tütensuppe in den Einkaufswagen legen – das ist okay und kein Grund, weshalb wir uns schlecht fühlen müssen. Hauptsache, der Familien-Esstisch bleibt bunt und vielfältig!

3. ~~Viel Obst und Gemüse.~~

Bieten Sie verschiedene und immer wieder wechselnde Obst- und Gemüsesorten an – und überlassen Sie Ihrem Kind die Entscheidung, was es probieren möchte.

4. ~~Mehrere Mahlzeiten am Tag.~~

Jedes Kind darf sich auf sein Hungergefühl verlassen und so für sich selbst herausfinden, wie viele Mahlzeiten es braucht. Dennoch kommt die Familie zu festen Essenszeiten zusammen.

5. ~~Wöchentlich Fisch.~~

Wöchentliche Vielfalt! Wenn Ihr Kind gerne Fisch isst, wunderbar! Wenn nicht: Auch okay! Dann überreden Sie es bitte auch nicht.

6. ~~Regelmäßig Vollkorn-Getreide.~~

Wenn Ihr Kind oder Sie gerne Vollkorn essen – warum nicht? Aber wenn Ihr Kind lieber Weißmehl-Produkte mag, dann ist das auch in Ordnung. Setzen Sie sich nicht damit unter Druck, dass es regelmäßig Vollkorn-Produkte geben muss.

7. ~~Milchprodukte für die Knochen.~~

Bieten Sie gerne Milchprodukte an, wenn Sie mögen. Aber wenn

Ihrer Familie Milchprodukte generell nicht gut bekommen, gibt es keinen Grund, sie regelmäßig auf den Tisch zu bringen.

8. ~~Nicht jeden Tag Fleisch und Wurst.~~

Wenn Ihr Kind gerade Heißhunger auf Fleisch und Wurst hat, dann darf es zugreifen, auch täglich, wenn es ihm gut bekommt. Häufig werden diese Phasen durch komplett neue Vorlieben abgelöst. Und ja – warum sollte die Wurst nicht auch mal ohne Brot gegessen werden?

9. ~~Hochwertige Fette bevorzugen.~~

Bevorzugen Sie die Fette, die Ihnen und Ihrer Familie schmecken und guttun. Ein Beispiel: Die Butter, lange als ungesund abgetan, wurde in jüngster Zeit von der Wissenschaft rehabilitiert – plötzlich ist sie wieder gesund!

10. ~~Mit Süßigkeiten clever jonglieren.~~

Helfen Sie Ihren Kindern, einen selbstbestimmten Umgang mit Zucker zu erlernen, indem Sie Süßes nicht verteufeln, verbieten oder einschränken und gleichzeitig achtsam mit Ihrem Kind und mit sich selbst sind.

Unser Ansatz: Vertrauen und Unterstützung mit Liebe und Respekt

Dieses Buch hat keinen explizit ernährungswissenschaftlichen Hintergrund. Natürlich haben wir zahlreiche Studien analysiert und Experten um ihre Einschätzung gebeten. Neben all der Recherche und der Suche nach wissenschaftlichen Belegen haben wir aber vor allem eines getan: unsere eigenen Denkmuster gekippt, etwas Neues gewagt und unglaubliche Aha-Momente mit unseren Kindern erlebt. Wir haben unser Wissen und unsere Erfahrungen zusammengetragen und einen alternativen Ansatz zur gesunden Kinderernährung entwickelt. Wir haben Familien gecoacht und unbeschreiblich Schönes und Berührendes erlebt – und diese Dinge möchten wir mit Ihnen teilen, von Eltern für Eltern.

Das confidimus-Prinzip stellt die innere Stimme unserer Kinder über gesellschaftliche Zwänge zum Thema Ernährung. Denn Kinder machen in puncto Ernährung intuitiv sehr vieles richtig: Sie essen mit Freude und undogmatisch, wenn der Hunger sich meldet, und sie hören auf, wenn der Körper sagt: Stopp, ich bin satt!

Als wir anfingen, ein natürliches Essverhalten in unseren Familien zu verankern, wurde uns bewusst: Es geht nicht nur darum, den Kindern zu vertrauen. Wir mussten auch bei uns selbst ansetzen. Wir wünschten uns für unsere Kinder ein ungezwungenes, natürliches und vertrauensvolles Körpergefühl. Sie sollten lernen, unbeschwert zu essen – in der Hoffnung, dass sie später nicht jedem Diät-, Ernährungs- oder Selbstoptimierungstrend hinterherlaufen würden. Aber wir selbst waren längst nicht so weit, unseren Kindern dieses Verhalten vorzuleben. Wir mussten unsere Denkmuster und Gewohnheiten hinterfragen, Diätzwänge nach und nach ablegen und unsere Glaubenssätze kritisch reflektieren. Was uns dabei geholfen hat, waren drei zentrale Bausteine:

- fundiertes Wissen über den Körper und unsere Körperintelligenz
- prägende Erfahrungen
- die Bereitschaft, loszulassen, sprich: Kontrolle abzugeben.

Wir haben gelernt, uns und unseren Kindern zu vertrauen. Und das schaffen Sie auch.

Der Wendepunkt kam, als Paul drei Jahre alt war, und zwar genau in dem Moment, als ich mit dem Staubsauger unter unser Familiensofa tauchte. Üblicherweise finde ich dort Staub und Spielzeug. Manchmal auch Dinge, die ich gedanklich schon in die Kategorie »Für immer verschollen« eingeordnet hatte. An diesem Tag jedoch entdeckte ich einen kleinen, bunten Müllberg. Das, was von Kinderriegel, Schokobons, Smarties und Co. übrig geblieben war, hatte unser jüngstes Familienmitglied strategisch klug in der hintersten Ecke platziert und präzise angehäuft. Ich unterdrückte den ersten Impuls, meinen Sohn schimpfend mit meiner Entdeckung zu konfrontieren. Auf dem Wohnzimmerboden sitzend kam ich ins Grübeln: Wie hatte er es geschafft, sich unbeobachtet Süßigkeiten zu nehmen? Warum hatte er mich nicht einfach gefragt? Diese Frage konnte ich mir ehrlich gesagt ziemlich schnell selbst beantworten: Ich hätte eh Nein gesagt.

Ich war verärgert und fühlte mich ertappt. Eigentlich sah ich mich nicht in der Rolle der strengen Mutter, die alles verbietet. Aber ich war es wohl doch.

Beeindruckt von dem verwegenen Plan meines Dreijährigen, nicht nur still und heimlich Schokolade zu essen, sondern die Hinterlassenschaften seiner Tat auch noch taktisch klug zu verstecken, musste ich mir eingestehen, dass beim Thema Ernährung in unserer Familie etwas falsch lief.

In puncto Zucker waren wir als Eltern zugegebenermaßen recht streng, ja. Gedanklich ging ich die nahezu unverrückbaren Anti-Zucker-Regeln durch, die ich voller Überzeugung und in dem festen Glauben, das Richtige zu tun, eingeführt hatte. So durfte sich beispielsweise das Nutella-Glas nur sonntags auf unserem Frühstückstisch blicken lassen.

Ich zähle nicht zu den Müttern, die aus tiefster Überzeugung zuckerfreien Möhrenkuchen backen, der dann zwar mit rhetorischer Perfektion, aber dennoch erfolglos angepriesen wird. Süßes war schon okay, aber es stand eben auch an der Spitze der viel zitierten Ernährungspyramide. Allmählich geriet ich gedanklich in Rage. Diese Empfehlungen kommen ja nicht von ungefähr!

Es ist doch völlig in Ordnung, dass Eltern gegensteuern, wenn Kinder viel Süßes essen! Das ist doch unsere Aufgabe!

Ich war überzeugt, dass mein Sohn eine Richtschnur benötigte, wie viel Zucker okay ist. Und diese Richtschnur, so dachte ich, musste natürlich von uns, seinen Eltern kommen – erst viel später wurde mir klar, dass er diese Richtschnur schon seit dem Tag seiner Geburt in sich trug.

Ich saß noch immer auf dem Fußboden. Mein Gedankenkarussell nahm Fahrt auf. Dass mein Sohn mir mit seinem sorgfältig angehäuften Müllberg eine Botschaft hinterlassen hatte, konnte ich nicht ignorieren. Es fiel mir schwer, mir selbst einzugestehen, dass wir mit unseren Verknappungsstrategien offensichtlich ein Verzichtgefühl beim ihm provoziert hatten. Da war er also, der Wendepunkt.

Ich hatte mal gelesen, dass Kinder durchaus in der Lage sind, sich gesund zu ernähren. Die wichtigste Voraussetzung dafür ist ganz einfach: Die Eltern mischen sich nicht ein. Ebenso einfach ist die Basis dieser wissenschaftlich gestützten These: Kinder hören auf ihren Körper. Sie wissen nicht, dass Kohlenhydrate schlecht sind, dass Eiweiß lange satt macht, während zu viel Zucker zu Übergewicht führt und Kalorien sowieso verboten werden müssten. Sie essen das, was ihnen schmeckt und gut bekommt. Immer dann, wenn sie Hunger haben. Und immer genau so viel, bis sie satt sind. So einfach ist das!

Doch gleichzeitig kamen mir Berichte über das Suchtpotenzial von Zucker in den Sinn. Ich sah die abwertenden Blicke anderer Eltern auf mir ruhen, während ich (eher kleinlaut statt selbstbewusst) verkündete, dass Zucker bei uns nicht mehr eingeschränkt wird.

Aber es half alles nichts: Ich musste mich entscheiden, wem ich mehr Vertrauen schenken würde. Meinem Kind, das (hoffentlich!) die für sich richtigen Ernährungsgewohnheiten entwickeln wird. Oder Medien, Ernährungsexperten und Ärzten, die mir deutlich machten: Ohne Regeln geht es nicht.

Ich entschied mich für das Vertrauen in mein Kind. Und dann entsorgte ich das Schokoladenpapier, in der stillen Hoffnung, dass ich gleichzeitig auch alle Zweifel und Sorgen einfach in den gelben Sack werfen könnte.

Heute freue ich mich, dass unser Sohn sich beim Essen ganz natürlich an seinen inneren Signalen orientiert und mit dem Selbstvertrauen aufwächst, dass sein Körper der beste Ernährungskompass ist, den er hat.

Warum eine vertrauensvolle Haltung am Esstisch so wichtig ist

Als wir anfingen, Familien zu coachen, zeigte sich schnell: Für fast alle Eltern ist die Ernährung ein Thema, über das sie sich Gedanken machen – und das meistens auch Stress oder Sorgen hervorruft. Manche Kinder essen aus Elternperspektive zu viel, andere zu wenig. Manche naschen zu gern, andere verweigern konsequent jedes Gemüse und wieder andere ernähren sich wochenlang sehr einseitig oder lehnen vehement Grundnahrungsmittel wie beispielsweise Brot ab. Ständig beschleicht die Eltern ein Gefühl der Unsicherheit – oft bereits mit dem Beginn der Schwangerschaft.

Dabei ist die Schwangerschaft im Hinblick auf die Ernährung die intuitivste Zeit, die wir als Frauen erleben dürfen. Plötzlich empfinden wir Heißhunger auf ungewöhnliche, vielleicht sogar kuriose Lebensmittel-Kombinationen. Geradezu legendär ist der Heißhunger auf saure Gurken. Oder wir entwickeln Appetit auf Dinge, die uns vorher vielleicht gar nicht geschmeckt haben.

Eine Mutter, die nach der Geburt ihrer Tochter eine schwere Entzündung der Bauchspeicheldrüse erlitt, erzählte uns, dass sie auf dem Weg der Besserung einen unglaublichen Appetit auf Zitronensorbet entwickelte. Die Inhaltsstoffe der Zitrone, so fand sie später heraus, halfen dem Körper, die Entzündung zu bekämpfen. Und eine weitere Mutter – eigentlich Vegetarierin – verspürte plötzlich einen regelrechten Heißhunger auf Fleisch. Der Schwangerschaftstest bestätigte, was sie sofort gespürt hatte: Sie erwartete ihr zweites Kind. Bereits während ihrer ersten Schwangerschaft hatte sie einen gesteigerten Appetit auf Fleisch verspürt. Kluger Körper! Wenn er einen Mangel verspürt oder bestimmte Lebensmittel einen Genesungsprozess unterstützen können, macht er uns gezielt Appetit.

Wir dürfen unserem Körper also viel mehr Vertrauen schenken, als wir oft denken.

Doch leider tobt um uns herum eine Hysterie aus Ernährungsempfehlungen, Geboten, Verboten und Bevormundung. Was dabei oft nicht mehr gesehen wird, sind die individuellen Bedürfnisse des Menschen.

Im Rahmen eines Infoabends berichtete uns eine Mutter, dass ihre zehnjährige Tochter laut Gewichtskurve zehn Kilogramm Übergewicht habe. Der Kinderarzt übte Druck auf die Familie aus, sie suchten eine Ernährungsberatung auf. Die Empfehlung lautete: Die Kalorienzufuhr deutlich reduzieren, abends solle das Mädchen nur noch eine halbe Scheibe Brot essen. Das Ergebnis dieser Vorgehensweise: Das Kind wurde oft weinend und hungrig ins Bett geschickt, die Eltern fühlten sich ohnmächtig.

Wie soll ein Kind Vertrauen in seinen Körper entwickeln, wenn es sich nicht satt essen darf? Wie soll dieses Kind ein natürliches Essverhalten entwickeln? Wie soll es beim Essen Genuss oder Freude empfinden? Auf all diese Fragen findet eine klassische Ernährungsberatung meist keine schlüssigen Antworten. Stattdessen basieren die Therapievorschläge auf der Gewichtskurve, ohne das Kind und seine höchst individuellen Bedürfnisse zu sehen.

Die eigentlich relevanten Fragen aber lauten: Warum ist das Übergewicht entstanden? Nutzt dieses Kind Essen als Ventil, weil Bedürfnisse nicht erfüllt sind? Warum ist der innere Ernährungskompass aus dem Gleichgewicht geraten, sodass es Hunger und Sättigung nicht mehr klar spürt? Wie kann man das Kind dabei unterstützen, zu seiner natürlichen Innensteuerung zurückzufinden? Wie ist die Haltung der Eltern zum Thema Ernährung? Wird Vielfalt angeboten? Leidet das Kind vielleicht unter einem kontrollierenden Eingreifen am Esstisch und isst deshalb oft heimlich, obwohl es vielleicht gar nicht hungrig ist? Und wie können wir verhindern, dass ein Kind in so jungem Alter bereits in eine Diätspirale gezwängt wird, deren Ende nicht absehbar ist? Wie können wir es auf liebevolle und wertschätzende Weise darin bestärken, seiner natürlichen Körperintelligenz zu folgen?

Elterliches Vertrauen ist unglaublich wichtig. Es macht Kinder stark, wenn sie Zutrauen in die eigene Kraft und in die eigenen Fähigkeiten entwickeln dürfen. Wenn sie, im Rahmen ihrer Möglichkeiten, Verantwortung übertragen bekommen. Es macht sie stark, wenn sie frühzeitig mitentscheiden dürfen. »Elterliches Vertrauen ist in allen Bereichen ein wichtiger Faktor«, bestätigt die Psychologin Dorothee Asmus-Timm. »Grundsätzlich hilft es Kindern, selbstständig zu werden und Autonomie zu entwickeln. Kinder, die immer von außen reglementiert und eingeschränkt werden, beispielsweise beim Essen, tun sich schwer, eigene Entscheidungen zu treffen und dazu zu stehen. Oder sie verfallen in Rebellion gegen die Regeln. Das bedeutet aber nicht: Ab sofort ist Kindern alles erlaubt. Wichtig ist, offen miteinander zu kommunizieren und auch die eigenen Bedürfnisse anzusprechen.«[3]

Aber warum fällt es uns als Eltern oft so schwer, Vertrauen zu schenken? Die Antwort ist: Wir leben in einer Leistungsgesellschaft und wollen alles richtig machen. Je mehr wir die Bedingungen für unsere Kinder optimieren, umso größer werden unsere Ängste, zu versagen. Wir fühlen uns dafür verantwortlich, dass aus unserem Kind »etwas wird«. Daher haben wir oft den Drang, alles abzusichern und perfekt zu machen. Wir alle wollen unsere Kinder bestmöglich fördern – und dazu gehört eben oft auch, dass wir die Ernährung kontrollieren und beeinflussen, damit die Kinder groß, stark, fit und leistungsfähig werden. Ernährungsleitfäden, Mengenempfehlungen und Expertentipps geben uns vermeintlich Halt, weil wir uns darauf berufen können und aus ihnen das angenehme Gefühl ableiten, alles verliefe nach Plan.

Doch nicht Kontrolle macht stark, sondern das Loslassen! Es ist gut, wenn Kinder Erfahrungen sammeln. Denn daraus lernen sie. Es ist sogar gut, wenn Kinder spüren, wie unangenehm der Bauch drückt, wenn sie mal deutlich zu viel gegessen haben, ohne dass wir als Eltern dies spitz mit einem Satz wie »Ich habe es dir doch gesagt!« kommentieren müssen. Erfahrungen muss man eben machen und spüren, um daraus zu lernen.

Vertrauen ist richtig und möglich. Und Kinder werden auch dann groß und stark, wenn sie nicht den Teller leer essen.

Die Eltern als Vorbild: Wie Sie eine unvorbildlich glückliche Familie werden

Ein gutes Vorbild sein, das ist bei der Erziehung das A und O. Hier herrscht unter Experten Konsens. Und ja: Es ist ganz sicher richtig, dass Kinder dem folgen, was wir ihnen vorleben. Ein empathisches Verhalten lernen Kinder dann, wenn sie selbst Empathie erfahren. Die zentrale Frage ist eher, was unter einem guten Vorbild zu verstehen ist. Bedeutet es, perfekt zu sein? Bedeutet es, dass man sich selbst immer vollkommen ausgewogen ernährt und stets das Gemüse probiert? Bedeutet es, täglich fünf Portionen Obst und Gemüse zu essen?

Oder ist es nicht vielmehr genau diese Erwartungshaltung, die es uns so schwer macht, gelassen zu bleiben? Ist es nicht eher so, dass wir dadurch verkrampfen und oft enttäuscht von uns als Eltern sind? Besteht nicht die Gefahr, dass wir eine Fassade aufrechterhalten, die unsere Kinder mit ihren feinen Antennen eher verunsichert?

Neben den eigenen Erwartungen, die uns das Leben schwer machen können, spüren wir häufig auch aus unserer Umwelt den Druck, möglichst gut und perfekt zu sein. Und Perfektion erwarten wir nicht nur von uns selbst. Wir erwarten auch, dass unsere Kinder in unserem Namen nach außen perfekt funktionieren. Dass unsere Kinder im Restaurant brav sind und genussvoll ihre Gurke verspeisen, anstatt auf Pommes zu beharren. Wie oft haben wir selbst unsere Kinder aufgefordert, lieber nicht so viel Zucker zu essen – und uns heimlich gefreut, wenn sie unserer Bitte nachgekommen sind. Wenn das bedeutet, ein gutes Vorbild zu sein, dann empfehlen wir ganz eindeutig, *kein* gutes Vorbild zu sein. Wie wäre es vielmehr mit der Vorstellung, ein *authentisches* Vorbild zu sein?

Es ist okay, wenn wir selbst manche Lebensmittel nicht mögen. Auch dann, wenn sie als besonders gesund gelten. Es ist legitim, keinen Hunger zu haben. Eine schöne, gemeinsame Zeit am Familien-Esstisch ist dennoch möglich. Es ist auch legitim, großen Hunger zu haben. Es ist legitim, Lust auf Süßes oder Salziges zu haben – vorausgesetzt, wir gestehen dies auch unseren Kindern zu.

Es hat einc große Signalwirkung für unsere Kinder, wenn wir nicht essen, weil wir schlicht und einfach nicht hungrig sind. Und vor allem, wenn wir uns auch von anderen nicht zum Essen überreden lassen. Ist es nicht toll, wenn Kinder für ihre Bedürfnisse und ihr Körpergefühl einstehen, anstatt vorbildlich angepasst und gleichzeitig unreflektiert sowie ohne Gespür für den Körper zu agieren?

Beim gemeinsamen Essen mit Paul, damals drei Jahre alt, versuche ich, ihm in puncto Körperintelligenz ein Vorbild zu sein. Und manchmal kommt es eben vor, dass ich zur Essenszeit gar nicht hungrig bin. Das bleibt nicht unbemerkt: »Mama, warum isst du nichts?« – »Ich bin im Moment gar nicht hungrig.« Daraufhin Paul mit Nachdruck: »Aber du musst doch was essen!« Schlagartig wird mir bewusst, dass mein Sohn mir gerade einen Spiegel vorhält. Es sind vertauschte Rollen – der Dreijährige möchte seiner Mutter Essen aufdrängen. Paul bleibt hartnäckig: »Zumindest probieren, Mama!« Er hält mir auffordernd eine Pommes vor die Nase. Mir wird nicht nur klar, dass wir ihn mit dieser Aufforderung selbst häufig konfrontiert haben, sondern ich spüre auch, wie unangenehm es ist, wenn man Essen förmlich aufgezwungen bekommt. Mich beschleicht das schlechte Gewissen und ich antworte: »Das ist lieb von dir, aber ich habe wirklich keinen Hunger. Dann muss ich doch auch nichts essen, oder?« Kurze Stille. »Ja, das stimmt, Mama.« Und ich füge hinzu: »Es tut mir leid, wenn ich dich manchmal zum Essen gedrängt habe. Das war nicht richtig von mir.« Daraufhin wieder kurze Stille, ehe Paul mir antwortet: »Das ist nicht so schlimm, Mama. Das war ja nicht mit Absicht.«

Natürlich ist es ein schönes Zeichen, wenn Eltern selbst gerne vielfältig, mit Freude und Genuss essen. Und natürlich ist es toll, wenn Kinder ihre Eltern ungezwungen am Esstisch erleben. Aber was ist, wenn Sie als Eltern vielleicht noch nicht so weit sind? Wenn Sie selbst noch dabei sind zu lernen, weniger einseitig oder kontrolliert zu essen, wenn Essen für Sie noch nicht mit Freude, sondern eher mit Druck verknüpft ist? Sind Sie dann automatisch ein schlechtes Vorbild? Nein, natürlich nicht!

Kinder sind empathisch und einfühlsam. Wenn Sie ihnen signalisieren, dass Sie noch lernen, verstehen Kinder das. Sobald Sie sich entschuldigen, wenn Sie aus Ihrer Sicht falsch reagiert haben, nehmen Kinder dies als wahrhaftig an. Kinder verstehen, wenn wir ihnen sagen, dass wir nicht perfekt sind, dass wir es aber so gut machen, wie wir eben können.

Kinder brauchen ehrliche Vorbilder, die Stärken und Schwächen haben und diese auch zulassen. Statt um rigide Ernährungsfragen geht es im Kern um Bindung und Authentizität.

Wir hoffen, dass es Ihnen mithilfe dieses Buches gelingt, eine klare, vertrauensvolle und gelassene Haltung zum Thema Ernährung zu finden. Damit Sie zukünftig mit Freude eine unvorbildlich glückliche und authentische Familie sein können.

Teil 1

Der Körper, ein Wunderwerk

Unser innerer Ernährungskompass

Denken Sie einmal zurück an den Moment, in dem Sie Ihr Kind das erste Mal in den Armen hielten: Diese Erinnerung wird immer unvergessen bleiben und nie etwas von ihrem Zauber verlieren. Wahrscheinlich hat auch Ihr Baby Sie mit einem kräftigen Schrei begrüßt. Dieser lebenswichtige Reflex befreit die Lungen vom Fruchtwasser und ermöglicht dadurch, dass Sauerstoff ins Blut transportiert werden kann. Das Baby bewegt seine kleinen Finger, blickt uns blinzelnd an. Und es hat das instinktive Bedürfnis, zu trinken. Alles, was wir für ein gesundes Essverhalten brauchen, tragen wir bereits ab dem Tag unserer Geburt in uns. Oder, wie es Gesundheitswissenschaftler Thomas Frankenbach poetisch formuliert: »Der Körper ist Wahrheit.«[4]

Hunger und Sättigung sind komplexe hormonelle Vorgänge, die uns spüren lassen, wann und wie viel Nahrung wir brauchen. Doch unser innerer Ernährungskompass kann noch mehr: Anhand von Appetit und Abneigung signalisiert unser Körper uns auf ganz natürliche Weise, welche Lebensmittel uns gut bekommen und welche nicht.

Überlegen Sie doch mal, welche Speisen Sie unglaublich gerne mögen (bei einer der Autorinnen dieses Buches ist es Rosenkohl) und denken Sie anschließend daran, welches Lebensmittel Sie derart verabscheuen, dass allein der Gedanke daran eine tiefe Abneigung bei Ihnen hervorruft (bei der zweiten Autorin dieses Buches trifft dies übrigens zu auf: Rosenkohl).

Wenn unser Körper unser Essverhalten also derart zuverlässig steuern kann, warum vertrauen wir nicht einfach auf ihn? Es gibt keinen Grund, etwas zu essen, das uns nicht gut bekommt. Und warum richten wir uns nicht einfach nach Hunger und Sättigung, statt beispielsweise stur im Intervall zu fasten?

Der eigene Körper erscheint vielen Menschen im Hinblick auf die Ernährung nicht mehr als vertrauenswürdig. Bei Erwachsenen ist der innere Kompass häufig aus dem Gleichgewicht geraten, weil Ernährung in unserer Gesellschaft ein derart rational gesteuertes Thema ist, dass wir selbst dann der Meinung sind, uns gesund zu ernähren, wenn unser Körper uns etwas ganz anderes vermittelt. Gefangen in einem Netz aus Reizüberflutung, einer rigiden gesellschaftlichen Haltung, bewusst geschürten Ängsten aufgrund wirtschaftlicher Interessen, hinderlichen Glaubenssätzen und familiären Prägungen haben wir verlernt, auf uns zu hören.

Nehmen wir ein Beispiel: Nüsse – sie gelten als *die* gesunde Alternative zu Chips, weil sie Vitamine, Spurenelemente und Ballaststoffe enthalten. Viel Magnesium und Vitamin B machen sie zur Nervennahrung, die enthaltenen Ballaststoffe kurbeln die Verdauung an. Jeden Tag eine Handvoll Nüsse zu essen gilt als gesunder Snack, mit dem Sie Ihr Herzinfarktrisiko senken.

Der Autor Nils Binnberg, der jahrelang unter dem Zwang litt, sich möglichst gesund ernähren zu müssen, folgte dieser Empfehlung – obwohl er gegen Nüsse allergisch ist. In einem Interview mit dem *Tagesspiegel*[5] sagte er: »Eine der Empfehlungen, die immer wieder bei Gesundheitsgurus auftaucht, ist: Essen Sie viele Nüsse. Dabei habe ich schon als Kind davon Blasen und wässrigen Ausschlag an den Fingern bekommen. Das hatte ich verdrängt, weil ich so besessen davon war, diesen Ernährungslehren zu folgen. Danach enthalten Nüsse die guten Fette, im Unterschied zu den schlechten

Fetten. Die Reaktion habe ich dann in Kauf genommen. Und mich sogar mit Cortison-Creme behandelt.«

Die Empfehlung »Essen Sie Nüsse, sie sind gesund!« hatte in diesem Fall mehr Gewicht als das eigene Wohlbefinden. Und das ist aus unserer Sicht erschreckend. Sollte es für uns nicht das Wichtigste sein, dass wir uns wohlfühlen? Und ist es nicht auch das, was wir uns für unsere Kinder wünschen? Natürlich ist es das – und es bedeutet für uns als Eltern, dass wir gut daran tun, die zwanghaften Vorgaben zu gesunder Ernährung nicht länger die Oberhand gewinnen zu lassen. Dies kann gelingen, wenn wir uns den folgenden Aspekt vor Augen führen:

Jeder Mensch hat individuelle Ernährungsbedürfnisse.

Wir alle sind einzigartig. Wenn Sie Rosenkohl lieben, essen Sie ihn mit Freude und Genuss. Wenn Sie ihn verabscheuen, machen Sie sich keine Vorwürfe, weil Sie dieses vermeintlich *gesunde* grüne Gemüse einfach nicht runterkriegen. Wenn Ihr Körper es ablehnt, hat er einen guten Grund dafür. Und dann ist Rosenkohl für Sie auch kein gesundes Lebensmittel. Was uns guttut und was nicht, hängt von vielen verschiedenen Faktoren ab.

Im Interview mit Thomas Frankenbach erfahren wir: »Allein schon die Genetik und die jeweilige Lebenssituation sorgen dafür, dass Nahrung, die dem einen Menschen guttut, bei einem anderen bereits die Ursache für gesundheitliche Probleme sein kann. Wir sind mittlerweile im Zeitalter der sogenannten individualisierten Ernährungsmedizin angekommen. Vereinfacht können wir sagen: Verfügt ein Mensch vorwiegend über die Anlagen von Nomaden, dann wird er von Obst und Gemüse krank. Auch größere Mengen Kohlenhydrate, ganz gleich ob Getreide oder Süßes, vertragen diese Menschen nicht. Ihr Speiseplan beinhaltet also viel Tierisches. Hat ein Mensch die Veranlagung von Jägern und Sammlern, dann verträgt er zwar Pflanzliches, aber noch lange keine stärkereichen

Lebensmittel oder größere Zuckermengen. Dominiert die Ackerbauern-Genetik, dann mag der Betreffende meist schon als Kind neben Gemüse und Käse auch Kartoffeln und Brot und kommt auch oft mit vergleichsweise größeren Mengen an Süßigkeiten gut zurecht.« Und auch der Ernährungspsychologe Christoph Klotter bestätigt: »Es gibt nicht die eine richtige Ernährung für alle.«[6] Bleiben wir beim Rosenkohl: Wussten Sie, dass Rosenkohl Antivitamine enthält? Sie können – bei schlechter Bekömmlichkeit – dazu führen, dass die Aufnahme von Vitaminen in den Stoffwechsel erschwert wird.[7]

Neben den Antivitaminen gibt es zahlreiche andere einschränkende Stoffe, die in vielen Obst- und Gemüsesorten stecken. Wir sprechen von den sogenannten Antinutritiva. So enthalten Spinat, Mangold oder Rhabarber beispielsweise Oxalsäure, die den Calcium- und Eisenstoffwechsel beeinträchtigen kann, wenn man zu viel davon zu sich nimmt. Dies kann unter anderem zu einer gestörten Blutbildung führen. In grünen Bohnen oder Erdnüssen stecken Saponine, die die Lebensdauer von roten Blutkörperchen verkürzen können – immer dann, wenn der Körper Saponine nicht gut abbauen kann.

Bei den Antinutritiva handelt es sich laut Thomas Frankenbach um Stoffe, »die oberhalb sehr individueller Konzentration im menschlichen Körper zu vorübergehenden Einschränkungen, dauerhaften Schädigungen und sogar bis zum Tod führen können«.[8] Sein Fazit: »Eine dogmenhaft betriebene Naturkost, wie sie von vielen Seiten propagiert und praktiziert wird, birgt die Gefahr, mehr zu schaden als zu nützen.«

Dies gilt natürlich nur bei schlechter Bekömmlichkeit. Denn wir beobachten auch Eltern, die besorgt am Tisch sitzen, weil ihr Kind genussvoll Weintrauben isst, und die voller Bedenken mitzählen, ob die von der Deutschen Gesellschaft für Ernährung (DGE) empfohlene maximale Obstmenge von zwei Portionen pro Tag (wegen des Fruchtzuckers!) nicht schon längst überschritten ist. Warum erscheint es uns so abwegig, darauf zu vertrauen, dass unser Körper auf ganz natürliche Weise eine gesunde Ernährung steuert, wenn wir uns erlauben, wieder bewusst hinzuspüren?

Bei einem Infoabend mit Eltern wird hitzig über das Thema Zucker diskutiert. Eine Mutter ist der festen Überzeugung, dass Zucker bei ihrem Kind dazu führt, dass es »total aufgedreht« ist. Deshalb die Regel: Abends wird kein süßer Brotaufstrich mehr gegessen. Die Eltern berichten, dass das Kind so besser in den Schlaf finden würde. Ich frage sie: »Was macht es denn mit Ihnen, wenn Sie viel Zucker essen? Sind Sie dann eher aktiv oder eher abgeschlagen?« Außerdem berichte ich von meiner eigenen Körperwahrnehmung und erkläre, dass übermäßig viel Zucker bei mir oft Kopfschmerzen auslösen würde. Und dass dann eher das Gegenteil von Aktivität der Fall sei: Statt »total aufgedreht« würde ich mich eher »ziemlich abgeschlagen« fühlen. Die Mutter hatte selbst ähnliche Erfahrungen gemacht und hinterfragte daraufhin ihren Glaubenssatz. Unabhängig davon frage ich in die Runde: »Wie viele Gründe fallen Ihnen ein, warum ein Kind abends schlecht einschläft? Streit mit einer Freundin, eine bevorstehende Klassenarbeit? Und ist es nicht vielleicht ein bisschen zu einfach, einzig und allein dem Zucker die Schuld in die Schuhe zu schieben?« Einige Wochen später, die Familie hat sich zwischenzeitlich für ein confidimus-Coaching entschieden, kommt die Mutter noch einmal auf das Thema zu sprechen: »Das mit dem Zucker am Abend hat sich tatsächlich nicht bestätigt.«

Fazit: Wenn Sie auf Ihren Körper hören, verstehen Sie, was er braucht. Auf dem Weg zu einem natürlichen Essverhalten besteht der erste, wichtige Schritt darin, das Wohlbefinden Ihrer Familie über die Ernährungsempfehlungen von Dritten zu stellen. Ihr Kind kommt zur Welt und spürt intuitiv, was es braucht und was ihm guttut. Ihre Verantwortung als Eltern ist es, dieses feine Gespür zu fördern, die Körperintelligenz wertzuschätzen und den inneren Ernährungskompass Ihres Kindes im Gleichgewicht zu halten.

Bei Paul ist ein Schnupfen im Anmarsch. Müde und etwas angeschlagen legt er sich nach dem Kindergarten auf das Sofa. Kurze Zeit später ruft er: »Mama, haben wir Tomaten?« Erleichterung beim Blick ins Gemüsefach, denn Tomaten sind vorrätig! Auf eine kleine Schüssel folgt eine zweite. Und eine dritte. Paul isst sie mit Genuss, sobald die Schüssel leer ist, verlangt er Nachschub. Ich bin etwas verwundert, denn eigentlich zählen Tomaten nicht zu seinen kulinarischen Favoriten. Später am Abend recherchiere ich, was eigentlich alles in einer Tomate steckt. Und siehe da: Tomaten enthalten große Mengen Vitamin C. Da Paul etwas kränkelte, erschien mir sein Verlangen nach Tomaten plötzlich völlig logisch. Sein Körper wollte vielleicht die Immunabwehr stärken und signalisierte ihm Appetit auf ein Vitamin-C-reiches Lebensmittel. Und obwohl ich inzwischen so viel Wissen zum inneren Ernährungskompass zusammengetragen habe, verblüfft es mich doch immer wieder, wenn sich die Körperintelligenz auf so eindrucksvolle Weise zeigt!

Die somatische Intelligenz: eine faszinierende Gabe

Stellen Sie sich vor, Sie liegen mit Grippe im Bett. Sie haben Fieber, Gliederschmerzen und wünschen sich eigentlich nur, dass Sie Ruhe finden. Hätten Sie Lust, eine riesige Portion Nudeln mit Sahnesauce zu essen? Und zum Nachtisch vielleicht ein Tiramisu?

Wahrscheinlich reichen Ihre Essensgelüste an diesem Tag nicht über ein Stück Zwieback und etwas Tee hinaus, denn Ihr Körper möchte sich nicht mit der Verdauung belasten, sondern gesund werden.

Wenn wir krank sind, haben wir plötzlich keinen Appetit mehr auf üppige Speisen. Und das ist nur eines von vielen Beispielen, in denen unsere somatische Intelligenz am Werk ist.

Jeder Mensch besitzt diese faszinierende Gabe, aber nur wenige nutzen sie tatsächlich auch. »Bei den meisten von uns schlummert sie ein Leben lang vor sich hin, ohne wirklich den Stellenwert zu bekommen, der ihr eigentlich gebührt«, stellt der Ökotrophologe Thomas Frankenbach, der den Begriff der somatischen Intelligenz geprägt hat, fest.[9] Somatische Intelligenz ist die »besondere Fähigkeit unseres Körpers, uns über Signale der Bekömmlichkeit, aber auch anhand von Lust oder Abneigung zu zeigen, was er gerade braucht, was nicht und was vielleicht sogar schädlich sein könnte«.[10]

Laut Thomas Frankenbach handelt es sich dabei um die »vielleicht älteste Intelligenzleistung des Menschen überhaupt«.[11] Diese faszinierende Gabe ist für uns essenziell und hat viele Jahrtausende lang unser Überleben gesichert. »Bereits die ersten Lebewesen auf der Erde, die Einzeller, waren so davor geschützt, sich mit der falschen Nahrung zu versorgen. Aus diesen mikroskopisch kleinen Lebensformen gingen alle weiteren – auch der Mensch – hervor.«[12] Dennoch wird die somatische Intelligenz in unserer heutigen Kultur wenig beachtet.

Haben Sie sich schon einmal gefragt, wie Tiere wohl ihre Nahrung auswählen? Woher wissen Löwen, dass sie Fleischfresser sind? Woher wissen Koalas, dass ihnen Eukalyptus gut bekommt? Der Koala ist weltweit das einzige Säugetier, das sich nur von Eukalyptusblättern ernähren kann. Dabei ist er aber durchaus wählerisch: Koalas haben deutlich ausgeprägte Vorlieben für bestimmte Arten. In Australien gibt es mehr als 600 verschiedene Eukalyptussorten – die Koalas akzeptieren, abhängig von ihrem Lebensraum, als Nahrungsquelle jedoch nur eine geringe Anzahl. Manchmal wählen sie nur eine einzige Sorte als Nahrungsquelle aus. Ihr Körper muss ihnen also bei dieser *einen* Sorte eine klare Bekömmlichkeit signalisieren.[13]

Das Spüren und das »In-sich-Hineinhören«, was wir brauchen und was wir gut vertragen, ist der ursprünglichste Ansatz, den es zum Thema Ernährung gibt. Wir machen uns dabei nicht viele Gedanken um unsere Ernährung, sondern folgen instinktiv den natürlichen Signalen unseres Körpers. Und Kinder haben uns Erwachsenen in Sachen Körperintelligenz etwas voraus: Solange wir sie nicht beeinflussen, kontrollieren oder maßregeln, folgen Kinder ihren Körpersignalen auf sehr natürliche und vor allem undogmatische Weise. Unser Körper ist auf Überleben programmiert und stellt daher quasi von selbst sicher, dass er mit allen nötigen Nährstoffen versorgt wird. Er schützt uns, wenn wir auf ihn hören, auch vor einer einseitigen Ernährungsweise. Stellen Sie sich vor, Sie dürften eine Woche lang nur Schokolade essen. Sonst nichts! Morgens, mittags, abends: nur Schokolade! Spätestens nach drei oder vier Tagen wären Sie froh über einen Apfel, eine Scheibe Brot oder eine warme Mahlzeit, die Sie angenehm sättigt. Die Schokolade schmeckt Ihnen einfach nicht mehr.

Auch Ihre Lieblingsspeise würden Sie nach ein paar Tagen verabscheuen, wenn sie täglich auf Ihrem Speiseplan stehen würde. Im Volksmund sagt man: »Das hängt mir zum Halse raus.« Und genau so fühlt es sich an, wenn wir immer wieder dasselbe essen. Der Körper sehnt sich nach Vielfalt und Abwechslung und signalisiert: Ich brauche jetzt etwas anderes, sonst bin ich nicht gut versorgt!

Eine Freundin startete einen kleinen, spannenden Selbstversuch: An Halloween bot sie den Kindern, die an ihrer Haustür klingelten, neben Süßigkeiten auch Rohkost in Form von Gurken, Paprika, Äpfeln und Karotten an. Verblüfft beobachtete sie, dass fast alle Kinder bei Obst und Gemüse beherzt zugriffen. Und das völlig freiwillig!

Wie Hunger und Sättigung gesteuert werden

Das Hungersignal, das der Körper aussendet, wenn er Energie benötigt, wird durch einen komplexen hormonellen Vorgang ausgelöst: Sind zu wenig Glukose, Fette oder Aminosäuren im Blut verfügbar, melden Magen und Leberrezeptoren Hunger an den Hypothalamus im Gehirn. Hier sitzt das Hungerzentrum. Durch Hormonausschüttung wird schließlich die Nahrungsaufnahme veranlasst.

Geht es um die Sättigung, sind ebenfalls komplexe Abläufe am Werk. Denn ähnlich wie beim Hungersignal wird das Signal »Ich bin satt« durch hormonelle Prozesse gesteuert. Beim Essen werden bestimmte Hormone freigesetzt, die dafür sorgen, dass das Hungerempfinden reduziert wird. Im Dünndarm werden Peptidhormone gebildet, die wie Sättigungsmelder arbeiten und für ein anhaltendes Satt-Gefühl sorgen. Die Dehnung der Magenwand wirkt unterstützend: Nerven senden diese Information an das Gehirn, woraufhin Botenstoffe freigesetzt werden, die eine weitere Nahrungsaufnahme stoppen. Wir sind so lange gesättigt, bis eine erneute Hungermeldung gesendet wird. Es ist beeindruckend, wie ausgefeilt und perfekt die Körperfunktionen ineinandergreifen!

Was wir sicher wissen, ist: Ein gesundes Baby, dessen Eltern auf die natürliche Hunger- und Sättigungsregulation vertrauen, überisst sich nicht. Denn von Geburt an spürt es, wann es hungrig ist und wann sein Sättigungsgefühl einsetzt. Ein Baby, das angenehm satt ist, wendet den Kopf von der Mutterbrust oder dem Fläschchen ab, und es lässt sich auch nicht zwingen, mehr zu trinken, als es braucht. Thomas Frankenbach: »Dieses Beispiel zeigt ganz klar, dass es bestimmte biologische Sensoren in uns gibt, die regeln, wie viel wir essen sollten, um gut versorgt, leistungsfähig und konzentriert zu sein. Hunger und Sattheit lassen sich also nicht trainieren. Beim Überessen hingegen handelt es sich […] um ein über die Jahre eingeübtes Verhalten. Dabei hat man die Signale, die einem der Körper gibt, immer wieder ignoriert.«[14]

Unser Sohn hatte immer weniger Appetit als seine gleichaltrigen Freunde, er aß kleinere Portionen und war auch vergleichsweise kleiner. Immer wieder lagen mir diesbezüglich Verwandte in den Ohren: »Du musst dafür sorgen, dass der Junge mehr isst. Er soll doch groß und stark werden.« Auch ich war unsicher. War mit ihm alles in Ordnung? Zum Essen zwingen wollte ich ihn aber auf keinen Fall. Als unser Sohn sieben Jahre alt war, wurde bei ihm ein Wachstumshormonmangel diagnostiziert: Die Hirnregion, die für die Produktion des Hormons verantwortlich ist, die Hypophyse, ist bei ihm unterentwickelt. Sobald wir mit der Therapie begannen und das Wachstumshormon substituierten, zeigte er einen deutlich gesteigerten Appetit und aß mehr. Es war also nicht so, wie von Außenstehenden vermutet: Seine Körpergröße hing nicht mit seinem geringen Hungergefühl zusammen. Das Gegenteil war der Fall: Er aß weniger, weil er nicht so schnell wuchs und somit weniger Energie benötigte.

Ablehnung ist kein schlechtes Benehmen

Die Körperintelligenz ist also da, von Geburt an. Jeder kleine Mensch, der auf die Welt kommt, verfügt über diese Gabe. Doch leider stellen wir fest, dass die dogmatische Haltung zum Thema Ernährung und die Angst vor Übergewicht oft dazu führen, dass Essen in Familien reglementiert wird. Die Regeln, Verbote und Gebote erschweren es den Kindern, mit ihren individuellen Körperbedürfnissen in Kontakt zu bleiben.

Ganz wichtig ist: Ihr Kind ist nicht etwa verwöhnt, verzogen oder launisch, wenn es keine Erdbeeren isst oder Tomaten vehement verweigert. In den allermeisten Fällen gibt es körperliche Gründe dafür, dass Menschen bestimmte Lebensmittel nicht mögen. Wenn Ihr Kind ein Lebensmittel ablehnt, dann zwingen Sie es bitte nicht dazu, davon eine größere Menge zu essen. Sie verwöhnen es nicht, wenn Sie ihm erlauben, die Erbsen übrig zu lassen oder die Banane vom Maulwurfkuchen zu verschmähen.

Das sollte aber nicht dazu führen, dass Sie bestimmte Lebensmittel, die Ihr Kind bisher abgelehnt hat, nicht mehr anbieten. Vorlieben und Abneigungen Ihres Kindes sollten Ihre gemeinsamen Mahlzeiten also nicht zu sehr beeinträchtigen, denn sowohl Bekömmlichkeit als auch Geschmacksvorlieben Ihres Kindes verändern sich – auch und gerade durch wiederholtes Anbieten und Probieren.

Druck und Zwang am Esstisch führen allerdings häufig dazu, dass Kinder Lebensmittel selbst dann noch ablehnen, wenn sich zwischenzeitlich eine gute Bekömmlichkeit für sie entwickelt hat.

Warum der Körper uns vor einseitiger Ernährung schützt

Wenn Kinder heranwachsen, entwickeln sie bestimmte Vorlieben für Lebensmittel. Sie probieren das, was ihnen angeboten wird und verfügen nach einiger Zeit über eine Präferenz für diesen Geschmack. Dies wird als *mere exposure effect* beschrieben, also das »gewohnheitsbildende Hineinschmecken in die am Ort vorherrschende Esskultur«, wie der Ernährungspsychologe Thomas Ellrott es beschreibt.[15] Es ist daher wenig verwunderlich, dass in unterschiedlichen Kulturen auch verschiedene Geschmacksvorlieben herrschen. Diese Vorlieben für Speisen, die wir bereits mehrfach probiert und als bekömmlich empfunden haben, basieren laut Ellrott auf einem biologischen Sicherheitsempfinden, nämlich: Ich esse nur, was ich kenne. Lebensmittel, die wir gut kennen, empfinden wir als bekömmlich. Also greifen wir beruhigt immer wieder zu. Besonders spannend aber ist, dass diesem Effekt ein anderes, evolutionsbiologisches Programm entgegenwirkt: die spezifisch-sensorische

Sättigung. »Dieses Programm baut gegenüber einer sich ständig wiederholenden Geschmacksqualität eine zunehmende Abneigung auf«, so Ellrott.[16]

Unser Körper beugt also einer einseitigen Nahrungsauswahl vor, um einen Nährstoffmangel zu verhindern. Beide Programme sind perfekt aufeinander abgestimmt, wie ein Experiment von Clara Davis[17] zeigt: 1929 dokumentierte die Forscherin die Lebensmittelauswahl von Babys, die nach dem Abstillen ihre Nahrung über einen Zeitraum von mindestens sechs Monaten selbst wählen durften. Das Ergebnis: Die Babys ernährten sich tatsächlich phasenweise sehr einseitig. Allerdings änderten sich die Geschmacksvorlieben und wurden schließlich durch komplett andere Lebensmittel abgelöst. Der Blick auf den Monatsdurchschnitt zeigte: Die Kinder ernährten sich tatsächlich ausgewogen. Einmal mehr: Wunderwerk Körper!

Übrigens: Untersuchungen zeigen, dass wählerische Esser genauso schnell wachsen wie Kinder, die gerne vielseitig essen[18], und dass selektive Esser nur in den seltensten Fällen Mangelerscheinungen entwickeln.[19]

Warum Kinder süße Lebensmittel bevorzugen und Gemüse häufig ablehnen

Jeder Mensch hat eine angeborene Präferenz für süße Lebensmittel, die uns bereits durch die Süße der Muttermilch in die Wiege gelegt wird. Und das hat sogar einen wichtigen evolutionsbiologischen Grund: Es gibt weltweit kein einziges Lebensmittel, das süß schmeckt und gleichzeitig giftig ist.[20] Schmecken wir also »süß«, wissen wir intuitiv, dass uns dieses Lebensmittel körperlich nicht schaden wird.

Insofern ist es ein kluges Überlebensprogramm des Körpers, süße Lebensmittel zu bevorzugen. Der US-amerikanische Psychologieprofessor Paul Rozin spricht von dem »Sicherheitsgeschmack der Evolution«.[21]

Dass Kinder instinktiv süße Lebensmittel bevorzugen, ist, wenn Sie so wollen, eine Laune der Natur. Süße Nahrungsmittel sind oft schnelle Energiespender und sicherten in Zeiten von Nahrungsknappheit über Jahrtausende unser Überleben. Wenn wir Kinder aber darin unterstützen, Hunger und Sättigung zu spüren und wertzuschätzen, essen sie Süßes – trotz klarer Präferenz – nicht unkontrolliert.

Lange Autofahrt mit Paul, damals drei Jahre alt. Er verlangt nach den Süßigkeiten, die wir vor Fahrtantritt in einer Dose verstaut hatten. Rückblickend betrachtet, muss ich mir selbstkritisch eingestehen, dass Brötchen und andere Snacks häufig als Zeitvertreib eingesetzt wurden, falls die Autofahrt sich doch etwas zu sehr in die Länge zog. Doch inzwischen war es uns gelungen, diese Gewohnheit zu durchbrechen und Paul hatte ein gutes Gespür für seine Hunger- und Sättigungssignale entwickelt. Er öffnet also die Dose, blickt auf das reichhaltige Angebot, überlegt kurz, welche Süßigkeit er essen soll, und sagt dann: »Ach nee, Mama, eigentlich habe ich gar keinen Hunger.«

Während Kinder also süße Lebensmittel bevorzugen, steht Gemüse häufig nicht ganz oben in ihrer Gunst. Dafür haben sie oft gute Gründe: Wie bereits angesprochen, lehnt der Körper bestimmte Lebensmittel aufgrund einer schlechten Bekömmlichkeit ab.

Es kommt aber ein weiterer Aspekt hinzu, nämlich der niedrige Kaloriengehalt von Gemüse und auch Obst. Der spanische Kinderarzt Dr. Carlos González, der sich mit dem frühkindlichen Essverhalten beschäftigt, erklärt, dass kleine Kinder selten mehr als einige Löffel Gemüse essen. Während Erwachsene sich daran satt essen können (ihr Magen ist groß genug), trifft dies auf Kinder nicht zu: Ihr Magen ist schlichtweg noch zu klein. Und da sie wachsen, brauchen sie in erster Linie Energie. Deshalb bevorzugen sie Lebensmittel, die ihnen diese liefern.[22] Aber: »Da Gemüse so gesund ist, versuchen einige [Eltern], ihrem Kind einen ganzen Teller voll zu geben. Und – was für eine Kränkung – sie wollen es ihm anstelle von Milch geben, welche mindestens die dreifache Menge an Kalorien enthält. ›Sie wollen mich verhungern lassen‹, denkt das Kind entsetzt und weigert sich natürlich, solche gehaltlose Kost anzunehmen.«[23]

Wie wirken Zusatzstoffe, Geschmacksverstärker und zugesetzter Zucker auf den Körper?

Angesichts des heutigen Überangebots an Fertigprodukten, die mit zahlreichen Konservierungsstoffen versetzt sind und viel versteckten Zucker enthalten, erscheint Ihnen die natürliche Köperintelligenz möglicherweise als schlechter Kompass im Dickicht der vermeintlich richtigen Ernährungsform. Und es stimmt: Unsere industriell geprägte Welt kennt eine immense Bandbreite an natürlichen und unnatürlichen Lebensmitteln. Etwas weniger Komplexität würde es sicher einfacher machen, der Körperintelligenz zu folgen.

Bergbauern, die überwiegend Lebensmittel aus eigener Produktion verzehren und tagein, tagaus in der Natur arbeiten, ernähren sich natürlicher und neigen höchstwahrscheinlich seltener zu Übergewicht als Menschen, die naturfern in der Stadt leben und im Supermarkt eine riesige Produktvielfalt erleben. Wir können aus rund 170 000 Lebensmitteln auswählen.[24] Wissenschaftliche Beweise, dass Fertigprodukte per se gesundheitsschädlich sind, gibt es allerdings nicht. »Ganz im Gegenteil«, sagt der Journalist und Autor Nils Binnberg. »Durch strenge Lebensmittelgesetze ist das Essen in Deutschland heute von einer so hohen Qualität wie noch nie zuvor.«[25]

Aber ist es nicht trotzdem so, dass Zusatzstoffe, Aromen, Konservierungsstoffe, Geschmacksverstärker und starke Zuckeranreicherungen unsere Körperintelligenz beeinträchtigen? Ja. Denn es ist leichter, die Körperintelligenz wahrzunehmen, wenn vor allem unverarbeitete Lebensmittel verzehrt werden. Hinzu kommt, dass im Food-Design Produkte eingesetzt werden, die Geschmack und Geruch verfälschen. Aber die Situation ist laut Thomas Frankenbach nicht aussichtslos. »Häufig meldet sich der Körper trotzdem. Denn nur weil Geschmack und Geruch verfälscht wurden, müssen keineswegs alle anderen Reaktionen des Körpers [...] unterdrückt worden sein. So berichten mir Klienten immer wieder von schlechter Bekömmlichkeit, wenn sie Nahrungsmittel verzehrt haben, die nach den modernen Methoden des Food-Designs hergestellt wurden.«[26]

Sprich: Glutamat schmeckt vielleicht besonders lecker, aber wenn ich auf mich achte, merke ich dennoch, dass es mir möglicherweise nicht gut bekommt. Auch Kinder können das. Der Geschmack kann unsere Bekömmlichkeit also nicht trügen.

Mein Sohn, drei Jahre alt, ist zum ersten Mal bewusst mit uns in den Urlaub geflogen. Am Tag der Abreise war er sehr aufgeregt und hatte am Morgen nicht viel gegessen. Im Flugzeug fragte man mich, ob er Gummibärchen haben dürfe. Ich dachte an ein kleines Tütchen, doch was man uns brachte, war eine Familienpackung. Er durfte so viel essen, wie er wollte, allerdings war mir angesichts der Menge an Gummibärchen, die er verdrückte, schon etwas mulmig zumute. Meine innere Stimme sagte mir: Das ist nun wirklich ein ungünstiger Tag für Bauchschmerzen. Dann aber dachte ich mir: Vielleicht muss er auch einfach mal die Erfahrung machen, zu viel zu essen und sich danach unwohl zu fühlen. Und wenn das gerade heute geschehen soll, dann ist es eben so.

Als mein Sohn mehr als die Hälfte der Gummibärchen gegessen hatte, war zu meiner Erleichterung Schluss – und ihm wurde nicht schlecht.

Nun kommt aber der noch viel spannendere Teil der Geschichte, denn die Gummibärchen begleiteten uns während des gesamten 14-tägigen Urlaubs. Zehn Tage davon verbrachten sie völlig unbeachtet und unberührt neben dem Obstkorb. Dann nahm mein Sohn mal eins, mal zwei.

Als wir schließlich wieder zu Hause ankamen, lagen noch immer zwei Gummibärchen in der Tüte. Wieder einmal hat mir mein Sohn eindrücklich gezeigt, wie gut er sich und seinen Körper einschätzen kann. Und dass Kinder der süßen Versuchung eben nicht hilflos ausgeliefert sind, sondern sehr wohl auf ihren inneren Ernährungskompass vertrauen können.

Noch einmal zurück zu verarbeiteten und zuckerhaltigen Lebensmitteln: Natürlich kann der Staat eingreifen und bestimmte, in vielerlei Hinsicht als besonders ungünstig eingestufte Lebensmittel zusätzlich besteuern oder gar verbieten. Unter gewissen Voraussetzungen würden wir uns dies auch sehr wünschen. Leider sind Versuche in diese Richtung aus unserer Sicht aber häufig wenig zielführend und manchmal sogar kontraproduktiv. Mehr zu diesem Aspekt lesen Sie in Teil 2 (»Können eine Zuckersteuer oder der Nutri-Score Übergewicht wirkungsvoll bekämpfen?«).

Was können wir also tun? Wir raten explizit nicht zu Verboten. Auch Dagmar Pauli, Präsidentin des Expertennetzwerks Essstörungen Schweiz, ist davon überzeugt, dass ein maßvoller, regelmäßiger Genuss süßer Nahrungsmittel am ehesten dazu geeignet ist, zuverlässig zu spüren, wann man genug davon hat.[27]

Wir können uns also einfach dazu entscheiden, unsere komplexe Welt als Chance zu begreifen. Denn nie war die Vielfalt breiter, nie zuvor hatten wir Gelegenheit, derart viele Geschmacksrichtungen kennenzulernen. Doch wir sollten uns auch bewusst machen, dass es gerade in unserer komplexen Welt umso wichtiger ist, den Fokus auf die natürliche Körperintelligenz, auf unsere Innensteuerung, zu legen und selbstbestimmt zu handeln. Gebote und Verbote helfen unseren Kindern langfristig nicht, mit dieser Komplexität angemessen umzugehen. Für emotional stabile Kinder, die in einem hinreichenden Kontakt mit ihren Bedürfnissen stehen, kann die Vielfalt eine wunderbare Spielwiese sein, um herauszufinden, welche Lebensmittel ihnen wirklich gut bekommen und auf welche sie lieber verzichten möchten.

Wenn aber die angeborenen Körpersignale wie Hunger, Sättigung, Appetit und Bekömmlichkeit von starren Regeln zu gesunder Ernährung konterkariert werden, verlieren kleine Kinder und Heranwachsende ihre Selbstbestimmung, und ihre Körperintelligenz verkümmert.

Ein eindrückliches Experiment zur Innensteuerung

In den 1980er-Jahren führte der Ernährungswissenschaftler und Psychologe Prof. Volker Pudel ein spannendes Experiment durch: Er entwickelte eine Apparatur, die einen unförmigen Brei produzierte. Und tatsächlich gelang es ihm, eine Reihe von übergewichtigen und dünnen Probanden zu finden, die sich mehrere Wochen nur von dem, was die Apparatur ihnen zur Verfügung stellte, ernährten. Man wollte auf diese Weise herausfinden, wie äußere Faktoren des Essens – beispielsweise Geschmack oder Geruch – das Essverhalten der Probanden beeinflussten.[28]

Die erste Beobachtung: Die übergewichtigen Probanden nahmen ab (sie empfanden das Essen aus der Apparatur als unappetitlich), die dünnen Probanden aber hielten ihr Gewicht. Erklärt wurde dieses Ergebnis damit, dass die übergewichtigen Probanden sich eher an äußeren Faktoren wie Geschmack, Geruch und Aussehen des Essens orientierten – bei ihnen überwog die Außensteuerung. Die übrigen Teilnehmer konzentrierten sich dagegen auf das innere Signal, dass sie Nahrung brauchen. »Optik und Geschmack waren für sie weniger wichtig als die Versorgung mit ›Treibstoff‹. Dessen Aussehen spielte keine Rolle. Hauptsache: Magen voll.«[29] Bei ihnen überwog also die Innensteuerung.

Spannend ist: Im Laufe der Zeit wurde der Brei heimlich kalorisch angereichert. Er wurde also immer fetter, während Geschmack und Konsistenz sich nicht veränderten. »Die Reaktion der Dünnen war, dass sie sich binnen weniger Tage auf die neue Nahrungszusammensetzung einstellten und einfach weniger davon aßen – ohne sich dessen bewusst zu sein. […] Die Dicken hingegen aßen einfach weiter die gleiche Menge des geschmacklosen Breis. Ihr Sättigungsgefühl ließ sie völlig im Stich, sodass sie doppelt so viele Kalorien zu sich nahmen, ohne es zu merken.«[30] Entweder sie spürten von Natur aus zu spät ein Sättigungsgefühl oder sie hatten schlicht und einfach verlernt, auf ihre Innensteuerung – ihre Sättigungssignale – zu hören. Die Dünnen aber hatten sich diese faszinierende Gabe bewahrt.

Ein ähnliches und sehr eindrückliches Beispiel erlebten wir auch im Rahmen eines Coachings: Die Familie hatte Zwillinge, 18 Monate alt, die mehrere Monate mithilfe einer Sonde ernährt werden mussten, da sie zu früh zur Welt gekommen waren. Im Zuge der Sondenentwöhnung erklärten die Ärzte den Eltern, dass die Hunger- und Sättigungsregulation der Zwillinge aufgrund der Sonde aus dem Gleichgewicht geraten sei.

Die Verantwortung, die Kinder zu ernähren, lastete nun auf der Mutter, da sie in der Regel die Mahlzeiten mit den Kindern verbrachte. Entsprechend verkrampft war die Situation am Esstisch, die Mutter übte Kontrolle aus und war – beeinflusst durch die Einschätzung der Ärzte – überzeugt davon, dass die Kinder weder Hunger noch Sättigung spüren würden. Sie fütterte die Mädchen mit einem reichhaltigen Brei, dem sie stets ein Stück Butter hinzufügte, da sie befürchtete, die Kinder würden zu wenig essen und sich deshalb schlecht entwickeln. Sie erhöhte also die Fett- und Kalorienmenge.

Nun passierte etwas Faszinierendes: Eines Tages war keine Butter vorrätig, der Brei wurde den Kindern also ohne die zusätzliche Kalorienmenge angeboten. Überrascht beobachtete die Mutter, dass die Kinder an diesem Tag eine deutlich größere Breimenge aßen. Ihre Sättigung setzte also bei dem kalorienärmeren Brei erst später ein, sodass sie mehr essen mussten, um das Satt-Signal zu spüren.

Hier zeigt sich: Selbst diese Kinder, die durch eine vorangegangene Sondenernährung deutlich schwierigere Startbedingungen hatten, konnten Hunger und Sättigung noch immer innengesteuert regulieren – und spüren!

Unsere Kinder können uns Erwachsenen in puncto Körperintelligenz ein Vorbild sein – immer dann, wenn sie lernen dürfen, sich frei und unbehelligt von elterlichen Ängsten und gesellschaftlicher Manipulation zu ernähren. Und wenn sie aus einem vielfältigen Angebot wählen dürfen. Schützen Sie dieses Wunderwerk und tragen Sie dafür Sorge, dass es sich voll entfalten kann.

Teil 2

Die fremdbestimmte Ernährungsgesellschaft

Warum ist das Thema Ernährung so problembehaftet?

Im Laufe der Evolution hat der menschliche Körper die Mechanismen für ein gesundes Essverhalten perfektioniert. Emotional stabile Kinder, die ohne Einfluss von Ernährungsregeln aus einem vielfältigen Angebot frei wählen dürfen und die auf ihre Körpersignale vertrauen, treffen ganz individuell die richtigen Entscheidungen für ihre Ernährung.

Leider stellen wir aber fest, dass viele Kinder schon früh das Gefühl für die Signale ihres Körpers verlieren. Etwa 50 Prozent der jugendlichen Mädchen fühlen sich zu dick, obwohl nur etwa zehn Prozent von ihnen tatsächlich übergewichtig sind.[31] Bei einem Drittel der Mädchen zwischen 14 und 17 Jahren gibt es Hinweise auf ein gestörtes Essverhalten.[32] Auch Jungen sind betroffen: So geben laut einer Studie aus Kanada 48,5 Prozent der Jungen in der Mittelstufe an, dass sie unzufrieden mit ihrer Figur und ihrem Körperbild seien.[33] Orthorexie, die übermäßige Beschäftigung mit der Qualität von Lebensmitteln, ist auf dem Vormarsch[34], und Essstörungen treten bereits im Grundschulalter auf.[35]

Das Wissen über gesunde Ernährung lässt uns und unsere Kinder nicht gesünder leben, vielmehr scheint das Gegenteil der Fall zu sein. Unsere Kinder entwickeln ein problematisches Essverhalten, gerade weil wir auf Kognition und Regeln setzen, statt dem Körper zu vertrauen.

Die Fremdbestimmung ist omnipräsent: Journalisten berichten über Superfood. Prominente schreiben Bücher, in denen sie erläutern, wie sie ihre angebliche Zuckersucht überwunden haben. Blogger erklären, wie gut es ihnen geht, seit sie Gluten meiden. Und neue Ernährungstrends wie das intermittierende Fasten oder Paleo, eine Ernährungsweise, die der des Steinzeitmenschen ähnelt, finden in kürzester Zeit Tausende Anhänger. Es gibt unzählige Regeln, Tipps, Empfehlungen und ebenso viele Studien, Ratgeber, Erfahrungsberichte. In den Medien, in Blogs, in Magazinen, in Foren. Wir spüren nicht mehr in uns hinein, um herauszufinden, was uns guttut, sondern essen das, was uns aus Sicht von Experten, Wissenschaftlern, Bloggern und Medien guttun *müsste*.

Essen ist für Erwachsene oft nicht mehr Bauch-, sondern Kopfsache. Bei Kindern ist es umgekehrt: Sie kennen keine Nährwerttabellen und essen das, worauf ihr Körper ihnen Appetit signalisiert.

Natürlich ist uns bewusst, dass Richtlinien auch einen Vorteil haben: Sie geben uns Sicherheit und schaffen Orientierung. Und ja, es kann im ersten Moment beängstigend sein, sich von Richtlinien zu lösen. Aber: Wissenschaftliche Empfehlungen sind zum Teil widersprüchlich – und werden manchmal komplett revidiert. Ganz zu schweigen von der Tatsache, dass ein und dasselbe Lebensmittel für eine Person höchst bekömmlich und für eine andere Person höchst unbekömmlich sein kann.

Statt also unser Ernährungswissen an unsere Kinder weiterzugeben, sollten wir sie ermutigen, zu spüren, was ihnen guttut. Das ist unsere eigentliche Aufgabe beim Thema Ernährung: Ein Kind darin zu bestärken, seinem inneren Ernährungskompass zu folgen.

So selbstverständlich wie wir die Haar- oder die Augenfarbe unserer Kinder annehmen, sollten wir auch ihre Ernährungsvorlieben akzeptieren. Aber das fällt uns schwer, weil wir in einer fremdbestimmten Ernährungsgesellschaft leben, die Kindern die Fähigkeit abspricht, auch ohne Ernährungspyramide, Essensregeln und ein kontrollierendes Eingreifen ein gesundes und ausgewogenes Essverhalten entwickeln zu können. Der Ernährungswissenschaftler Uwe Knop hält die Ess-Erziehung, ganz gleich ob in Schulen, Kitas oder am Familien-Esstisch, für einen »sehr gefährlichen Trend«. Im Interview mit uns erklärt er: »Die Kinder beginnen, sich ständig selbst zu hinterfragen. Was mein Körper mir signalisiert, kann nicht stimmen. Das, was ich essen möchte, ist ungesund. Davon darf ich nicht zu viel essen, sonst werde ich dick.«

In der Kita streiten Eltern, ob Zwieback, Knäckebrot und Käse als Nachmittagssnack ausreichend gesund sind. Grundschüler werden gemobbt, weil sie einen (ungesunden) Butterkeks in der Brotdose haben. Und Eltern treibt die Frage um, warum die Kinder nach dem Kindergarten oft so hungrig sind. »Isst mein Kind denn nicht gut?« Diese Entwicklungen beobachten wir mit Sorge. Was ist beispielsweise falsch daran, wenn ein Kind hungrig nach Hause kommt? Bedeutet das nicht, dass es unbekümmert in sein Spiel vertieft war? Dass es Neues gelernt oder gewagt hat? Und dass Essen einfach nebensächlich war? Oder ist es in unserer westlichen Welt so, dass Hunger einfach nicht willkommen ist und wir als Eltern uns schämen oder verantwortungslos fühlen, wenn unser Kind sehr hungrig ist? Und: Sollten wir uns nicht eher freuen, dass ihr Körper ihnen so klare Signale sendet und sie diesen uneingeschränkt und vertrauensvoll folgen?

Aus unserer Coaching-Praxis wissen wir: Viele Eltern wünschen sich einen vertrauensvollen Umgang mit der Ernährung. Aber sie schaffen es nicht, sich aus den Zwängen der fremdbestimmten Ernährungsgesellschaft, überhaupt aus gesellschaftlichen Zwängen, zu lösen und eine eigene, selbstbewusste Haltung aufzubauen. Dabei wäre dieser Schritt so wichtig!

Druck aus unserem Umfeld

Bei einem unserer Infoabende trafen wir auf eine junge Mutter, die aufmerksam unseren Vortrag verfolgte. Nach einiger Zeit meldete sie sich zu Wort und fragte mit leichter Empörung in der Stimme, ob wir eigentlich wüssten, was da draußen los sei. Es wäre für sie undenkbar, anderen Eltern zu sagen, dass die Kinder bei ihr selbstbestimmt naschen dürften, denn dann würden die Freunde ihres Sohnes wohl nicht mehr bei ihnen spielen dürfen. Vielen Eltern erscheint es völlig absurd und verantwortungslos, mit dem Thema Ernährung selbstbewusst umzugehen. Zusätzlich schwingt die Sorge mit, sich und das Kind durch ein solches Verhalten zu isolieren. Eltern berichten uns auch immer wieder, dass sie sich durch andere Eltern subtil bevormundet fühlen: Sätze wie »Das erlaubst du deinem Kind?« oder »Also mein Kind braucht gar keinen Zucker!« führen zu Druck und Verunsicherung.

Gleichzeitig baut sich ein innerer Leistungsdruck auf: Das Kind muss sich gut entwickeln, möglichst vital und leistungsfähig sein. Andere Eltern kriegen das doch auch hin! Eine möglichst gesunde Ernährung erscheint als probates Mittel, dies zu erreichen.

Ein weiteres Beispiel aus unserer Coaching-Praxis: Wir begleiteten eine Mutter, die es sehr viel Überwindung kostete, sich von den gängigen Empfehlungen zur gesunden Kinderernährung zu lösen. Immer wieder fühlte sie sich daran erinnert, wie hoch der gesellschaftliche Druck ist, ein Kind gesund ernähren zu müssen: Während eines Urlaubs aß ihre kleine Tochter, vier Jahre alt, am Strand ein Eis und verlangte nach einer zweiten Portion. Die Mutter erlaubte es und spürte, wie sie von anderen Müttern kritisch beäugt wurde. Ein unangenehmes Gefühl. Im Hotelrestaurant suchte sich das Kind einen Schokoladenkeks zum Frühstück aus, und wieder erntete die Familie fragende und anklagende Blicke. Wenn wir nicht die tiefe Überzeugung in uns tragen, dass Vertrauen für Kinder der richtige Weg ist, um ein unbeschwertes Essverhalten zu entwickeln, können uns Situationen wie diese aus dem Gleichgewicht bringen.

Auch im engsten privaten Umfeld erleben wir es häufig, dass Kritik und Beeinflussungen formuliert werden. Was auf der gesellschaftlichen Ebene eher subtil stattfindet, erleben wir in der Familie oder im Bekanntenkreis viel direkter. Eine Mutter berichtete uns, dass sie und ihr Mann eher kräftig gebaut seien. Der gemeinsame Sohn sei eher schmächtig. Immer wieder würden die Eltern von Familie und Freunden auf die Statur ihres Kindes angesprochen. Sätze wie: »Wie kommt ihr denn eigentlich zu so einem Kind? Der Junge muss mehr essen!« stünden an der Tagesordnung.

Eine andere Mutter berichtete uns, dass ihr Sohn von einem Verwandten als »Fettsack« beschimpft wurde. Gerade im privaten Umfeld sind die Übergriffe oft verletzend bis demütigend.

Gesundheitsfokus in Kitas und Schulen

Nicht selten tragen die Einrichtungen, in denen unsere Kinder betreut werden, zur Problematisierung des Essens bei. Mancherorts gibt es feste Regeln für die Brotdose. Bei einem unserer selbst erlebten Kita-Elternabende wurde beispielsweise klar formuliert, was in die Dose gelegt werden darf und was nicht: Ein Vollkornbrot, aber kein Weißbrot. Wurst oder Käse, aber kein süßer Brotaufstrich. Obst und Gemüse, aber kein Fruchtzwerg. Auch wenn Sie sich gelegentlich über diese Regeln hinwegsetzen mögen, ändert dies nichts an der Tatsache, dass Kitas und Schulen Wert auf eine Ess-Erziehung legen, die wenig auf die Innensteuerung Ihres Kindes abzielt.

Wir möchten Ihnen an dieser Stelle von einer kuriosen Aktion einer weiterführenden Schule berichten: Gesucht wurde der Frühstücks-König! Ziel war es, unter den Schülern die gesündeste Brotdose auszumachen. Die volle Punktzahl wurde erreicht, wenn ein Schwarzbrot sowie ein Mischbrot mit Körnern, beide belegt mit magerer Wurst oder fettarmem Käse, und jeweils ein Stück Obst und Gemüse eingepackt wurden. Absurd: Wer keinen Belag mochte, sondern nur ein Butterbrot aß, erhielt Punktabzug (denn es fehlte der magere Belag). Die Kinder, die eigentlich keinen Belag mochten, zeigten fortan ihr Brot mit Körnern und magerer Wurst oder Käse vor, um danach – Sie ahnen es vielleicht – den Belag wegzuwerfen. Manche Kinder gingen sogar dazu über, das gesamte (ungeliebte) Frühstück im nächsten Mülleimer zu entsorgen, um danach den nächsten Bäcker anzusteuern.

Nachdem der Frühstücks-König gekürt war, verschwanden auch Schwarz- und Körnerbrot wieder aus vielen Dosen. Verankert hatte sich bei einigen Kindern aber die Einteilung von Lebensmitteln in gesund und ungesund. Einige Eltern beobachteten bei ihren Kindern plötzlich einen kritischen Umgang mit Zutatenlisten und Nährwertangaben (»Mama, da sind aber viele Kohlenhydrate drin«).

Wie wird sich die zwanghaft gesunde Brotdose langfristig auf das Essverhalten der Kinder und Jugendlichen auswirken? Während der eine nach einer Woche alles wieder vergessen haben mag, wird der andere verinnerlicht haben, dass beim Essen bestimmte Ernährungsregeln wichtig sind. Unser Fazit: Der Frühstücks-König ist ein klarer Fall von »Gut gemeint, nicht gut gemacht«.

Apropos Frühstück in der Schule: Eine sehr schlanke, fitte, gesunde Freundin mit äußerst gutem Körpergefühl sagte uns zu dieser Schilderung lachend: »Ich habe als Kind wirklich jeden einzelnen Tag ein Nutellabrot mit in die Schule genommen.«

Unrealistische Schönheitsideale

Die Medien, vor allem die sozialen Medien und die Werbung, sind bevölkert von Menschen, die entweder extrem dünn oder extrem fit sind. Der Wunsch, schlank, durchtrainiert und einfach perfekt auszusehen, ist vor allem bei jungen Menschen groß. Auch Sendungen wie »Germany's next Topmodel« und reichweitenstarke Instagram-Profile von Influencern, deren Erfolgskonzept darauf basiert, sich selbst zu optimieren, tragen dazu bei, dass insbesondere junge Mädchen ihr eigenes Körperbild oft verzerrt wahrnehmen. Die Folge: Normal- oder sogar untergewichtige Mädchen und Jungen fühlen sich zu dick oder nicht definiert genug. Damit werden sie anfällig für Programme, die ihnen versprechen, effektiv abzunehmen, um dem gängigen (wenn auch unrealistischen) Schönheitsideal entsprechen zu können. Gesellschaftlich akzeptierte und von Prominenten propagierte Online-Programme zur Gewichtsreduktion, beispielsweise *BodyChange,* werben offensiv mit dem sogenannten Cheat Day: »Das bedeutet also, an 6 Tagen in der Woche halten Sie sich an die *BodyChange*-Ernährungsumstellung und lassen Dickmacher weg, am 7. Tag dürfen Sie alles essen, was Sie wollen, und das in rauen Mengen.«[36] Ein verlockendes Werbeversprechen, das direkt in eine Essstörung münden kann.

Dr. med. Dagmar Pauli, Chefärztin an der Klinik für Kinder- und Jugendpsychiatrie der psychiatrischen Universitätsklinik Zürich, bestätigt uns im Interview: »Das ist eigentlich das Schlimmste, insbesondere bei jungen Menschen, weil das Risiko für sie besonders hoch ist, eine Essstörung zu entwickeln. Durch das Hungern kann es zu Essattacken mit Kontrollverlust kommen oder aber der Gewichtsverlust wird zu schnell und kann dann nicht mehr aufgehalten werden – die Jugendlichen kippen in eine Magersucht. Auch für Erwachsene sind solche Programme häufig der falsche Weg, weil die meisten Menschen danach mehr Pfunde auf die Waage bringen als zuvor. Der Körper stellt sich während einer längeren Hungerphase um, das ist evolutionär auch sinnvoll. Der Stoffwechsel passt sich an, damit danach, wenn wieder ausreichend Nahrung zur Verfügung steht, die Kalorien besser verwertet werden und schneller Fett angesetzt wird. [...] Nach einer Diätphase von mehreren Wochen kann es bis zu einem Jahr dauern, bis sich der Stoffwechsel wieder normalisiert hat. Vorübergehende Nahrungsumstellungen sind also bei den allermeisten Menschen kontraproduktiv.«[37]

Durch das strikte Regime der Abnehmprogramme – sechs Tage strenge Diät, an denen wir gegen unseren Körper arbeiten und seine Bedürfnisse ignorieren – geraten wir in einen Mangelzustand, und allein aufgrund der Tatsache, dass ein großer Teil der Lebensmittel verboten ist, kommt es zu Verzichthunger. Am siebten Tag kennt der ausgehungerte Körper nun oft kein Halten mehr: Es wird alles aufgeholt, was während der Woche verboten war. Auch hier werden die Körperbedürfnisse übergangen. Dem Körper wird deutlich mehr zugeführt, als der Magen als angenehmen empfindet, Hunger und Sättigung werden missachtet. Da der Verzicht am nächsten Tag erneut beginnt, wird übermäßig viel gegessen, um danach wieder tagelang zu hungern. So entsteht ein Teufelskreis, der in einer Binge-Eating-Störung enden kann. Bei dieser Essstörung kann es zu periodischen Essattacken mit Verlust der bewussten Kontrolle über das Essverhalten kommen. Gesunde, normalgewichtige junge Menschen manövrieren sich also durch den Schlankheitsdruck in Essstörungen und entwickeln oft sogar erst infolgedessen Übergewicht. Das Selbstwertgefühl leidet enorm.

Der einseitige Blick der Medizin

Ebenfalls großen Einfluss auf das Thema Ernährung haben Ratschläge von Ärztinnen und Ärzten. Strenge Empfehlungen eines Arztes können dazu führen, dass Eltern die Bedürfnisse des Kindes aus den Augen verlieren, beispielsweise wenn es um den richtigen Zeitpunkt geht, mit der Beikost anzufangen. So bringt etwa der Hinweis, dass einem Säugling ein Eisenmangel droht, wenn man nicht zu einem bestimmten Zeitpunkt mit der Beikost beginnt, Eltern in Zugzwang. »Sicherlich sind da nicht alle Kinderärzte in einen Topf zu werfen«, erzählt uns die Hebamme Maria Kieninger-Meerkamp, »einige begründen ihre Ratschläge mit Empfehlungen der Deutschen Gesellschaft für Ernährung, geben damit meiner Meinung nach aber ein ziemlich rigides Schema vor«.[38]

Was diese starren Empfehlungen nicht berücksichtigen: Wir alle sind einzigartig, auch hinsichtlich unserer Ernährungsbedürfnisse. Erst, wenn ein Kind Interesse an fester Nahrung zeigt, ist meistens auch der richtige Zeitpunkt für die Beikost gekommen.

Warum Gewichtskurven kritisch zu betrachten sind

Geht es um das Thema Gewicht, richten viele Ärzte ihren Blick in erster Linie auf Größen- und Gewichtskurven, ohne den Menschen und seine Lebenssituation zu betrachten. Natürlich gilt dies nicht für alle. Aber immer wieder berichten uns Eltern, dass Kinderärzte folgende Haltung vermitteln: Wer nicht in der Norm liegt, hat ein Problem.

Dabei ist es mathematisch gar nicht möglich, alle Kinder im Normbereich unterzubringen. Denn anders als bei Erwachsenen, bei denen der Body-Mass-Index (BMI) als Richtgröße herangezogen wird, wird bei Kindern mit Perzentilen gearbeitet.

Zur Erläuterung: Der BMI wird aus Körpergröße und Gewicht berechnet.[39] Je nach Ergebnis wird man in die Kategorie Untergewicht, Normalgewicht, Übergewicht oder Adipositas (Fettleibigkeit mit gesundheitlichen Auswirkungen) eingestuft. Auch wenn wir diese Einteilung sehr kritisch sehen, wäre es zumindest mathematisch möglich, dass die gesamte Bevölkerung sich in den Normbereich hineinhungert oder hineinisst. Bei Perzentilen ist dies nicht möglich, da man sich hier an Durchschnittswerten orientiert. Liegt ein Kind auf der 90. Perzentile, bedeutet dies, dass von 100 gesunden Kindern 90 unterhalb der Linie liegen, 10 oberhalb. Unabhängig vom tatsächlichen Gewicht wird es also immer Kinder geben, die am Rande des Durchschnitts liegen. Dies ist einfach ein mathematischer Fakt.

Ganz egal, welche Aspekte der Gesellschaft wir betrachten: Es gibt immer den Durchschnitt – und es gibt einen gewissen Anteil in der Bevölkerung, der davon abweicht.

Natürlich gibt es Menschen, die aufgrund ihres extremen Übergewichts gesundheitliche Probleme haben. Dass aber Kinder, die vom Durchschnitt abweichen, problematisiert werden, ist nicht hinnehmbar. Ärzte sollten hier eine gute Mischung finden aus Ermutigung und vorsichtigen Hinweisen, das Kind zu begleiten – hin zu einem natürlichen, innengesteuerten Essverhalten. Panikmache sollten sie dabei tunlichst vermeiden.

Der Kinderarzt Dr. Carlos González appelliert in seinem Buch *Mein Kind will nicht essen* an seine Kollegen: »Das einmal gesprochene Wort kann man nicht zurückholen […]. Phrasen wie ›geringes Gewicht‹, ›zu leicht‹ […] sollten aus unserem Sprachgebrauch ganz verbannt werden, […] oft können ärztliche Ratschläge, ja sogar unsere zufälligen Bemerkungen, auch zur Entstehung oder Verschlimmerung des Problems beitragen.«[40]

Eine Mutter berichtete uns, dass der Kinderarzt bei einer frühen U-Untersuchung beiläufig erwähnte, das Gewicht des Kindes (absolut aktiv, fit und gesund) sei unterhalb der Norm. Der Vater reagierte daraufhin besorgt, wenn das Baby das Milchfläschchen nicht komplett leerte. Bereits hier geht Vertrauen in das Kind verloren. Manche Eltern sind so verängstigt, dass sie mit allen Mitteln versuchen, ihr gesundes und eigentlich sattes Kind zum Austrinken des Fläschchens zu zwingen – mit der Folge, dass bereits kurze Zeit nach der Geburt das natürliche Hunger- und Sättigungsgefühl aus den Fugen gerät.

Ein anderes, gegenteiliges Beispiel: Eine Mutter berichtete uns von den ersten Tagen im Krankenhaus nach der Geburt ihres gesunden Jungen, der mit einem Gewicht von 5000 Gramm zur Welt kam. Es ist wenig überraschend, dass dieses Kind einen höheren Bedarf an Nahrung hat als ein Neugeborenes mit 3000 Gramm Geburtsgewicht. Dennoch wurde der Mutter empfohlen, das Kind solle nicht zu viel Milch trinken. Sie solle lieber versuchen, mit dem Schnuller die Pausen zwischen den Mahlzeiten zu »strecken«. Sein Verlangen nach Milch sei zu hoch. Das Kind macht also bereits kurz nach der Geburt die Erfahrung, nicht satt werden zu dürfen.

Ich glaube, dass unser Sohn auch deshalb ein »Schreibaby« gewesen ist – er war unzufrieden und hungrig. Wenn er trinken durfte, tat er es so hastig, dass ihm schlecht wurde. Er hat gespuckt, und durch die geschluckte Luft bekam er Bauchweh. Der ganze Stress hat uns in eine ganz blöde Spirale gebracht.

Bereits hier könnte ein problematisches Essverhalten entstehen, wenn das Kind mit dem Gefühl aufwächst, nicht genug zu bekommen, und daraus eine Neigung entwickelt, über die Stränge zu schlagen. Nicht, weil Gier in seinen Genen liegt, sondern weil es von Geburt an nicht seiner natürlichen Innensteuerung folgen durfte.

Eine Geburtsbegleiterin bestätigt uns, dass es vielen Eltern abwegig und auch verantwortungslos erscheint, bei dem Neugeborenen rein auf Hunger und Sättigung zu vertrauen: »Sie wollen alles richtig machen und suchen nach Orientierung, vor allem dann, wenn die Mutter nicht stillt. Werden fünf Fläschchen-Mahlzeiten pro Tag empfohlen, sind Eltern bemüht, diese Menge einzuhalten. Ich erlebe einige Mütter dann regelrecht hörig. Sie sind der festen Überzeugung: Das braucht mein Kind! Genau diese Menge! Dabei handelt es sich natürlich nur um einen Richtwert. Die Folgen für die Kinder: Sie verfallen in ein regelrechtes Milchkoma, manche erbrechen. Sie schlafen viel, weil sie all ihre Kraft für die Verdauung aufwenden. Und das sind leider keine Einzelfälle.«[41]

Wir möchten unsere Haltung zu dieser Thematik anhand weiterer Beispiele erläutern. Beginnen wir mit dem Erfahrungsbericht einer Mutter:

Meine Tochter stand kurz vor einem Wachstumsschub und war daher – wie ich es schon von ihr kannte – zur Zeit der Untersuchung etwas gedrungener. Ohne mich zu fragen oder auch nur im Ansatz auf das Thema Gewicht einzugehen, händigte der Arzt mir den Flyer einer Ernährungsberatung aus.

Glücklicherweise ließ sich die Mutter davon nicht aus der Ruhe bringen. Dem Kind gegenüber zeigte sie sich unbeeindruckt, den Flyer entsorgte sie im Papiermüll. Was war geschehen? Schauen wir einmal genau hin: Der Kinderarzt sieht das Mädchen – wir nennen sie Leonie – und stellt mit Blick auf ihre Gewichtskurve fest, dass sie mit ihrem aktuellen Gewicht nicht der Norm entspricht. Die Abweichung ist nicht dramatisch, sondern nur leicht.

Was sich seiner Kenntnis entzieht, ist, dass Leonie viele Freunde hat, gerne und mit Genuss isst, dass sie Süßes liebt, humorvoll, lebensfroh und aktiv ist, keine Probleme in der Schule hat und mit viel Elan ihren Hobbys nachgeht. Kurzum, dass sie ein glückliches und lebensbejahendes Mädchen ist, das kurz vor einer Wachstumsphase steht. Nehmen wir einmal an, die Mutter hätte aus Sorge, dass ihr Kind Übergewicht entwickelt, einen Termin bei der Ernährungsberatung vereinbart. Plötzlich wäre Essen zum Problem geworden. Vielleicht hätte Leonie ihren ungezwungenen Umgang mit Lebensmitteln verloren, sie hätte begonnen, sich Lebensmittel zu verbieten. Die Familie hätte sich unter Druck gesetzt gefühlt, stärker auf »gesunde« Ernährung zu achten. Das Schlimmste aber: Das Mädchen hätte verinnerlicht, dass sie so, wie sie ist, nicht in Ordnung ist. Ihr Selbstwert wäre mit ihrem Gewicht und ihrer eventuellen Gewichtsabnahme verknüpft worden.

Essstörungen beginnen fast immer mit Diäten, mit Verzicht, mit Kontrolle. Uwe Knop sagt dazu: »Die Kinder [können] nur scheitern und suchen womöglich eine Teilschuld bei sich selbst, was in einen Teufelskreis münden kann. Das gilt im Übrigen nicht nur für professionelle Therapiemaßnahmen, sondern auch für ganz banale Diäten, die als Einstiegsdroge in Essstörungen gelten.«[42]

Wäre Leonie also durch die beiläufige Aussage des Arztes anfälliger für Symptome einer Essstörung, für Probleme mit ihrem Selbstwert, für Unzufriedenheit mit sich und ihrem Körper? Wir glauben: ja, vermutlich schon.

Nicht immer reagieren Eltern wie in Leonies Fall. Dieser Erfahrungsbericht einer jungen Frau zeigt, wie durch die Aussage eines Arztes ein jahrelanger Leidensweg geebnet werden kann:

Als ich in die Pubertät kam, also mit etwa zwölf Jahren, fühlte ich mich zum ersten Mal nicht mehr ganz wohl in meiner Haut. Ich hatte etwas zugenommen und das Gefühl, nicht dünn genug zu sein. Meine Mutter ging mit mir zum Kinderarzt. Dieser stellte einige Fragen, die sich rein auf mein Gewicht und meinen Körper bezogen und fand heraus, dass mein Vater eine Schilddrüsenunterfunktion hat. Er untersuchte mich und ließ sogleich mein Blut testen. Diagnose: Schilddrüsenunterfunktion. Der Arzt erklärte mir, dass mein Stoffwechsel langsam sei und zeigte mir eine Gewichtstabelle. Ich lag leicht über der Norm – für mich eine Katastrophe. Zu dieser Zeit wog ich 43 Kilogramm bei einer Körpergröße von 1,55 Metern. Objektiv betrachtet war ich kerngesund. Doch die Aussagen des Arztes brannten sich ein.

Was ich gehört hatte, klang für mich so: Mein Körper funktionierte nicht richtig und mein Gewicht war nicht normal. Innere Alarmglocken riefen: »Du bist zu dick!«

Ich verlor nach und nach das Vertrauen in meinen Körper, in meine Normalität, in meinen Stoffwechsel und startete Diäten. Dabei war es fatal, dass mich meine Eltern unterstützten. Auch meine Mutter hatte die Aussage des Arztes gehört, deshalb wollten meine Eltern mir helfen. Sie kochten für mich fettarme Gerichte und das erste Mal in meinem Leben wurden Süßigkeiten beschränkt. Dies war der Anfang einer langjährigen Essstörung.

Jahre später fand ich heraus, dass meine Schilddrüse kerngesund ist. Ebenfalls Jahre später realisierte ich, dass der Body-Mass-Index meines zwölfjährigen Ichs absolut in Ordnung gewesen war. Doch diese Kennziffer wurde damals noch nicht herangezogen. Wie schön wäre es gewesen und wie sehr hätte es mein Leben zum Positiven beeinflusst, wenn der Arzt sich nicht starr an Zahlen, Daten und Fakten orientiert hätte. Wenn er wahrgenommen hätte, dass ich ein zwölfjähriges Mädchen in der Pubertät war, dessen Körper sich natürlich in dieser Zeit auch hormonell verändert. Wenn er weniger diagnostiziert, gewertet und beurteilt hätte. Wenn er mir erklärt hätte, dass die gemessenen Hormonwerte nur eine Momentaufnahme darstellen, die sich schnell wieder ändern können und nichts darüber aussagten, ob mein Körper gut funktionierte oder nicht. Wenn er mich als Mensch gesehen hätte. Wenn er mich gefragt hätte, wie ich mich fühle – körperlich und seelisch. Wenn er mir einfach gesagt hätte, dass ich völlig normal und okay und, ja, schön bin, so wie ich bin. Wie leicht hätte dieser Arzt eine momentane Thematik entschärfen und somit einer Essstörung vorbeugen können. Stärken stärken, auch in der Medizin und mit einer ganzheitlichen Sichtweise. Da braucht es bei Ärzten manchmal nichts anderes als ein Mindestmaß an Empathie, gesundem Menschenverstand und dazu etwas Lebenserfahrung.

Lassen Sie uns noch ein weiteres, fiktives Beispiel betrachten: Vanessas Gewicht ähnelt dem von Leonie. Sie wird allerdings als »Dicki« gemobbt, hat wenige Freunde, sie ist oft traurig und fühlt sich alleingelassen. Auch ihre Eltern kritisieren ihr Gewicht. Beim Essen hat Vanessa meistens ein schlechtes Gewissen. Trotzdem isst sie viel Schokolade, weil sie den Eindruck hat: »Damit geht es mir besser.«

Sie hat also ihr intuitives Essverhalten bereits verloren. Essen ist zum Ventil für unerfüllte Bedürfnisse geworden. Vanessa isst aus emotionalen Gründen, um sich besser zu fühlen, auch wenn sie nicht körperlich hungrig ist. Vanessas Mutter wird vom Arzt an eine Ernährungsberatung verwiesen. Sie fühlt sich bestätigt, denn sie ist mit dem Gewicht ihrer Tochter unzufrieden, und vereinbart einen Termin. Der Besuch bei einer Ernährungsberaterin wird, genau wie bei Leonie, vermutlich das Selbstwertgefühl des Mädchens schwächen. Die Botschaft: »Du musst dich gesünder ernähren, du musst abnehmen« ist für das Kind enorm kränkend. Vanessa leidet sowieso schon darunter, zu pummelig zu sein. Sie muss nun zusätzlich versuchen, diszipliniert zu essen, sich Schokolade verbieten und so einen starken Verzichthunger aushalten.

Was würde Vanessa *tatsächlich* helfen? Eine emotionale Stärkung, ein Fokus auf die *Ursache* für das aus der Balance geratene Essverhalten. Gerade jetzt benötigt Vanessa Eltern, die empathisch, liebevoll und wertschätzend an der Seite ihres Kindes stehen, die bedürfnisorientiert agieren, statt es zu kritisieren. Im vierten Teil dieses Buches gehen wir auf den Aspekt des emotionalen Essens detailliert ein.

Ein drittes Beispiel: Lisa ist groß und dünn. Manche, die sie sehen, denken vielleicht: »Was für eine Bohnenstange!« Lisa macht sich keine Gedanken darüber, was sie isst, ob sie sich gesund ernährt oder nicht. Sie richtet sich nach Hunger und Sättigung und greift zu, wenn es ihr schmeckt – sie ist eine intuitive Esserin. Erwachsene ermahnen sie häufig: »Kind, du musst mehr essen, du bist zu dünn.« Auch der Arzt weist sie kritisch darauf hin, dass ihr Gewicht unterhalb der Norm liegt. Ihre Eltern sind besorgt, sie fühlen sich für die Normabweichung verantwortlich und versuchen, Lisa zum Essen zu überreden. »Iss doch noch! Bist du wirklich schon satt? Du hast doch kaum was gegessen.« Lisa wird unsicher und hat das

Gefühl, aufgrund ihres geringen Gewichts nicht *richtig* zu sein. Dabei ist Lisa gut so, wie sie ist. Das Einzige, was sie braucht, ist eine Umgebung, die sie und ihren Körper so akzeptiert, wie sie sind.

Schauen wir uns noch ein viertes Beispiel an, nämlich Lukas. Bei ihm ist die Situation konträr: Er ist leicht übergewichtig, genau wie seine Eltern. Sie wissen nicht so recht, woran es liegt. Denn Essen spielt für ihn eigentlich keine große Rolle. Er isst gerne, ja. Viel wichtiger für ihn ist aber, dass er im Musikverein aktiv ist und auch schulisch alles gut läuft. Dennoch fragen sich seine Eltern, ob sie etwas weniger kalorienreich kochen sollten. Dankend gehen die Eltern auf den Vorschlag des Arztes ein, die Ernährungsberatung aufzusuchen. Das Ergebnis: Lukas wird auf Diät gesetzt.

Wir wissen, dass externe Kontrolle eher zu Übergewicht führt.[43] Dennoch hören wir weiterhin von Ärzten, dass Grenzen gesetzt werden müssen. Doch das ist ein Trugschluss, denn Impulskontrolle führt zu Verzichtgefühlen und fördert Heißhungerattacken. Die Körperintelligenz wird gestört. Grundsätzlich stellt sich doch die Frage: Müsste Lukas überhaupt abnehmen? Er ist – betrachtet man die Normtabellen – tatsächlich leicht übergewichtig. Aber bedeutet dies auch, dass sein seelisches und körperliches Gleichgewicht gestört ist? Dass er gesundheitliche Auswirkungen befürchten muss? Davon ist nicht auszugehen. Lukas hat offenbar eine genetische Disposition für einen fülligeren Körper. Dennoch kann er ein gesundes Leben führen. Er hat sogar eine höhere Lebenserwartung als schlanke Menschen, da er im Krankheitsfall auf mehr Reserven zurückgreifen kann. Wussten Sie, dass man mit einem BMI von 27 derzeit die höchste Lebenserwartung hat?[44] Damit gilt man als übergewichtig, ergo: Gewicht reduzieren. Doch warum eigentlich?

Um Missverständnissen vorzubeugen: Natürlich gibt es Übergewicht, wie im Falle von Vanessa, welches nicht dem natürlichen

Setpoint entspricht, also dem Gewicht, das für den Körper vorgesehen ist. Es gibt Übergewicht, das durchaus gesundheitsschädlich werden kann. Und natürlich möchten wir normalgewichtigen oder sogar untergewichtigen Personen, die sich wohlfühlen, nicht nahelegen, zuzunehmen, um einen BMI von 27 zu erreichen. Dies wäre absurd und für diese Menschen sicher nicht gesund, da für ihren Körper ein niedrigeres Gewicht das individuell Richtige ist. Aber davon auszugehen, dass jeder Übergewichtige davon profitieren würde, abzunehmen, ist schlicht falsch, wie die Zahlen zur Lebenserwartung belegen. Es ist genauso absurd, gesunden Dünnen einen höheren BMI nahezulegen, wie gesunden Dicken einen niedrigeren BMI zu empfehlen.

Für Lukas wäre es also das Beste, wenn er bleibt, wie er ist. Ein ärztlicher Rat zur Gewichtsreduktion wäre hier absolut kontraproduktiv.

Ein letztes Beispiel: Maria ist normalgewichtig, möchte aber dennoch abnehmen. Sie wünscht sich, wie ein Model auszusehen. Also treibt sie exzessiv Sport, unterwirft sich einem strengen Diätdiktat und praktiziert Cheat Days: An einem Tag in der Woche erlaubt sie sich, das zu essen, was sie will – egal, wie viel. Marias Gedanken kreisen ständig um das Essen, immer häufiger hat sie Essanfälle. Sie möchte sich nicht im Spiegel sehen, sie wiegt sich täglich und ist frustriert, wenn die Waage mal etwas mehr Gewicht als am Vortag anzeigt.

Marias Essverhalten ist alles andere als unbeschwert. Ihr Kinderarzt hingegen ist absolut zufrieden mit Größe und Gewicht, Maria passt in die Norm. Handlungsbedarf besteht aus ärztlicher Sicht nicht. Auch die Mutter fühlt sich bestätigt und ist zufrieden. Maria jedoch bleibt mit ihren Sorgen und ihrem problematischen Essverhalten allein zurück.

An dieser Stelle möchten wir klar sagen: Normalgewicht sagt nichts darüber aus, ob ein Mensch körperlich und seelisch im Gleichgewicht ist. Genauso wenig, wie Untergewicht oder Übergewicht pauschal mit einem gestörten seelischen Gleichgewicht assoziiert werden dürfen.

Diese Beispiele zeigen, wie verheerend die Folgen sein können, wenn Ärzte Einschätzungen abgeben und Handlungsempfehlungen aussprechen, die lediglich auf das Gewicht gestützt sind.

So resümiert auch der spanische Kinderarzt Dr. Carlos González: »Es scheint, als sei das Gewicht das Wichtigste, um zu beurteilen, ob das Kind gesund ist. In Wirklichkeit ist das Wichtigste das, was uns die Mutter erzählt, die ihr Kind ja jeden Tag sieht. […] Die geringste Bedeutung kommt dem Gewicht zu, das uns nur selten einen entscheidenden Hinweis auf etwas gibt, was wir nicht schon vermutet hätten […].«[45]

Plakative mediale Berichterstattung

Wir sind heutzutage so gut über die Ernährung informiert wie nie zuvor. Beinahe täglich werden neue Studien veröffentlicht, die uns sagen: Kohlenhydrate machen dick. Zucker macht süchtig. Kaffeetrinken verringert das Sterberisiko. Verschiedenste Untersuchungen schreiben den unterschiedlichsten Lebensmitteln mal dick machende, mal verjüngende oder auch gesundheitsfördernde Eigenschaften zu. Man geht davon aus, dass in der Ernährungswissenschaft jeden Tag 250 neue Studien veröffentlicht werden. Bereits heute sind, Schätzungen zufolge, eine Million im Umlauf. »Neunzig Prozent davon sind fehlerhaft, vielleicht sogar allesamt«, fasst der Journalist Nils Binnberg die »niederschmetternde Erkenntnis« von John Ioannidis, Stanford-Professor für Medizin, Gesundheitsforschung und Statistik, zusammen.[46] Wer soll da noch den Überblick behalten?

Sie werden diesen Ernährungsempfehlungen, die immer wieder in unterschiedlichen Medien vorgestellt werden, vermutlich mal mehr, mal weniger konsequent folgen. Entscheidend ist: Die meisten Menschen vertrauen auf das, was WissenschaftlerInnen im Dienste unserer Gesundheit herausgefunden haben (wollen).

Dabei hat die Ernährungswissenschaft als Disziplin inzwischen ein riesiges Glaubwürdigkeitsproblem. Denn die Ergebnisse basieren überwiegend auf Beobachtungsstudien, die keine Kausalität belegen, sondern nur statistische Zusammenhänge, Korrelationen, aufzeigen. Nils Binnberg formuliert es in seinem Buch *Ich habe es satt!* so: »Fast alle Ernährungsregeln und -weisheiten bei uns werden aus Beobachtungen abgeleitet. Wie aber lassen sich diese wiederum belegen? Genau das ist der große Knackpunkt in der Ernährungsforschung.«[47]

Beobachtungsstudien laufen so ab, dass die Ernährungsweise von Menschen über einen gewissen Zeitraum dokumentiert wird, meist über Jahre, um dann zu schauen: Wer ist krank geworden? Welche Gruppe leidet unter Herz-Kreislauf-Erkrankungen? Wer hat eine Krebs-Diagnose erhalten? Dazu Binnberg: »Aber kann man sicher ausschließen, dass die Gruppe der Veganer eine höhere Lebenserwartung hat, weil sie insgesamt einen gesundheitsfördernden Lebensstil pflegt, sich mehr bewegt, weniger Stress ausgesetzt ist oder wohlsituiert? Mitnichten. Der eine raucht mehr, der andere macht mehr Sport. Man kann nie sicher sein, ob ein bestimmtes Lebensmittel den beobachteten Unterschied ausgemacht hat oder nicht. Zumal eine Mahlzeit eine komplexe Angelegenheit ist.«[48]

Der Ernährungswissenschaftler Uwe Knop kritisiert insbesondere die fragwürdigen Interpretationen von Ernährungsstudien. Medien würden deren Ergebnisse oft falsch wiedergeben, und, um die Reichweite zu erhöhen, besonders dramatisch darstellen. »Bei jeder Studie kommt es darauf an, wie die Wissenschaftler und die Presseabteilungen die Ergebnisse interpretieren«, erklärt Knop uns im Experteninterview. Er führt aus: »Eine Studie zum Fast-Food-Konsum bei Kindern und Jugendlichen stellte fest: Kinder, die häufig Fast Food essen, haben einen minimal höheren BMI als Kinder, die davon weniger essen. Bei den Jugendlichen zeigte sich genau das Gegenteil: Je mehr Fast Food auf dem Speiseplan, desto niedriger der BMI. Die Interpretation im Abstract: Fast Food macht Kinder dick! Und weiter: Bei Jugendlichen müsse man die Ergebnisse vorsichtig interpretieren, es gebe zu wenig Daten, da müsse man noch genauer hinschauen. Die Aussage ›Fast Food macht Jugendliche schlank!‹ wäre da konsequenter gewesen. Aber auch das ist Quatsch, Stichwort: keine Kausalitäten! Hinzu kommt: Das, was Sie in den Medien lesen, haben PR-Experten den Redaktionen vorformuliert. Und die haben das Ziel, möglichst viel Aufmerksamkeit, also Veröffentlichungen, zu erzeugen. Da kann in einer Pressemitteilung also unmöglich stehen: Ballaststoffe verlängern möglicherweise, eventuell und unter bestimmten Voraussetzungen das Leben um ein paar Wochen. Darüber schreibt natürlich kein Journalist.«

Tatsächlich kam eine Meta-Analyse zu dem Ergebnis, dass lediglich bei zehn Prozent von 999 untersuchten Artikeln zum Thema Ernährung die jeweiligen Kernaussagen mit der tatsächlichen Studienlage übereinstimmten.[49] Bitte lassen Sie sich also nicht verunsichern von plakativen Überschriften, die uns beinahe täglich begegnen. Konzentrieren Sie sich auf sich und was Ihnen und Ihren Lieben individuell guttut, anstatt sich verrückt machen zu lassen. Und wenn Sie eine Überschrift doch neugierig macht, dann empfehlen wir Ihnen, sich die entsprechende Studie im Original anzusehen, den Studienaufbau kritisch zu hinterfragen und für sich selbst zu entscheiden, ob Ihnen die gewonnenen Erkenntnisse weiterhelfen.

Widersprüchliche Empfehlungen

»Eier sind gesünder, als viele denken.«[50] Mit dieser Schlagzeile bringt es die *Spiegel Online*-Redaktion auf den Punkt: Jahrelang warnten Gesundheitsexperten vor einem hohen Eierkonsum. Der Grund: Eier enthalten zu viel Cholesterin, das ist schlecht für das Herz. Das Frühstücksei am Sonntag war okay. Aber darüber hinaus galt das Ei damals, wie heute die Süßigkeit, als »kleine Sünde, die nur in Maßen genossen werden sollte«. Neuere Studien haben diese Empfehlung widerlegt. Heute gelten Eier als unbedenkliches Lebensmittel, man geht sogar davon aus, dass sie uns vor Krankheiten schützen, wenn wir ausreichend von ihnen essen.

Das Ei wurde also rehabilitiert. Und als Gesellschaft lernen wir: Der Stand der Wissenschaft entscheidet, ob wir an Ernährungsempfehlungen festhalten oder sie revidieren. Oder manchmal komplett umkehren.

Übrigens: Ähnlich erging es dem Fett. Wir blicken auf eine Fett-Hysterie zurück, die mehrere Jahrzehnte andauerte. Einige Jahre nach dem Ende des Zweiten Weltkriegs geriet das Nahrungsfett in den Verdacht, das Herzinfarktrisiko zu erhöhen. Eine Sieben-Länder-Studie, die 1952 durchgeführt wurde, kam zu dem Ergebnis: Je mehr Fett in einem Land verzehrt wird, umso höher ist die Herzinfarkt-Rate. So wurde das Fett in den 1960er-Jahren zum Feind der gesundheitsbewussten Ernährungsgesellschaft. Heute wissen wir: Das war ein Fehler. »Denn folgenlos ist die gesundheitliche

Umerziehung nicht an den Menschen vorübergegangen«, schreiben Udo Pollmer und Susanne Warmuth in ihrem *Lexikon der populären Ernährungsirrtümer*: »Der größte Denkfehler war vermutlich der, zu glauben, man müsse nur die fetten Nahrungsmittel vom Speisezettel streichen und dann würden die Menschen schon schlanker werden.«[51] Was sich aber zeigte: Viele Menschen versuchten den Fettmangel durch eine verstärkte Aufnahme von Kohlenhydraten zu kompensieren. Gegenwärtig fürchten viele Experten, dass die Empfehlung »Verzichten Sie auf Fett!« insbesondere in den USA die Übergewichtsproblematik nur noch verschärft hat.

Vincent, unser großer Sohn, kam 2011 zur Welt. Als wir mit der Beikost anfingen, lautete die Empfehlung der Hebamme: strikt ein Lebensmittel nach dem anderen einführen, also erst Karotte, nach einigen Tagen dann ein weiteres Lebensmittel und so weiter. 2013 dann, unser zweiter Sohn war geboren, sagte mir dieselbe Hebamme (selbst etwas peinlich berührt), dass das neue Dogma nun lautet: Möglichst bunt in die Beikost starten! Also komplett widersprüchliche Empfehlungen innerhalb von zwei Jahren. Mir wurde klar: Beide Söhne, die 2011 und 2013 geboren sind, werden zu gesunden Kindern heranwachsen. So oder so. Wie wäre es ganz ohne Richtlinien, einfach stressfrei und gelassen – so, wie es dem Kind gefällt?

Gesunde Ernährung aus Sicht der Deutschen Gesellschaft für Ernährung (DGE)

Seit 1953 beschäftigt sich die Deutsche Gesellschaft für Ernährung laut eigener Aussage »mit allen auf dem Gebiet der Ernährung auftretenden Fragen«.[52] Empfehlungen der DGE, wie beispielsweise die zehn Ernährungsregeln, würden jeweils auf Basis von wissenschaftlichen Bewertungen abgegeben.

Diese Regeln sorgten im Herbst 2017 allerdings für Schlagzeilen, denn die DGE sah sich gezwungen, sie inhaltlich zu überarbeiten. Der Hintergrund: Experten hatten seit geraumer Zeit bemängelt, dass die Vorgaben »überholt« seien, sprich: nicht mehr auf dem aktuellen wissenschaftlichen Stand. Beispielsweise entfiel die Empfehlung, »reichlich Getreideprodukte sowie Kartoffeln« zu verzehren. Kohlenhydrate stehen ja seit geraumer Zeit in der Kritik, da sie Studien zufolge das Abnehmen erschweren und Diabetes begünstigen. Die aktualisierte Empfehlung lautet: Bei Getreideprodukten besser die Vollkornvariante wählen. Auch der Punkt, Eier nur in Maßen zu essen, wurde gestrichen.

Besonders breit und öffentlichkeitswirksam wird von der DGE die Kampagne »5 am Tag« beworben. Das Ziel: Kinder und Erwachsene sollen täglich zwei Portionen Obst und drei Portionen Gemüse essen. Ihr erster Impuls ist vielleicht: Das kann auf keinen Fall schaden! Aber lassen Sie uns genauer hinsehen, welche Probleme diese starre Richtlinie mit sich bringen kann.

Zunächst fühlen Eltern sich oft verunsichert: Sollen es *mindestens* zwei Portionen Obst sein (wegen der Vitamine), aber auch *keinesfalls mehr* (wegen des Fruchtzuckers)? Wie bekomme ich eine exakte Dosierung für mein Kind hin? Gleichzeitig gibt es keine wissenschaftliche Evidenz, dass jeder Mensch die große Menge von fünf Portionen Obst und Gemüse täglich auch gut verstoffwechseln kann. Gesundheitliche Auswirkungen wie Blähungen oder Magenschmerzen können die Folge sein. Und wie gehen wir damit um, wenn das tatsächlich der Fall sein sollte: Gesundheitliche Einschränkungen in Kauf nehmen oder sich mit schlechtem Gewissen der Empfehlung widersetzen?

Möglicherweise führen derartige Kampagnen auch zu einem verstärkten Konkurrenzdenken zwischen Eltern. Unser Fazit: Auch, wenn wir als Eltern natürlich nicht gezwungen sind, derartigen Ernährungsregeln strikt zu folgen – es prägt sich ein: Kinder *müssen* so viel Obst und Gemüse essen, damit sie sich gut entwickeln. Die Menge legen dabei die Eltern fest.

Wir sehen es so: Kinder *dürfen* so viel Obst und Gemüse essen, wie sie gut vertragen. Die Menge bestimmen sie dabei selbst.

Ist der Zucker das Problem?

Nachdem die Fett-Hysterie vorbei war, fand die fremdbestimmte Ernährungsgesellschaft im Zucker einen neuen Feind. Ob und wann die Zucker-Hysterie ein Ende finden wird, ist nicht absehbar. Aber vielleicht ergeht es dem Industriezucker ähnlich wie dem Ei, und wissenschaftliche Studien werden in 20 Jahren zeigen: Nein, der Zucker ist nicht das Problem!

Im Moment aber lesen besorgte Eltern Schlagzeilen wie »Warum viel Zucker ein Problem ist«, »Fettleibigkeit dank Industriezucker« oder »Studie zeigt, warum Kinder ab heute keinen Zucker mehr essen sollten«. Zucker hat den Ruf, ein gefährlicher Dickmacher mit Suchtpotenzial zu sein.

Glücklicherweise gibt es Menschen, die diese Hysterie kritisch hinterfragen. Der Journalist, Autor und Mediziner Dr. Werner Bartens hält die Verteufelung von Zucker für fragwürdig: »Medizinisch gesehen ist das Unsinn«, sagte er in einem Interview mit der *Süddeutschen Zeitung*.[53] »Der Körper braucht Zucker, er ist unser wichtigster Energielieferant.« Erstaunlich ist: Menschen, die auf Zucker verzichten, leben keineswegs zuckerfrei. Der Körper produziert in diesen Fällen aus den anderen Makronährstoffen selbst Zucker.

Auch Thomas Frankenbach hält es für falsch, dass Zucker als generelle Bedrohung angesehen wird. Im Interview erklärte er uns: »Es ist gut möglich, dass auch bei einem Kind, das viel Süßes isst, alles in Ordnung ist. Und damit gibt es überhaupt keinen Grund, Süßes einzuschränken. Ein Beispiel: Häufig sind speziell nordische Kinder sehr dünn gebaut. Ihr Körper ist daher weniger isoliert und sie suchen oft speziell energiereiche Nahrung. Meiner Erfahrung nach entwickeln meist gerade *die* Kinder ein problematisches Essverhalten, auf die Eltern ihre eigenen Ängste – wie zum Beispiel vor Zucker – transferieren; sprich Eltern, die sich zu viel einmischen, die zu viel behüten wollen.«

Dennoch darf der Gesundheitsaspekt natürlich nicht aus den Augen verloren werden. In der Tat wissen wir, dass sich *zu viel* Zucker negativ auf unsere Gesundheit und unser Gewicht auswirken kann. Wobei sich die Frage stellt: Was ist eigentlich zu viel? Und warum esse ich zu viel von etwas, das mir nicht guttut? Vielleicht aus emotionalen Gründen. Es greift zu kurz, nur den Zucker als Übeltäter anzuklagen, wenn es um die Frage geht, warum Menschen Übergewicht entwickeln. Es gibt mehr als einhundert Faktoren, die die Entstehung von Übergewicht beeinflussen können. Dazu zählen beispielsweise unsere Erbanlagen, natürlich die Ernährung, aber auch Bewegung, der Hormonhaushalt und Medikamente.[54] Auch eine psychosoziale Belastung wie Stress und eine primär restriktive Erziehung können, je nach Typ, zur Gewichtszunahme führen.

Um sicherzugehen, dass wir nicht missverstanden werden: Wir sind keine Vertreter der Zuckerlobby. Wir stehen für Natürlichkeit und halten es auch für wichtig und empfehlenswert, dass Kinder möglichst viele natürliche Produkte kennenlernen. Dennoch: Die anhaltende Zucker-Hysterie ist weder gesund noch zielführend, wenn es darum geht, Kindern ein unbeschwertes Essverhalten zu vermitteln. Es gibt Studien, die nahelegen, dass Kinder, die viel Schokolade essen, seltener zu Übergewicht neigen als Kinder, die wenig Schokolade essen.[55]

Die Gründe für eine erhöhte Energieaufnahme liegen an anderer Stelle – neben emotionalen Aspekten und Verzichthunger spielt beispielsweise auch fehlende Vielfalt in der Nahrungsmittelauswahl eine Rolle. Wenn Kinder gar nicht die Wahl haben, ob sie stark gezuckerte Limonade oder Wasser trinken möchten, weil es im Haushalt der Eltern nur Limonade gibt, werden sie damit ihren Durst löschen und so ihre natürlichen Hunger- und Sättigungssignale stören. Wenn sie aber die Wahl haben und beides kennenlernen, werden sie Durst mit Wasser löschen und zur Brause greifen, wenn sie Energie benötigen.

Können eine Zuckersteuer oder der Nutri-Score Übergewicht wirkungsvoll bekämpfen?

Im Frühjahr 2018 schlossen sich mehr als 2000 Ärztinnen und Ärzte zusammen, um öffentlichkeitswirksam eine Zuckersteuer einzufordern. Das Ziel: die Politik dazu zu bewegen, Maßnahmen gegen die hierzulande vorherrschende Fehlernährung zu ergreifen. Aber ist eine Zuckersteuer tatsächlich der richtige Weg?

Selbstverständlich sind wir dafür, wenn politische Entscheidungen dazu beitragen, dass Kinder bessere Voraussetzungen haben, um gesund zu leben. Ein wichtiger Schritt in diese Richtung: mehr Natürlichkeit, auch bei verarbeiteten Lebensmitteln. Einige Unternehmen gehen bereits mit gutem Beispiel voran und reduzieren den Zuckeranteil ihrer Produkte, ohne beispielsweise auf Süßstoffe als Ersatz zurückzugreifen – eine positive Entwicklung, denn je natürlicher ein Produkt bleibt, desto besser kann ein Kind seinen inneren Ernährungskompass hinsichtlich Hunger, Sättigung, Appetit und Bekömmlichkeit wahrnehmen.

Das Beispiel England zeigt aber, dass die Einführung einer Zuckersteuer nicht automatisch zu mehr Natürlichkeit führt. Im Rahmen der englischen Softdrink-Besteuerung ist sogar das Gegenteil der Fall. Britische Politiker feiern, dass die zusätzliche Besteuerung von Softdrinks Wirkung zeigt, weil sie nämlich Konzerne wie Coca-Cola zwingt, ihre Rezepturen anzupassen. Was aber passiert, ist Folgendes: In der Cola steckt nun zwar weniger Zucker, dafür nimmt aber der Anteil der enthaltenen Süßstoffe zu.[56]

Anders als Glukose, auf die jeder menschliche Organismus angewiesen ist, sind Süßstoffe synthetisch. Wir wissen nicht, ob und wie schädlich diese für Kinder sind, die Datenlage ist zu gering.[57] Doch schon hier schrillen bei uns als Eltern bereits die Alarmglocken. Sollen wir unseren Kindern tatsächlich einen synthetischen Stoff verabreichen – bei gleichzeitig geringer Datenlage über dessen Auswirkungen?

Zusätzlich kann man in den USA beobachten, dass die zunehmende Verbreitung von Süßstoffen mit einem Anstieg von Übergewicht in Verbindung gebracht wird. »Versuche im Tiermodell bestätigen, dass der Konsum von Süßungsmitteln die kalorische Signalwirkung beim Essen schwächt – das Signal ›satt‹ wird nur verzögert oder gar nicht gesendet.«[58] In einer amerikanischen Studie mit Ratten wurde eine Gruppe der Tiere zehn Tage lang mit Nahrung gefüttert, die den Süßstoff Saccharin enthielt. Die Kontrollgruppe bekam gezuckertes Futter. Anschließend durften alle Tiere fressen, was und wie viel sie wollten. Das Ergebnis: Die Tiere aus der Süßstoffgruppe nahmen dreimal so viel Futter zu sich wie die Nager aus der Kontrollgruppe. Die Wissenschaftlerinnen vermuten, dass die Ratten durch den Verzehr von Süßstoff ihre natürliche Fähigkeit, den benötigten Kaloriengehalt richtig einzuschätzen, verlernt und sich deswegen buchstäblich überfressen haben.[59]

Das primäre Ziel der Zuckersteuer ist es, Übergewicht zu bekämpfen. Aufgrund der genannten Fakten liegt allerdings die Vermutung nahe, dass damit genau das Gegenteil erreicht werden könnte. Wir glauben: Solange Süßstoffe den Zucker ersetzen, wird die Zuckersteuer blanker Aktionismus ohne nachhaltigen Effekt sein.

Wie steht es um den Nutri-Score? Der Nutri-Score ist ein fünfstufiges, farbiges System zur Nährwertkennzeichnung von Lebensmitteln. Mithilfe einer Farb- und Buchstabenskala können Verbraucher auf einen Blick die Nährwertqualität eines Produktes beurteilen[60] (von A = grün = wünschenswert bis E = rot = schlecht). Auch hier liegt der Fokus nicht auf der Natürlichkeit des Lebensmittels, sprich: Süßstoffe, Farbstoffe und Konservierungsmittel werden bei der Kennzeichnung nicht berücksichtigt. Gleiches gilt für die Art des Anbaus oder die Qualität der Mast. Dies führt beispielsweise dazu, dass ein Softdrink light (Nutri-Score B) in der Bewertung besser abschneidet als ein natives Olivenöl (Nutri-Score D). Schaut man sich die Inhaltsstoffe an, erscheint diese Klassifizierung fragwürdig: Eine Coca-Cola Zero enthält Wasser, Kohlensäure, Farbstoff E 150d, die Süßungsmittel Cyclamat, Acesulfam-K und Aspartam, die Säuerungsmittel E 338 und Natriumcitrat, natürliche Aromen und Koffein. Olivenöl wird ausschließlich aus Oliven gewonnen.[61] Butter, ein natürliches, unverarbeitetes Produkt, hat einen roten Nutri-Score E, erhält also die schlechtestmögliche Bewertung.

Der Griff zu einer Coke Zero ist also wünschenswert, Olivenöl und Butter sollten wir meiden? Wir finden solche Bewertungen schwierig, denn wir halten synthetische Produkte eben *nicht* für gesund, nur weil sie kalorienarm sind. Und wir halten ein natürliches Produkt *nicht* für ungesund, nur weil es eine hohe Energiedichte aufweist. Auch verstärkt der Nutri-Score möglicherweise die Tendenz von Erwachsenen und Kindern, sich immer verstandsorientierter zu ernähren und dadurch ein unnatürliches Essverhalten zu entwickeln. Die Zukunft wird zeigen, ob der Nutri-Score Übergewicht nachhaltig reduzieren kann. Solange die Einflussnahme der Politik nicht bedingungslos darauf abzielt, die Natürlichkeit von Lebensmitteln zu erhöhen, glauben wir nicht daran.

Wie wir unseren Kindern wirklich helfen

Seit einigen Jahren zeigen Studien und Statistiken, dass Essstörungen längst nicht mehr nur Erwachsene betreffen. Der *Tagesspiegel*[62] berichtete im Mai 2018, dass Expertenschätzungen zufolge deutschlandweit jedes fünfte Kind zwischen 11 und 17 Jahren Anzeichen von Bulimie oder Magersucht zeigt. Kann sich aus der elterlichen Sorge und einer anhaltenden Bevormundung also tatsächlich ein krankhaftes Essverhalten entwickeln?

In der Tat sind Jugendliche gefährdeter, eine Essstörung zu entwickeln, wenn bereits die Mutter darunter gelitten hat. Dagmar Pauli schreibt in ihrem Buch *Size Zero* zu den Ursachen von Essstörungen: »Mütter, die Essstörungen hatten oder noch daran leiden, machen sich mehr Sorgen um das Gewicht ihres Kindes und füttern bereits Säuglinge häufiger nach Plan als nach Gefühl. Sie sind verunsicherter und können sich nicht auf das natürliche Gefühl für Ernährung verlassen.«[63]

Besonders aufgerüttelt hat uns ein Artikel aus der *Zeit*[64]. Ihm zufolge beschäftigen sich schon Grundschüler so stark mit ihrem Gewicht und ihrem Körper, dass sie davon krank werden. Grundschule – Sie erinnern sich? Das ist jene Zeit, in der wir in den Pausen ausgelassen auf dem Schulhof toben, nachmittags mit Freunden Eisbecher essen und abends mit schmutzigen Füßen in die Badewanne steigen. Die Zeit, in der wir ungeniert Bauch oder Po rausstrecken, ohne auch nur einen einzigen Gedanken daran zu verschwenden, wie das wohl aussehen mag.

Leider scheint diese Unbeschwertheit mehr und mehr von Körperkult, Perfektionsdrang und Ernährungsdogmen verdrängt zu werden. Wir verlieren uns im Dschungel des Ernährungswissens und vergessen dabei, uns auf die wirklichen Bedürfnisse von Kindern zu besinnen.

Wir sehen uns mit riesigen Zwängen konfrontiert, die das Vertrauen in uns und in unsere Kinder überlagern. Diesen Zustand möchten wir umkehren. Die wichtigsten Fragen dabei lauten: Wie schaffen wir es, uns von Regelwerken zu lösen und wieder auf uns zu vertrauen? Wie erlangen Kinder eine innere Balance? Wie kommen sie körperlich und seelisch ins Gleichgewicht? Antworten auf all diese Fragen finden Sie in den folgenden Kapiteln; das Fundament dabei aber bildet stets unser Wunderwerk Körper.

Teil 3

Gelassen und vertrauensvoll am Esstisch – die ersten Schritte

Drei wichtige Punkte zum Start

Nach so viel theoretischem Wissen starten wir nun in die Praxis. Ab sofort dreht sich alles um Sie und Ihre Familiensituation. Und auch, wenn Sie es aktuell vielleicht noch nicht so empfinden: Schon bald wird es an Ihrem Esstisch gelassen und vertrauensvoll zugehen. Wir begleiten Sie Schritt für Schritt mit vielen Tipps und konkreten Übungen und beantworten die wichtigsten Fragen rund um ein unbeschwertes Essen in der Familie. Dazu drei wichtige Punkte:

1. Vielleicht fragen Sie sich: Sollte ich mit meinem Kind sprechen und ihm sagen, dass sich künftig einige Dinge ändern werden? Kleinere Kinder werden noch nicht verstehen, wenn Sie versuchen, ihnen zu erklären, dass Sie eine neue Haltung zum Thema Ernährung entwickeln möchten. Hier können Sie einfach starten. Wenn Ihr Kind aber bereits fünf oder sechs Jahre alt ist (oder älter), ist es durchaus sinnvoll, das Gespräch zu suchen.

Am Vorabend des neuen Ess-Lebens habe ich mit Vincent, damals sechs Jahre alt, besprochen, was sich ändern würde. Ich sagte ihm: »Ab sofort ist nichts mehr verboten und ich werde dich beim Essen auch zu nichts mehr überreden. Du darfst frei wählen, was und wie viel du essen möchtest.« Er war sichtlich erleichtert. Mir war absolut klar, dass ich ihn nicht enttäuschen durfte, indem ich mein Versprechen nicht hielt. Ich hatte mich festgelegt und war überzeugt, diesen Weg zu gehen. Darüber hinaus war mir bewusst, dass eine zeitliche

Begrenzung bei ihm den Impuls wecken würde, die Zeit, in der alles erlaubt sein würde, möglichst auszukosten. Ein Über-die-Stränge-Schlagen wäre vorprogrammiert gewesen. Ich gab ihm ein Versprechen, und mir war wichtig, ihm zu zeigen, dass er mir vertrauen konnte.

2. Versuchen Sie, das andere Elternteil oder die engsten Bezugspersonen mit ins Boot zu holen. Es ist wichtig, hier prinzipielle Einigkeit zu demonstrieren. Das bedeutet aber nicht, dass die Welt untergeht, wenn Eltern mal unterschiedlicher Auffassung sind. Bei etwas kniffligen Entscheidungen ist es durchaus hilfreich, Blickkontakt zu suchen, sich kurz abzustimmen, und dann mit einer gemeinsamen Botschaft auf die Kinder zuzugehen. Und wenn Sie mal nicht einer Meinung sind, dann sagen Sie dies offen und ehrlich. In diesen Situationen ist es hilfreich, auf die Schnelle eine pragmatische Entscheidung zu treffen und dem Kind zu signalisieren, dass Sie als Eltern sich dazu noch einmal austauschen werden.

Im Hinblick auf die Freigabe von Süßigkeiten habe ich mehrere Schritte durchlaufen. Ich bin selbst geprägt von einem eher strikten Ansatz, im Sinne von: Nur, wenn der Teller leer ist, darfst du etwas Süßes haben. Nun habe ich mich dazu entschlossen, alle Süßigkeiten gut sichtbar auf dem Wohnzimmertisch zu platzieren. Mein Mann war von dieser Entscheidung nicht angetan, trug sie aber im ersten Schritt mit. Es kam allerdings immer wieder vor, dass unsere Kinder, wenn gerade etwas Leerlauf herrschte, zu den Süßigkeiten griffen. Ich war hin- und hergerissen, was ich davon halten sollte. Meinen Mann brachte es auf die Palme. Ich hatte den Eindruck, dass die Kinder aus Langeweile aßen. Und die Süßigkeiten waren damals das einzige Lebensmittel, das für sie frei zugänglich war. Unsere Kinder spürten, dass mein Mann und ich uns nicht einig waren. Und so sagten wir ihnen, dass wir gemeinsam eine Lösung finden würden. Und dass wir ihnen am nächsten Tag mitteilen würden, wie es mit den Süßigkeiten auf dem Tisch weitergehen sollte. Unser Weg: Die Süßigkeiten wurden ab sofort in der Vorratskammer aufbewahrt – zwar frei zugänglich, aber nicht in direkter Sichtweite. Diese Entscheidung ist für uns stimmig und wir machen gute Erfahrungen damit. Das bedeutet nicht, dass dies der einzig richtige Weg ist. Aber es ist unser Weg. Und wir alle können damit sehr gut leben.

3. Was ist mit Außenstehenden? Wenn es um Personen geht, die keinen großen Einfluss auf Ihr Kind haben und die Situationen nicht allzu belastend sind, können Sie es einfach so hinnehmen. Wie aber verhalten Sie sich gegenüber der Erzieherin oder den Großeltern? Dazu folgender Denkanstoß: Differenzieren Sie, ob die Dinge veränderbar sind. Natürlich können Sie nicht das ganze Gefüge der Kita sprengen. Besprechen Sie diese Fragen offen mit Ihrem Kind. Es wird sich dann auch in diese Settings eingewöhnen können. Setzen Sie sich aber bei Dingen, die veränderbar sind, mit Herzblut für Ihr Kind ein. Sie können Erzieher oder auch die Oma bitten, Ihr Kind nicht zu überreden, von allem probieren zu müssen. Oder immer den Teller leer zu essen. Oder den Nachtisch als Belohnung einzusetzen. Sie können solche Situationen sogar nutzen, um auf die Körperintelligenz hinzuweisen und Pädagogen für dieses Thema zu sensibilisieren.

Wir möchten Sie ermutigen und bitten, Außenstehenden Paroli zu bieten und Ihrem Kind in schwierigen Situationen den Rücken zu stärken. Wenn Sie in solchen Momenten Schwierigkeiten haben, die richtigen Worte zu finden, stellen wir Ihnen in Teil 4 (»Beeinflussung von außen«) eine sehr hilfreiche Methode vor.

Zehn pragmatische Tipps für eine unbeschwerte Zeit am Esstisch

Hier kommen die ersten Schritte, um auf spielerische und gleichzeitig pragmatische Art und Weise Vertrauen in die Körperintelligenz Ihres Kindes zu entwickeln. Die folgenden zehn Punkte bilden den Startschuss, um den inneren Ernährungskompass Ihres Kindes zu stärken. Überlegen Sie sich, welche Tipps Sie konkret im Alltag umsetzen möchten – und starten Sie am besten gleich morgen damit!

1. Vertrauensvorschuss

Der erste Schritt: Bringen Sie Ihrem Kind einen Vertrauensvorschuss entgegen. Versuchen Sie, Ihr Kind frei wählen zu lassen, auch dann, wenn es am Anfang schwerfällt und Sie sich vielleicht sorgen, weil es nicht ab Tag 1 die Entscheidungen trifft, die Sie sich wünschen. Vielleicht muss Ihr Kind erst wieder lernen, seine Innensteuerung klarer zu spüren.

2. Hauptsache, es schmeckt

Teilen Sie Lebensmittel nicht in gesund oder ungesund ein. Wenn Ihr Kind mit dem Brokkoli assoziiert »Das muss ich essen, weil es gesund ist« und das Eis verknüpft ist mit »Das sollte ich lieber nicht essen, aber wenn ich den Brokkoli aufgegessen habe, darf ich es haben«, ist klar, dass das Gemüse negativ und das Eis positiv besetzt wird. Kindern fällt es schwer, diese Ansichten wieder zu revidieren.

Brokkoli wird mit Zwang und Druck assoziiert, auch dann, wenn das Kind seinen Geschmack ändert – und das passiert sehr häufig. Dennoch wird der Brokkoli weiterhin innerlich abgelehnt, während das Eis positiv besetzt bleibt, auch wenn das Kind eigentlich gerade gar kein Eis essen möchte.

Eltern, die alle Lebensmittel gleichermaßen *neutral* behandeln, geben ihren Kindern die Möglichkeit, tatsächlich offen und frei zu entscheiden, was sie gerne essen möchten.

3. Vielfalt ist Trumpf

Indem sie ihren Kindern viele verschiedene Lebensmittel anbieten, fördern Eltern die Körperwahrnehmung der Kinder. Denn je mehr Lebensmittel Kinder kennen, umso besser können sie einschätzen, was sie gerade brauchen. Wenn ein Kind beispielsweise noch nie Fisch auf dem Esstisch gesehen hat, kann es auch kein Verlangen danach entwickeln. Ideal ist es, verschiedene Lebensmittel einzukaufen und auch immer wieder neue Gerichte auszuprobieren. Nehmen Sie Ihr Kind doch mal zum Einkaufen mit und bieten Sie ihm verschiedene Lebensmittel zur Auswahl an. Dieser Tipp heißt nicht umsonst »Vielfalt ist Trumpf«, denn mit dem vielfältigen Angebot ist unser Job als Eltern in puncto gesunder Ernährung bereits getan. Wir müssen unsere Kinder nicht bitten und überreden. Sie können darauf vertrauen, dass sich Ihr Kind auf lange Sicht ausgewogen ernähren wird, wenn es aus einem vielfältigen Angebot wählen kann.

4. Jeder isst, was er möchte

Vielfalt ja, aber das bedeutet nicht, dass von nun an für Klein und Groß jeweils unterschiedliche Gerichte zubereitet werden müssen. Wenn es beispielsweise Fischstäbchen mit Kartoffeln und Spinat gibt, können die Kinder bereits zwischen drei verschiedenen Lebensmitteln wählen. Wenn Sie zusätzlich noch ein Brot vorrätig haben, ist die Auswahl meistens schon groß genug. Und nun gilt das Prinzip: Jeder isst, was er möchte. Versuchen Sie, sich zurückzuhalten. Das ist nicht leicht, manchmal mischen wir uns auf subtile Weise ein. Sätze wie: »Möchtest du *wirklich* keinen Spinat?« erschweren es Kindern, sich bei der Auswahl ihrer Lebensmittel wirklich frei zu entscheiden, denn sie haben sehr feine Antennen für unterschwellige Botschaften. Entweder reagieren sie mit Anpassung (»Mama möchte, dass ich Spinat esse und ich tue ihr den Gefallen«) oder mit Rebellion (»Mama drängt mir Spinat auf, dann will ich ihn erst recht nicht«). Beides ist für die Körperintelligenz nicht förderlich. Auch unehrliches Werben wird leicht durchschaut: Wenn Sie beispielsweise überschwänglich betonen, wie lecker das Essen ist, wird Ihr Kind spüren, dass Sie es dadurch zum Essen animieren möchten.

5. Aus einseitig wird vielfältig

Es ist ganz normal, dass Kinder Phasen haben, in denen sie einseitig essen. Vor allem zwischen dem zweiten und dem vierten Lebensjahr ist dies zu beobachten. In der Regel besteht keinerlei Anlass zur Beunruhigung, und evolutionsbiologisch sind diese einseitigen Phasen sogar von Vorteil! Denn der Körper des Kindes weiß, was er zum Wachsen benötigt, und möchte in dieser Zeit nicht experimentieren.[65] Hinzu kommt: Kinder mögen neue Lebensmittel nicht gleich beim ersten Probieren. Der Geschmack entwickelt sich in Schüben. Es braucht oft bis zu 15 Anläufe, bis ein unbekanntes, aber bekömmliches Lebensmittel gut schmeckt.[66] Das ist normal und kein Grund zur Sorge. Lassen Sie sich trotzdem nicht entmutigen und bieten Sie weiterhin Vielfalt an, dann wird sich das Spektrum bevorzugter Lebensmittel sukzessive erweitern.

6. Finden Sie einen neuen Fokus

Kinder haben eine natürlich positive Haltung zum Essen. Das ist die beste Voraussetzung, um auch als Teenager oder Erwachsener ein unbeschwertes Essverhalten beizubehalten. Deswegen: Lenken Sie Ihren Fokus am heimischen Esstisch auf ein fröhliches Zusammensein, tauschen Sie sich über Ihren Tag aus und reden Sie über all die Themen, die Ihre Kinder bewegen. Perfekt ist, wenn gar keine Aufmerksamkeit darauf gelegt wird, wer wie viel isst. Das nimmt auch Ihnen den Druck, essen zu müssen, um ein gutes Vorbild zu sein. Natürlich ist es unrealistisch, zu glauben, dass der Esstisch ein Ort purer Harmonie ist, vor allem, wenn mehrere Geschwister am Tisch sitzen. Reibereien sind ganz normal. Entwickeln Sie eine realistische Erwartungshaltung. Und wenn es mal komplett chaotisch zugeht: tief durchatmen und versuchen, die Situation mit einem Augenzwinkern zu betrachten.

7. Achten Sie aufeinander

Unser Ansatz bedeutet nicht: Kinder essen ab sofort immer das, was sie gerade möchten. Es ist sehr wichtig, dass Eltern achtsam bleiben. Kinder essen nicht immer verlässlich im Zusammenspiel mit ihren körperlichen Bedürfnissen. Es gibt auch andere Gründe, wie Langeweile, der Wunsch nach Autonomie oder negative Gefühle wie Traurigkeit, die Kinder (und häufig auch uns selbst) dazu verleiten, etwas zu essen. Manchmal ist es schwer, herauszufinden, ob Essen gerade als Tröster ins Visier der Kinder rückt. Berücksichtigen Sie dabei immer: Essen kann ein Ventil für unerfüllte Bedürfnisse oder unterdrückte Gefühle sein. Dieser Aspekt ist vielschichtig und bedarf großer Achtsamkeit. Setzen Sie sich bei Ihren Bemühungen aber bitte nicht unter Druck. Wir sind Eltern und nicht perfekt. Unsere Kinder spüren aber, wenn wir auf ihrer Seite stehen.

8. Kreativität und Autonomie sind erlaubt

Werden Sie kreativ! Kaufen Sie unterschiedliche Lebensmittel ein, auch solche, an denen Sie bisher vorbeigegangen sind. Probieren Sie neue Rezepte aus. Einzelne Lebensmittel lassen sich auf unterschiedlichste Art und Weise verarbeiten. Bieten Sie Gemüse roh, gedünstet, paniert oder auch frittiert an. Lassen Sie Ihre Kinder mithelfen. Kinder lieben es, »wichtige« Aufgaben zu übernehmen. Versuchen Sie, fünfe gerade sein zu lassen, wenn die Küche unordentlich wird. Wenn gehobelt respektive geschnippelt wird, fallen Späne. Oder lassen Sie Ihr Kind im Restaurant sein Essen selbst aussuchen und bestellen. Eigenverantwortung tut Ihrem Kind gut.

9. Bitte nicht ablenken lassen

Nehmen Sie sich für das Essen Zeit, um gemeinsam ein wenig zur Ruhe zu kommen. Legen Sie Ihr Smartphone weg, essen Sie nicht vor dem Fernseher, nehmen Sie Spielsachen vom Tisch. Je weniger Außenreize auf Ihr Kind einströmen, desto besser kann es sich und seine Körpersignale spüren.

10. Essen Sie mit Freude und undogmatisch

Kinder macht es neugierig, wenn sie Erwachsenen dabei zusehen, wie sie mit Freude und Genuss jeden Bissen essen. Wichtig ist natürlich, dass Sie als Eltern authentisch sind und dass es Ihnen auch tatsächlich sehr gut schmeckt. Ein Schauspiel durchschauen Kinder sofort und fühlen sich dann schnell »für dumm verkauft«. Wenn Sie als Eltern also keinen Hunger haben, dann essen Sie nicht. Damit schaffen Sie ein gutes Vorbild, denn Ihr Kind lernt, dass es in Ordnung ist, auf die eigenen Bedürfnisse zu schauen, und es nicht aus Gründen der Höflichkeit oder des Anstands essen muss. Wenn Sie aber hungrig sind und Ihr Essen Ihnen sehr gut schmeckt, dann dürfen Sie dies ruhig entsprechend zelebrieren – auf ehrliche Art und Weise.

Schokolade nonstop? Eine Mutter berichtet

Sarah Eyles, Erzieherin und selbst Mutter, hat für uns einen Erfahrungsbericht zum unbeschwerten Umgang mit dem Thema Ernährung geschrieben. Obwohl sie in der vorherrschenden Ernährungshysterie gefangen war, lag es ihr am Herzen, dass ihr Sohn Essen mit Freude und Genuss assoziiert.

Sie entschloss sich, mit ihm gemeinsam das Experiment zu wagen und löste sich von Ernährungsregeln, Vorgaben und Verboten am Esstisch. An diesem Wagnis lässt sie uns teilhaben – und wir würden uns freuen, wenn Sie ihren Bericht als Brücke betrachten zwischen all dem theoretischen Wissen, das Sie nun bereits zur Körperintelligenz bei Kindern haben, und der Bereitschaft, auch in Ihrer Familie konkret Dinge zu verändern. Vielleicht auch als Mutmacher dafür, Vertrauen zu schenken.

Als Pädagogin habe ich immer wieder erlebt, wie viel Raum das Essverhalten der Kinder bei Eltern einnimmt. Panik in den Augen der Erwachsenen, wenn das Kind das Mittagessen verweigert oder der feste Entschluss, möglichst lange zuckerfrei zu leben, sind nur einige Beispiele. Mir wurde klar: Wenn ich Kinder habe, möchte ich, dass Essen vor allem Genuss und Freude bedeutet. Und dann kam der Moment, als mein Erstgeborener bereit war für die Beikost und ich schon in den ersten sechs Monaten meines Mutter-

Daseins häufig mit meiner früheren (kinderlosen) Überheblichkeit konfrontiert wurde.

Im ersten Lebensjahr orientierte ich mich an dem Buch Lotta lernt essen *von Edith Gätjen.*[67] *Besonders der Leitsatz »[…] die Eltern bestimmen, wann, wie und was gegessen wird, die Kinder aber bestimmen, ob und wie viel sie essen« half mir. Damit liefen die Breizeit und der Übergang zum »richtigen Essen« bei uns verhältnismäßig entspannt ab und ich konnte auf »Hier kommt der Flieger«-Spiele mit dem Löffel verzichten. Was mir Sorgen bereitete, war das Thema Zucker. Die gesellschaftliche Debatte über Zucker als Feind und Suchtmittel wurde immer lauter. Wie alle Eltern wollte ich nur das Beste für meinen Sohn. Doch was war das? Ihn fernhalten vom Zucker? Andererseits: Gehören Schokolade und Eis nicht zu einer glücklichen Kindheit dazu?*

Ich begann, andere Eltern und deren Haltung zum Thema Zucker zu beobachten, in der Hoffnung, dass ich einen für mich passenden Weg finden würde. Mir fiel auf, dass Süßigkeiten meist mit Kommentaren wie »Danach isst du aber was Richtiges« oder »Das ist eine Ausnahme« begleitet wurden. Der für mich deutlich spürbare Widerspruch musste die Kinder noch stärker verwirren. Sind Schokolade und Co. etwas Verbotenes oder etwas ganz Besonderes? Warum wird jedes Gummibärchen argwöhnisch beäugt, nicht aber die fünfte Apfelspalte oder die dritte Dinkel-Stange?

Eine ideale Möglichkeit, Eltern und Kinder im Ausnahmezustand zu erleben, waren Kindergeburtstage. Ich beobachtete Eltern, die an diesen Tagen jeglichen Süßigkeitenkonsum zuließen, um nach eigener Aussage Konflikte zu vermeiden (ich habe großen Respekt vor dieser Ehrlichkeit). Deutlich anstrengender war der Tag für jene Eltern, die sich bewusst gegen Zucker für ihre Kinder entschieden hatten. Die Kinder versuchten, unermüdlich und mehr oder weniger erfolgreich, ein Stück Kuchen zu ergattern. Zuckerfreie Alternativen? »Bäh, das mag ich nicht!« Die dritte Gruppe Eltern war mehrheitlich vertreten: etwas Kuchen und Naschen – das war für sie okay. Aber irgendwann griffen sie ein: »Noch drei Gummibärchen, dann ist Schluss.« Ja, dieser Ansatz gefiel mir, so könnte ich mich auch verhalten. Doch leider reagierten die Kinder weder verständnisvoll noch einsichtig und verliehen ihrer Wut über die Begrenzung lautstark und teilweise erschreckend heftig Ausdruck. Der Einzige, der völlig unbeteiligt und unberührt von so einem Feuerwerk der Emotionen blieb, war der zuckerfreie Dinkelkuchen, denn er stand unbeachtet am Rand.

Gedanklich malte ich mir das Essverhalten von Kindern in einer (zugegeben) etwas düsteren Zukunft aus: Ich sah die »Ausnahmekinder«, die sich ihr Leben lang an besonderen Anlässen maßlos überessen. Die zuckerfrei erzogenen Kinder stellte ich mir als »heimliche Stopfer« mit konstant schlechtem Gewissen vor. Und jene Kinder, bei denen die Eltern nach nicht ersichtlichen Kriterien die Süßigkeiten begrenzten – ja, wie würden die sich entwickeln? Vielleicht jede Möglichkeit zum »Voressen« nutzen, aus Angst, sie könnten nicht genug bekommen?

Ich beobachtete meinen Sohn (genannt »Kröte«), der zufrieden an seiner Möhre lutschte und wusste, dass ich es für ihn anders, sprich besser machen wollte. Ich wünschte mir für ihn einen entspannten, natürlichen und genussvollen Umgang mit Lebensmitteln – egal welcher Art. Und so beschloss ich, ein Experiment zu wagen. Es gab nur zwei Regeln:

1. Vertraue deinem Kind und seinem Essverhalten in allen Bereichen. Dies betraf Auswahl, Menge und auch den Zeitpunkt des Essens.

2. Bewerte Lebensmittel in keinster Weise.

Blöderweise war es Dezember und ich vergaß eine wichtige Komponente einzuplanen: Die Vorweihnachtszeit begann!

Kröte war zu Beginn des Experimentes fast anderthalb Jahre alt, probierte all die Dinge, die wir ihm anboten und hatte Schokolade bisher sehr sporadisch kennengelernt. Das änderte sich schlagartig am Nikolaustag. Von unterschiedlichen wohlmeinenden Stellen (Nachbarn, Großeltern, dem Nikolaus selbst) wurde der Schokoladenvorrat unseres Haushaltes rasant aufgefüllt. Ich war gespannt auf die Dauer, den Verlauf und den Ausgang des Experimentes, das den heimlichen Titel »Schokolade nonstop« trug. Alle Süßigkeiten wurden in eine Schüssel gefüllt und gut sichtbar deponiert. Der Nikolausabend verlief ähnlich wie die beschriebenen Kindergeburtstage. Die anwesenden Kinder ignorierten die liebevoll zubereiteten Speisen und stürmten, gebremst von kurzen Spielpausen, zu den Süßigkeiten. Ich gratulierte mir innerlich, dass ich mittlerweile eine (probeweise) klare Haltung gefunden hatte. Aber ehrlich gesagt fragte ich mich gleichzeitig, wie ich dem Kinderarzt die plötzlich auftretende Diabetes-Erkrankung erklären würde …

Am nächsten Morgen war der Frühstückstisch wie üblich gedeckt. Die Schokoladen-Schüssel stand immer noch gut sichtbar und erreichbar am selben Ort. Kröte bekam große Augen und ich aß (zumindest äußerlich) unbeeindruckt mein Müsli, während er zwölf Stück Schokolade verspeiste. Im Laufe des Tages griff er immer wieder beherzt zu, vereinzelt befreite er auch Schokolade von der Folie und ließ den Inhalt liegen. Mittags aß ich wieder alleine die gekochte Mahlzeit, während er sich querfeldein durch die Schokoladenauswahl futterte. Der zweite Tag begann identisch: große Augen und mit Vollgas auf die Süßigkeiten. Er schob sich mit klebrigen Fingern den dritten Weihnachtsmann in den Mund – und widmete sich danach dem Obstteller auf dem Frühstückstisch. Im Laufe des Tages aß er immer wieder eine Süßigkeit und … was war das? Er spuckte sie wieder aus. Ich hatte den Eindruck, dass die Naschereien nach einem Geschmackstest nicht als angemessen empfunden wurden. Oder langweilte ihn der Geschmack?

Der dritte Tag begann mit – einem Müsli! Im Laufe des Tages wählte Kröte dreimal eine Süßigkeit aus. Wieder konnte ich beobachten, dass er sie auspackte, probierte und liegen ließ. Äußerlich hielt ich mich an die Regel und bewertete dieses Verhalten in keinster Weise.

Zum Glück sind die Gedanken frei und so konnte mein besorgtes Mutterherz innerlich ein Jubelfeuerwerk loslassen. Nachdem mein Sohn an den darauffolgenden Tagen gar nicht oder nur wenig naschte, erklärte ich das Experiment für alltagstauglich.

Seither stehen Süßigkeiten, wie andere Lebensmittel auch, sichtbar und frei zugänglich bereit. An manchen Tagen greift er mehrmals zu, manchmal ist es völlig uninteressant. Genauso geht er mit Obst, zuckerfreien Waffeln oder Nudeln um. Seine Auswahl wirkt auf mich sehr bewusst, und ich habe das

Gefühl, dass er das wählt, was sein Körper braucht. Er liebt wie viele Kinder Eiscreme, doch erst kürzlich lehnte er ein Eis mit der Erklärung »satt« ab.

Nun ist mein Sohn schon über zwei Jahre alt, und ich stehe jeden Tag mehr hinter meiner Entscheidung, ihn »frei essen« zu lassen. Bemerkenswert finde ich auch die Einschätzungen anderer Eltern und Großeltern, dass Kröte kein »süßer Esser« sei. Zu ungewohnt erscheint das Verhalten, dass ein Kind Süßigkeiten ablehnt, die es geschenkt bekommt, oder sein halbes Eis der Mutter gibt.

Ich freue mich darüber, dass Essen in unserer Familie tatsächlich ein positives und genussvolles Thema ist, frei von Konflikten. Es sei denn, es wird als Wurfgeschoss genutzt oder unter der Couch versteckt …

Verzichthunger reguliert sich, emotionales Essen nicht

Wenn dieser Erfahrungsbericht Sie nun inspiriert, es wie Sarah handzuhaben und Süßigkeiten nicht weiter zu reglementieren, dann möchten wir an dieser Stelle einen kleinen Warnhinweis geben: Es ist davon auszugehen, dass Ihr Kind zunächst überkompensieren wird, wenn es zuvor Verzichthunger erfahren hat. Die Wahrscheinlichkeit ist hoch, dass Ihr Kind phasenweise statt einer Mahlzeit lieber Süßigkeiten essen möchte oder ähnlich haarsträubende Verhaltensweisen auf Sie warten. Sie werden also häufig ganz tief durchatmen müssen. Viele Eltern fragen sich in diesen Momenten: Kann das richtig sein? Handele ich als Elternteil noch verantwortungsvoll? Plötzlich zweifeln sie und betrachten unseren Ansatz eher sorgen- statt hoffnungsvoll. Und beginnen schlimmstenfalls ein neues Regelwerk einzuführen.

Was wir Ihnen an dieser Stelle ganz deutlich sagen können: Wenn Ihr Kind rein aus Verzichthunger isst, wird sich dies über einen gewissen Zeitraum auf natürliche Weise regulieren. Ein Kind, das körperlich und seelisch im Gleichgewicht ist, wird also, sobald es seinen Verzicht abgebaut hat, zu einem gesunden Zuckerkonsum zurückfinden. Wie lange die Phase der Kompensation anhält, ist von Kind zu Kind unterschiedlich und hängt davon ab, wie rigoros Süßes zuvor eingeschränkt wurde.

Was sich aber nicht von alleine reguliert, ist das emotionale Essen.

Manchmal gehen Verzichthunger und emotionales Essen nahtlos ineinander über: Dann wird mit Süßigkeiten nicht mehr der Verzicht kompensiert, sondern Essen wird zum Ventil für unangenehme Gefühle wie Traurigkeit, Wut oder Langeweile.

Eine unserer confidimus-Partnerinnen, die das Reglementieren aufgab, machte mit ihren beiden Töchtern die folgende Erfahrung:

Unsere jüngere Tochter aß einige Tage, vielleicht auch wenige Wochen, deutlich mehr Süßigkeiten. Sie spürte aber glücklicherweise schnell, was ihr wirklich guttat, und nachdem der Verzicht einmal abgebaut war, zeigte sie ein recht ausgewogenes Essverhalten. Für uns als Eltern war es leicht umsetzbar – und wir freuten uns, dass sie relativ schnell ihre Gelüste abbauen konnte. Bei unserer älteren Tochter zeigte sich ein ganz anderes Bild. Sie begann, sich von ihrem Taschengeld Süßigkeiten zu kaufen, die sie auf dem Weg in die Schule, beim Erledigen der Hausaufgaben und beim Spielen mit Freundinnen aß. Die Folge: Sie nahm zu. Zu dieser Zeit beschäftigten sie viele Dinge, und sie offenbarte uns, dass ihr die Süßigkeiten Trost spendeten. Bei uns als Eltern schrillten natürlich die Alarmglocken.

Die Eltern begannen, die emotionalen Themen mit ihrer Tochter aufzuarbeiten. Gleichzeitig waren sie verständlicherweise in Sorge, dass sich das tröstende Naschen in der Zwischenzeit zu einer Gewohnheit auswachsen könnte. Und in der Tat: Wenn Eltern beim emotionalen Essen nicht gegensteuern, kann es sein, dass sich dieses Muster verfestigt. Wie gingen die Eltern mit dieser herausfordernden Situation um? Sie setzten die Methoden um, die wir in Teil 4 (»Emotionales Essen«) noch genauer erläutern werden, gingen auf ihre Tochter ein, trösteten sie, suchten mit ihr gemeinsam einen Weg aus ihrer Traurigkeit. Darüber hinaus trafen sie aber Vereinbarungen, um die Kompensationsphase einzudämmen und die Achtsamkeit der Tochter zu schärfen. Die Absprache besagte, dass das Mädchen sein Taschengeld nicht für Süßigkeiten ausgeben sollte; die Eltern würden weiterhin alles zur Verfügung stellen, was die Kinder brauchten – natürlich auch Süßigkeiten. Naschen war also weiterhin erlaubt, aber, so die zweite Vereinbarung, nicht vor dem Fernseher, dem Tablet oder während der Hausaufgaben. Vielmehr sollten die Süßigkeiten in Ruhe und ohne Ablenkung am Esstisch gegessen werden.

Diese Vereinbarungen nahm das Mädchen sehr gut an – und langsam hat die Familie das Gefühl, dass das emotionale Essen abnimmt.

Um es nochmals zusammenfassend zu sagen: Verzichthunger reguliert sich mit der Zeit, Essen aus emotionalen Gründen aber nicht. Wenn Ihnen dies aktuell noch herausfordernd und auch diffus erscheinen mag – keine Sorge! Wir gehen darauf im folgenden Teil ausführlich ein.

Teil 4

Ein gesundes Essverhalten für Ihr Kind – so schaffen Sie es!

Folgt Ihr Kind seiner natürlichen Innensteuerung?

Sie haben nun schon viele Fakten und Tipps an die Hand bekommen, zahlreiche Erfahrungsberichte gelesen und sich darin vielleicht wiedergefunden. Sie haben gelernt, dass unser Körper ein wahres Wunderwerk ist und im Alltag viele Fallstricke auf uns warten, die es uns und unseren Kindern erschweren, auf unsere Körper zu vertrauen.

Wir hoffen sehr, dass Sie sich nun innerlich zurufen: Ja, das ist alles schlüssig für mich, das ist der richtige Weg für uns als Familie! Denn das ist der erste Schritt. Wir möchten Sie nun ermutigen, den zweiten Schritt zu gehen und auch *die* Veränderungen in Ihrem Familienalltag umzusetzen, die nicht im Handumdrehen zu meistern sind. Dieses Kapitel begleitet und unterstützt Sie dabei.

Zunächst ist es wichtig, dass Sie herausfinden, wo bei Ihnen sprichwörtlich der Schuh drückt. Wo liegen Ihre persönlichen Herausforderungen als Familie? Unser Elternfragebogen, der auf wissenschaftlichen Erkenntnissen basiert, wird Ihnen zeigen, ob Ihr Kind seiner natürlichen Innensteuerung uneingeschränkt folgen darf – oder ob es Handlungsbedarf gibt, um seine Körperintelligenz gezielt zu stärken.

Bitte füllen Sie den Fragebogen aus, um Klarheit darüber zu gewinnen, an welchen Punkten die Innensteuerung Ihres Kindes möglicherweise aus dem Gleichgewicht geraten ist. Dieses

Ergebnis ist Ihr Kompass, der Ihnen anzeigt, welche der nachfolgenden Kapitel für Sie besonders relevant sind. Auch bei unserer Coaching-Arbeit mit Familien ist diese Analyse eine wichtige Voraussetzung, um individuell und zielgerichtet unterstützen zu können.

Ideal und wünschenswert wäre es, wenn beide Elternteile das confidimus-Prinzip grundsätzlich befürworten, sodass Sie bei allen Veränderungen, die auf Sie zukommen, an einem Strang ziehen. Versuchen Sie deshalb bitte, den Fragebogen gemeinsam auszufüllen. Besprechen Sie strittige Punkte, tauschen Sie sich ehrlich aus und versuchen Sie, Kompromisse zu finden.

Das Wichtigste dabei: Seien Sie ehrlich zu sich selbst. Veränderungen erfordern Mut, und es ist nicht immer leicht, sich auch unbequemen Wahrheiten zu stellen. Betrachten Sie Ihre Ist-Situation realistisch und begegnen Sie dem Neuen mit Offenheit. Es gibt keine falschen Antworten. Der Fragebogen dient nicht dazu, Ihnen aufzuzeigen, was alles schiefläuft, vielmehr soll er Ihnen helfen, zu neuen Einsichten zu gelangen.

Bleiben Sie sich selbst gegenüber wohlwollend und ignorieren Sie Ihren inneren Kritiker. Machen Sie sich aber vor allem keine Vorwürfe. Sie machen alles so gut, wie es eben gerade geht.

Vielleicht werden Sie, wenn Sie den Fragebogen ausgefüllt und sich mit der Auswertung beschäftigt haben, wenige Veränderungen vornehmen, vielleicht wartet aber auch ein längerer Weg auf Sie. Sollte dies der Fall sein, möchten wir Sie auf diesen Veränderungsprozess ein wenig vorbereiten. Denn wir erleben in unseren Coaching-Familien häufig, dass der Prozess nicht linear verläuft. Diese drei Stufen beobachten wir:

Stufe 1: Hochstimmung und Tatendrang

Den meisten Familien geht es zu Beginn so: Das confidimus-Prinzip erscheint ihnen stimmig, sie schlagen diesen Weg voller Überzeugung ein, sind begeistert und euphorisch. Sie starten hoch motiviert, häufig haben sie gleich zu Beginn das eine oder andere Aha-Erlebnis. Alles scheint entspannter. Der Druck und die Kontrolle fallen weg. Es fühlt sich gut und richtig an.

Stufe 2: Zweifel und Verunsicherung

Nach der anfänglichen Euphorie stellen sich erste Herausforderungen ein. Das Kind nimmt beispielsweise etwas zu, weil es seinen lange aufgestauten Verzichthunger kompensiert. Außenstehende kommentieren, dass die Wurst doch nicht ohne das Brot gegessen werden darf. Alte Glaubenssätze kommen hoch, wie beispielsweise: Wenn mein Kind den Teller nicht leer isst, ist es unhöflich. Oder Sie stellen fest, dass ein Kind unangenehme Gefühle wie Traurigkeit oder Frustration mit Süßigkeiten zu kompensieren beginnt.

So unterschiedlich die Herausforderungen auch sein mögen, es gibt einen gemeinsamen Nenner: Verunsicherung und Zweifel. Viele Eltern ertappen sich bei dem Gedanken: Vorher war es doch irgendwie leichter! Gut, wir hatten Machtkämpfe am Tisch, aber ich musste mir keine Gedanken um das Gewicht meines Kindes machen. Ich musste mich auch nicht gegenüber Dritten behaupten und ich war weniger in Sorge um das Seelenleben meines Kindes. Oder, oder, oder …

Wenn Sie aber diese Phase der Herausforderungen, die unterschiedlich lange anhält, überwunden haben, geht es bergauf – versprochen!

Stufe 3: Etablierung und Harmonisierung

Nun sind Sie angekommen: Sie haben Ihre persönlichen Herausforderungen weitgehend bewältigt, Normalität tritt ein. Ihr Kind spürt sich besser, es kommt körperlich und seelisch in ein neues Gleichgewicht und Ihre Beziehung zu Ihrem Kind wird enger. Nein, das bedeutet nicht, dass ab sofort immer »Friede, Freude, Eierkuchen« herrscht. Das Leben stellt uns täglich vor neue Herausforderungen. Aber dennoch beobachten wir, dass sich die Familien nun deutlich besser fühlen – und mit dem eingeschlagenen Weg sehr glücklich sind.

So, nun dürfen Sie aber endlich aktiv werden! Los geht's mit dem Elternfragebogen, den Sie auch online unter www.koesel.de/deinkindisstbesser finden – zum Ausdrucken, falls sie ihn für mehrere Kinder ausfüllen wollen oder zu einem späteren Zeitpunkt noch einmal wiederholen möchten. Darüber hinaus finden Sie auf der Plattform auch einen Link, um den Fragebogen online auszufüllen.

Elternfragebogen

Bevor Sie die Fragen zu den einzelnen Kategorien beantworten, möchten wir Sie um eine kurze Reflexion bitten: Überlegen Sie, ob es enge Verwandte gibt, die Ihrem Kind aktuell oder früher im Hinblick auf Körperbau, Größe und Gewicht ähnlich sind. Denn häufig erkennen wir dabei, dass bestimmte Körpermerkmale Veranlagung sind – und das hilft uns als Eltern, den ersten (und so wichtigen!) Schritt zu mehr Vertrauen am Esstisch zu gehen: Annehmen, was ist.

KATEGORIE 1

Ernähren Sie sich sehr bewusst? Meiden Sie bestimmte Lebensmittel, die aus Ihrer Sicht eine gesunde Ernährung nicht unterstützen?

❒ ja ❒ nein

Haben Sie die Sorge, dass Ihr Kind vorwiegend zu Lebensmitteln greift, die Sie als ungesund bewerten, wenn Sie als Eltern nicht eingreifen?

❒ ja ❒ nein

Achten Sie darauf, dass Ihr Kind vorwiegend »das Richtige«, sprich: gesunde Lebensmittel isst?

❐ ja ❐ nein

Haben Sie die Sorge, dass Ihr Kind krank werden oder gewisse Mangelerscheinungen entwickeln könnte, wenn es nicht ausreichend Obst und Gemüse isst?

❐ ja ❐ nein

Besprechen Sie mit Ihrem Kind regelmäßig, welche Speisen gesund und welche ungesund sind?

❐ ja ❐ nein

Nehmen Sie gezielt Einfluss auf die Speisenauswahl Ihres Kindes, beispielsweise indem Sie es dazu anhalten, mehr Gemüse zu essen?

❐ ja ❐ nein

Erlauben Sie einen Nachtisch in den meisten Fällen erst dann, wenn Ihr Kind aus Ihrer Sicht zuvor genügend von der Hauptmahlzeit gegessen hat?

❐ ja ❐ nein

Halten Sie es für unrealistisch, dass Kinder in der Lage sind, die individuell »richtigen« Ernährungsentscheidungen ohne elterliche Einflussnahme zu treffen?

❐ ja ❐ nein

Empfinden Sie im Umgang mit anderen Eltern einen gewissen Druck, dass sich Ihr Kind zu ungesund und zu wenig ausgewogen ernährt?

❐ ja ❐ nein

Halten Sie Informationen wie beispielsweise die Ernährungspyramide der Deutschen Gesellschaft für Ernährung für sinnvoll, um eine Orientierung oder auch gezielte Richtwerte für gesunde Ernährung zu erhalten?

❐ ja ❐ nein

Ihr Ergebnis: ____ Ja-Antworten

KATEGORIE 2

Kaufen Sie vorwiegend jene Lebensmittel ein, die Sie gut kennen und von denen Sie wissen, dass sie Ihrer Familie gut schmecken?

❐ ja ❐ nein

Füllen Sie die Brotdose Ihres Kindes meist mit den gleichen Lebensmitteln?

❐ ja ❐ nein

Würden Sie Ihren Speiseplan eher als einseitig beschreiben? Damit ist gemeint, dass Sie beispielsweise morgens immer ein Marmeladenbrot essen und unter der Woche häufig die gleichen Gerichte kochen, die sich bewährt haben.

❐ ja ❐ nein

Haben Sie manchmal ein Gefühl der Resignation, weil Ihr Kind bestimmte Speisen partout nicht probieren möchte, mit der Folge, dass Sie diese Speisen nicht mehr zubereiten?

❐ ja ❐ nein

Fühlen Sie sich mit Blick auf Ihr eigenes Essverhalten am wohlsten, wenn Sie auf bewährte Speisen zurückgreifen können?

❐ ja ❐ nein

Tendieren Sie selbst zu einem eher routinierten Essverhalten mit wenigen Speisen, die Ihnen besonders gut schmecken?

❐ ja ❐ nein

Haben Sie das Gefühl, dass Sie die Zusammenstellung eines vielfältigen Familien-Speiseplans zeitlich überfordert?

❐ ja ❐ nein

Haben Sie das Gefühl, dass Sie die Zusammenstellung eines vielfältigen Familien-Speiseplans finanziell überfordert?

❐ ja ❐ nein

Bieten Sie Ihrem Kind in fremder Umgebung, beispielsweise im Restaurant, häufig dieselben Gerichte an? Also die Dinge, die Ihr Kind gerne isst, etwa Pommes oder Nudeln?

❐ ja ❐ nein

Bevorzugen Sie Fertigprodukte gegenüber frischen Mahlzeiten?

❐ ja ❐ nein

Ihr Ergebnis: ____ Ja-Antworten

KATEGORIE 3

Ist es Ihnen wichtig, dass Ihr Kind zu den Mahlzeiten eine bestimmte Menge isst oder den Teller leert?

❒ ja ❒ nein

Empfinden Sie es als unhöflich, beispielsweise gegenüber Gastgebern oder den Großeltern, wenn Ihr Kind den Teller nicht leer isst?

❒ ja ❒ nein

Ermuntern Sie Ihr Kind hin und wieder mit Aussagen wie »Du musst essen, um groß und stark zu werden« zur Nahrungsaufnahme?

❒ ja ❒ nein

Kommt es vor, dass Sie Ihr Kind nach den Mahlzeiten loben, beispielsweise mit Sätzen wie »Du hast gut gegessen«?

❒ ja ❒ nein

Erwarten Sie von Ihrem Kind, dass es bis zur nächsten Mahlzeit wartet, ehe es wieder etwas essen darf?

❒ ja ❒ nein

Wenn Ihr Kind langsam isst, reagieren Sie dann manchmal angestrengt?

❒ ja ❒ nein

Bieten Sie Ihrem Kind zwischen den Mahlzeiten manchmal aktiv Essen an, beispielsweise wenn Sie mit Ihrem Kind unterwegs sind und Snacks dabeihaben?

❒ ja ❒ nein

Gibt es bei Ihnen feste Essensregeln? Damit ist gemeint, dass beispielsweise Wurst oder Käse nur zusammen mit Brot gegessen wird.

❒ ja ❒ nein

Halten Sie Ihr Kind manchmal zum Essen an, wenn die letzte Mahlzeit aus Ihrer Sicht zu lange zurückliegt? Ein Beispiel: Ihr Kind hat wenig zu Mittag gegessen und ist nun schon seit längerer Zeit in sein Spiel vertieft.

❒ ja ❒ nein

Ist es für Sie problematisch, wenn Ihr Kind beispielsweise ohne Frühstück das Haus verlassen möchte oder wenn es vor dem Schlafengehen nur wenig gegessen hat?

❒ ja ❒ nein

Ihr Ergebnis: ____ Ja-Antworten

KATEGORIE 4

Laufen bei Ihnen hin und wieder elektronische Medien wie Radio oder Fernsehen, während Sie gemeinsam essen?

❒ ja ❒ nein

Darf Ihr Kind bei den Mahlzeiten mit Spielzeug oder elektronischen Geräten spielen?

❒ ja ❒ nein

Nutzen Sie selbst Ihr Smartphone oder ein Tablet, während Sie essen, oder kommt es vor, dass Sie während des Essens telefonieren oder lesen?

❒ ja ❒ nein

Ist der Schlafrhythmus Ihres Kindes gestört? Dies gilt, wenn einer oder mehrere der folgenden Punkte zutrifft.

- Sie müssen Ihr Kind regelmäßig morgens aufwecken.
- Es findet häufig schlecht in den Schlaf.
- Es ist häufiger nachts wach.

❒ ja ❒ nein

Fallen bei Ihnen hin und wieder gemeinsame Mahlzeiten aus, sodass in der Folge Ihr Kind nebenbei isst, während es beispielsweise Hausaufgaben erledigt?

❒ ja ❒ nein

Kommt es vor, dass Ihr Kind vor dem Fernseher zu Snacks greift?

❒ ja ❒ nein

Ist Ihr Kind häufig während der Mahlzeiten einer hohen Geräuschkulisse ausgesetzt?

❒ ja ❒ nein

Läuft bei Ihnen im Alltag oft nebenbei der Fernseher?

❒ ja ❒ nein

Beschäftigt sich Ihr Kind mehrere Stunden am Tag mit dem Fernseher, dem Computer oder dem Smartphone?

❒ ja ❒ nein

Empfinden Sie den Alltag Ihres Kindes häufig als hektisch?

❒ ja ❒ nein

Ihr Ergebnis: ____ Ja-Antworten

KATEGORIE 5

Nehmen Sie wahr, dass Ihr Kind oft inaktiv ist und keine Lust hat, sich zu bewegen?

❒ ja ❒ nein

Haben Sie das Gefühl, dass Sie Ihrem Kind häufiger aktive Unternehmungen vorschlagen müssten, beispielsweise Fahrradtouren oder Spaziergänge?

❒ ja ❒ nein

Beschäftigt sich Ihr Kind aus Ihrer Sicht zu viel mit elektronischen Medien?

❒ ja ❒ nein

Beschäftigt sich Ihr Kind überdurchschnittlich viel mit Büchern, Autos oder anderen Spielen, die körperlich eher weniger anstrengend sind?

❒ ja ❒ nein

Trifft es zu, dass Ihr Kind kein sportliches Hobby ausübt?

❒ ja ❒ nein

Beschäftigt sich Ihr Kind vornehmlich mit sitzenden Tätigkeiten?

❒ ja ❒ nein

Müssen Sie Ihrem Kind häufig gut zureden, wenn Sie eine sportliche Aktivität planen?

❐ ja ❐ nein

Haben Sie das Gefühl, dass Ihr Kind eher selten »müde getobt« und erschöpft ins Bett fällt?

❐ ja ❐ nein

Würden Sie Ihr Kind eher als ruhig und etwas in sich gekehrt beschreiben?

❐ ja ❐ nein

Kommt es mitunter vor, dass Ihr Kind sich lieber dem Essen von Süßigkeiten widmet, statt mit Freunden oder Nachbarn zu toben?

❐ ja ❐ nein

Ihr Ergebnis: ____ Ja-Antworten

KATEGORIE 6

Haben Sie das Gefühl, Ihr Kind ist auffallend häufig unglücklich?

❐ ja ❐ nein

Haben Sie das Gefühl, dass Ihr Kind in Konfliktsituationen eher unsicher wirkt?

❐ ja ❐ nein

Verlangt Ihr Kind verstärkt nach Essen, wenn es gerade nichts mit sich anzufangen weiß?

❐ ja ❐ nein

Nutzt Ihr Kind Essen, um Ihre volle Aufmerksamkeit zu erhalten? Beispielsweise, indem es zu Süßigkeiten greift, weil Sie ihm gerade nicht zuhören oder abgelenkt sind?

❐ ja ❐ nein

Haben Sie das Gefühl, dass Ihr Kind neue Herausforderungen scheut?

❐ ja ❐ nein

Haben Sie das Gefühl, dass Ihr Kind dazu neigt, sich mit Essen zu trösten?

❐ ja ❐ nein

Haben Sie das Gefühl, dass Ihr Kind sich unwohl fühlt in seinem Körper?

❒ ja ❒ nein

Haben Sie das Gefühl, dass Ihr Kind einen nicht-natürlichen Umgang mit dem Essen zeigt, also sehr unkontrolliert und oft über die Sättigung hinaus isst?

❒ ja ❒ nein

Wirkt Ihr Kind häufig in sich gekehrt oder bedrückt?

❒ ja ❒ nein

Haben Sie den Eindruck, Ihr Kind ist oft unausgeglichen?

❒ ja ❒ nein

Ihr Ergebnis: ____ Ja-Antworten

KATEGORIE 7

Sind Sie oft in Sorge, weil Ihr Kind die aus Ihrer Sicht gesunden Speisen verschmäht und lieber zu vermeintlich ungesunden Lebensmitteln wie Schokolade, Chips oder Eis greift?

❒ ja ❒ nein

Haben Sie oft das Gefühl, dass Sie sich beim Essen gegenüber Ihrem Kind durchsetzen müssen, weil es Lebensmittel wählt, die Sie für ungünstig halten?

❒ ja ❒ nein

Sehen Sie es primär als Ihre Verantwortung an, Ihr Kind zu einer möglichst gesunden Ernährung anzuhalten?

❒ ja ❒ nein

Legen Sie die Süßigkeiten-Menge fest, die Ihr Kind essen darf, beispielsweise pro Tag oder pro Woche?

❒ ja ❒ nein

Glauben Sie, dass gesunde Ernährung auch klare Verbote braucht?

❒ ja ❒ nein

Nehmen Sie gezielt Einfluss auf die Menge, die Ihr Kind isst, beispielsweise indem Sie es anhalten, das Gemüse auf dem Teller aufzuessen?

❒ ja ❒ nein

Sind Sie manchmal in Sorge, dass Ihr Kind im Kindergarten oder in der Schule nicht »richtig« (zu wenig oder zu viel) essen könnte?

❒ ja ❒ nein

Wünschen Sie sich manchmal, auf die Kita- oder Schul-Essgewohnheiten Ihres Kindes mehr Einfluss nehmen zu können? Beispielsweise, indem Sie es dazu anhalten könnten, sein Gemüse aufzuessen?

❒ ja ❒ nein

Ist es Ihnen grundsätzlich wichtig, dass Ihr Kind sein Gemüse bzw. alle gesunden Lebensmittel aufisst?

❒ ja ❒ nein

Gibt es bei Ihnen konkrete Essensregeln, beispielsweise, dass nur einmal täglich genascht wird oder dass abends kein süßer Brotaufstrich mehr gegessen wird?

❒ ja ❒ nein

Ihr Ergebnis: ____ Ja-Antworten

KATEGORIE 8

Haben Sie das Gefühl, dass Ihr Kind sich mit Blick auf bestimmte Körpermerkmale unwohl fühlt, beispielsweise, weil es nicht zufrieden ist mit seiner Figur?

❒ ja ❒ nein

Kommt es hin und wieder vor, dass Sie beiläufig die Körperform Ihres Kindes kommentieren? Indem Sie etwa sagen, dass es etwas zugenommen habe oder besonders dünn aussehe?

❒ ja ❒ nein

Kommt es vor, dass andere Bezugspersonen Ihres Kindes sein Aussehen positiv oder negativ bewerten? Beispielsweise die Oma, die sich sorgt, weil Ihr Kind durch eine Wachstumsphase etwas Gewicht verloren hat.

❐ ja ❐ nein

Beschäftigt sich Ihr Kind auffallend oft mit dem Aussehen seines Körpers?

❐ ja ❐ nein

Kommt es vor, dass Sie Ihrem Kind gegenüber Sätze wie »Wir haben uns viel Mühe beim Kochen gegeben« oder »Ich bin traurig, dass du nicht probieren magst« äußern?

❐ ja ❐ nein

Kommt es vor, dass Sie Ihrem Kind gegenüber Sätze wie »Schau mal, dieses Kind ist viel dünner als du« äußern?

❐ ja ❐ nein

Haben Sie das Gefühl, dass Ihr Kind seinen Körper kritisch mit dem von Gleichaltrigen vergleicht?

❐ ja ❐ nein

Beobachten Sie Ihr Kind häufig dabei, wie es seinen Körper kritisch im Spiegel betrachtet?

❐ ja ❐ nein

Kommt es vor, dass Sie das Essverhalten Ihres Kindes mit Sätzen wie »Wenn du davon zu viel isst, wirst du dick« kommentieren?

❐ ja ❐ nein

Haben Sie den Eindruck, dass im schulischen Umfeld oder in der Kita Ihres Kindes das Thema »Schönheit« einen hohen Stellenwert hat?

❐ ja ❐ nein

Ihr Ergebnis: ____ Ja-Antworten

KATEGORIE 9

Kommt es vor, dass Sie Ihrem Kind eine Süßigkeit versprechen, wenn etwas besonders gut geklappt hat, beispielsweise der Arztbesuch?

❐ ja ❐ nein

Gibt es Situationen, in denen Sie den Nachtisch verbieten, etwa wenn Ihr Kind nicht vernünftig am Tisch sitzt?

❒ ja ❒ nein

Kommt es vor, dass Sie Ihrem Kind Schokolade anbieten, wenn es sich wehgetan hat?

❒ ja ❒ nein

Kommen bei Ihnen hin und wieder Sätze vor wie: »Wenn du dein Gemüse gegessen hast, darfst du auch einen Keks haben«?

❒ ja ❒ nein

Gibt es zu besonderen Anlässen, beispielsweise zum Geburtstag, bestimmte Lebensmittel wie Gummibärchen oder Softdrinks als »Ausnahme«? Oder erlauben Sie an diesen Tagen davon mehr als üblicherweise? (Bitte »ja« ankreuzen, wenn eine der beiden Varianten zutrifft.)

❒ ja ❒ nein

Kommen bei Ihnen hin und wieder Sätze vor wie: »Wenn du jetzt nicht aufhörst, bekommst du nachher kein Eis«?

❒ ja ❒ nein

Erinnern Sie sich, dass Sie in Ihrer Kindheit manchmal mit Essen belohnt, bestraft oder getröstet wurden?

❒ ja ❒ nein

Sind Sie der Meinung, dass Belohnungs- und Bestrafungsmechanismen mit Essen aus pädagogischer Sicht durchaus vertretbar sind?

❒ ja ❒ nein

Würden Sie es grundsätzlich befürworten, wenn Ihr Kind im Kindergarten oder in der Schule erst dann einen Nachtisch erhält, wenn es seine Hauptmahlzeit aufgegessen hat?

❒ ja ❒ nein

Kommt es vor, dass Großeltern oder Freunde Ihrem Kind Schokolade als Ausdruck ihrer Zuneigung anbieten?

❒ ja ❒ nein

Ihr Ergebnis: ____ Ja-Antworten

KATEGORIE 10

Fühlen Sie sich als Elternteil manchmal überfordert, Ihr Kind tagein, tagaus gesund zu ernähren?

❐ ja ❐ nein

Haben Sie das Gefühl, dass der Alltag oft so voller Termine ist, dass es Sie überfordert, sich noch zusätzlich um ein vielfältiges Lebensmittelangebot zu kümmern?

❐ ja ❐ nein

Bewerten Sie die Atmosphäre bei sich zu Hause häufiger als angespannt – ggf. auch unterschwellig belastet?

❐ ja ❐ nein

Haben Sie häufig den Eindruck, dass Sie sich intensiver um die Bedürfnisse Ihres Kindes kümmern müssten?

❐ ja ❐ nein

Haben Sie manchmal aufgrund von Zeitmangel, Stress oder Hektik ein schlechtes Gewissen Ihrem Kind gegenüber?

❐ ja ❐ nein

Empfinden Sie Ihren Alltag manchmal als sehr fordernd?

❐ ja ❐ nein

Wünschen Sie sich im Alltag mehr Zeit für Ihr Kind?

❐ ja ❐ nein

Haben Sie manchmal das Gefühl, dem Thema »gesunde Ernährung« nicht gewachsen zu sein? Vor allem vor dem Hintergrund, dass es zahlreiche, zum Teil widersprüchliche Empfehlungen gibt?

❐ ja ❐ nein

Wünschen Sie sich manchmal konkrete Hilfestellung beim Thema Ernährung für Kinder?

❐ ja ❐ nein

Sind Sie oft verunsichert, ob Sie mit Blick auf die Ernährungsgewohnheiten Ihres Kindes alles richtig machen?

❐ ja ❐ nein

Ihr Ergebnis: ____ Ja-Antworten

Auswertung: So geht es jetzt weiter

Hier haben Sie die Möglichkeit, Ihr Ergebnis übersichtlich aufzulisten. Kreuzen Sie dafür die Anzahl der Ja-Antworten an:

Ebene	Kategorie									
Körperliche Ebene	1. Gesundheitsfokus									
	1	2	3	4	5	6	7	8	9	10
	2. Einseitige Ernährungsweise									
	1	2	3	4	5	6	7	8	9	10
	3. Essen als Gewohnheit									
	1	2	3	4	5	6	7	8	9	10
	4. Reizüberflutung und Schlafmangel									
	1	2	3	4	5	6	7	8	9	10
	5. Inadäquate Bewegung									
	1	2	3	4	5	6	7	8	9	10

Ebene	Kategorie									
Seelische Ebene	6. Emotionales Essen									
	1	2	3	4	5	6	7	8	9	10
	7. Kontrolle									
	1	2	3	4	5	6	7	8	9	10
	8. Beeinflussung von außen									
	1	2	3	4	5	6	7	8	9	10
	9. Belohnung und Bestrafung									
	1	2	3	4	5	6	7	8	9	10
	10. Überforderung									
	1	2	3	4	5	6	7	8	9	10

Die nachfolgende Einteilung basiert auf unseren Erfahrungen, nicht auf wissenschaftlichen Forschungsergebnissen. Sie dient als Orientierung für Ihr weiteres Vorgehen. Generell gilt: Je mehr Ja-Antworten Sie in den einzelnen Kategorien gegeben haben, desto besser kann Ihnen das dazu passende Kapitel helfen.

0 bis 3 Ja-Antworten: Bei diesen Kategorien scheint tendenziell vieles im grünen Bereich zu sein. Dennoch können Ihnen die einzelnen Kapitel natürlich wertvolle Impulse geben.

4 bis 5 Ja-Antworten: Es lohnt sich, achtsam zu sein und zu überlegen, wie Sie kleinere Veränderungen im Alltag umsetzen können. Die Tipps in den entsprechenden Kapiteln können Sie dabei unterstützen.

6 und mehr Ja-Antworten: Bei diesen Kategorien empfehlen wir Ihnen, gezielt gegenzusteuern, um die Körperintelligenz Ihres Kindes zu stärken. Die nachfolgenden Kapitel geben Ihnen dazu jeweils konkrete Tipps, Übungen und Arbeitsblätter an die Hand.

Wenn Sie Ihre individuelle Auswertung in den Händen halten, können Sie selektiv vorgehen und nur jene Kategorien im Detail ansehen und bearbeiten, bei denen Sie die meisten Ja-Antworten angekreuzt haben. Was erwartet Sie dabei? Natürlich darf eine Einleitung in das jeweilige Kapitel nicht fehlen: Warum ist ein Gesundheitsfokus schädlich? Weshalb wirkt sich Kontrolle negativ aus? Und warum ist das emotionale Essen so problematisch? Was passiert mit dem Kind? Und vor welcher Herausforderung stehen wir als Eltern? Ziel ist, Sie dabei zu unterstützen, die Faktoren, die aktuell die Körperintelligenz Ihres Kindes stören, zu reduzieren, sodass Sie und Ihr Kind in Zukunft dem Thema Ernährung unbeschwert begegnen können.

Für jede Kategorie geben wir Ihnen wertvolle Tipps, verschiedene Challenges und kraftvolle Übungen an die Hand. Für manche Coaching-Tools haben wir eigens Arbeitsblätter entwickelt, die Sie online unter www.koesel.de/deinkindistbesser aufrufen und ausdrucken können. Dies ist aber kein Muss. Wir haben die einzelnen Arbeitsschritte der Tools jeweils kompakt zusammengefasst, sodass Sie sie auch ganz unmittelbar mit Stift und Papier umsetzen können.

1. Gesundheitsfokus

Der Versuch, Kinder möglichst gesund zu ernähren, mündet häufig in Verboten. Vielleicht haben Sie sich vorgenommen, den Zuckerkonsum Ihres Kindes zu begrenzen, und sagen daher häufig Nein, wenn es nach Keksen, Gummibärchen oder Eis verlangt. Leider führen Verbote zu starken Verzichtgefühlen. Der Marketingpsychologe Professor Robert Cialdini fand heraus, dass »die meisten von uns Dinge gerade dann besonders begehren, wenn sie selten und nur schwer zu erlangen sind«.[68] Kinder kompensieren die entstandenen Verzichtgefühle, sofern sich ihnen die Möglichkeit bietet, nicht selten mit einem unverhältnismäßig hohen Süßigkeitenkonsum, bei dem Hunger- und Sättigungssignale völlig missachtet werden.

Dr. Dagmar Pauli formuliert es so: »Es wird ja überall gefordert, man müsse den Kindern doch beibringen, was ist gesund und was nicht. Dazu kommt jetzt die Diskussion um die Lebensmittelampel. Das läuft aus meiner Sicht genau in die falsche Richtung. Die Verteufelung von Lebensmitteln oder Bestandteilen als schlecht, per se, das ist völlig falsch. Der Körper braucht Fett, und Zucker ist auch nicht schlecht. Es kommt auf eine gute Zusammensetzung an. Es gibt genügend Studien, die untermauern, dass der Mensch sich ausgewogen ernähren kann – ohne ständig darüber nachdenken zu müssen.«[69]

Bemerkenswert ist in diesem Zusammenhang das Ergebnis einer umfangreichen Analyse zur Adipositas-Prävention: Es gibt kaum

Nachweise für die Wirksamkeit von Projekten, die rein auf Informationen über gesunde Ernährung basieren, insbesondere nicht im Sinne einer Senkung des Körpergewichts.[70] Das Fazit lautet also: Es gibt keinerlei Belege dafür, dass die Warnung vor bestimmten Lebensmitteln dazu führt, dass Kinder sich gesünder ernähren. Das Gegenteil ist der Fall: Je verstandsorientierter Kinder essen, umso mehr gerät die Innensteuerung aus dem Gleichgewicht.

Was passiert mit dem Kind?

Wie dramatisch sich ein starker Gesundheitsfokus auf das Essverhalten eines Kindes auswirken kann, zeigt das Beispiel von Linda. Da Lindas Vater übergewichtig ist, sorgt sich ihre Mutter, dass auch das Mädchen eines Tages Probleme mit dem Gewicht haben könnte. Daher versucht sie, auf Linda einzuwirken, damit sie möglichst wenig Kohlenhydrate zu sich nimmt. Aus Hilflosigkeit argumentiert sie, dass Linda weniger Brot essen solle, da sie sonst einen »genauso dicken Bauch wie der Papa« bekäme. Linda erklärt daraufhin den Erzieherinnen ihrer Kita, dass sie ab sofort kein Brot mehr essen möchte. »Ich werde sonst so dick wie der Papi!« Die Erzieherinnen sind bemüht, Linda den Druck zu nehmen und erlauben ihr ausdrücklich, sich am Brotkorb zu bedienen. Doch sie lehnt ab. Erst als sie glaubt, einen Moment lang unbeobachtet zu sein, nimmt sie sich hastig eine Scheibe Brot und verschlingt diese regelrecht.

Linda hat, obwohl sie noch klein ist, kein natürliches Gefühl mehr für ihre körperlichen Bedürfnisse. Wenn ihr Körper Appetit auf Brot signalisiert, glaubt sie, diesem Gefühl nicht folgen zu dürfen. Gleichzeitig kann man davon ausgehen, dass Lindas Verzichthunger so groß ist, dass sie auch dann Appetit auf Brot empfindet, wenn sie eigentlich satt ist oder ihr Körper nach einem ganz anderen Lebensmittel verlangt. Hinzu kommt: Eine Scheibe Brot zu essen ist für sie bereits so schambesetzt, dass der Genuss dabei in den Hintergrund tritt.

Was bedeutet dies langfristig für Lindas Essverhalten? Es kann sein, dass Linda sich bestimmte Lebensmittel so lange »verkneift«, bis sie regelrechte Heißhungerattacken entwickelt. Diese können, im schlimmsten Fall, sogar in einer Essstörung münden. Es kann sein, dass ihr Selbstwertgefühl unter dem heimlichen Essen und den damit einhergehenden Gefühlen der Scham und Disziplinlosigkeit derart leidet, dass emotionales Essen entsteht. Und auch, wenn die Folgen nicht so drastisch ausfallen, wird sie Brot langfristig nicht unbeschwert essen können.

Ein weiteres Beispiel: Ines, neun Jahre alt, und ihre Familie lernen wir im Rahmen eines Coachings kennen. Die Eltern sind aufgeschlossen und reflektiert. Sie gehen sehr liebevoll mit ihrer Tochter um, schenken ihr viel Aufmerksamkeit und legen Wert auf Autonomie. Nur in puncto Ernährung fällt es ihnen schwer, loszulassen. Besonders das Thema Zucker beschäftigt die Eltern. Aber wie kontrolliert man, wie viel Zucker das Kind pro Tag isst? Die Eltern fanden eine (aus unserer Sicht radikale) Lösung: Eine Zeit lang durfte sich Ines nach dem Mittagessen eine Portion Süßes abwiegen: Schokolade oder Gummibären – da machten die Eltern keine Vorschriften. Ines konnte frei entscheiden, was sie isst. Aber die Menge schränkten die Eltern ein: Es durften nicht mehr als 20 Gramm pro Tag sein. Auch bei anderen Lebensmitteln versuchten die Eltern, das Kind zur jeweils gesünderen Wahl zu bewegen. Sätze wie »Es wäre schön, wenn du auch etwas Frisches isst« oder »Bitte nimm lieber das Vollkornbrot statt das Weißbrot« waren Ines durchaus geläufig.

Zu dem Gesundheitsfokus kommt in der Familie von Ines also

noch ein sehr stark kontrollierendes Verhalten hinzu. Für das Mädchen ist es daher schwer, einen natürlichen und selbstbestimmten Umgang mit süßen Lebensmitteln zu erlernen. Im Fall von Ines hat die Geschichte aber ein gutes Ende genommen: Das Mädchen hat, mit unserer Unterstützung, zurück zu ihrer natürlichen Innensteuerung gefunden. Verblüfft berichtete uns die Mutter von folgendem Aha-Moment:

Wir waren morgens spät dran, deshalb verlagerten wir ausnahmsweise das Frühstück ins Auto und machten uns auf den Weg zur Schule. Ines wollte unbedingt einen Schokoriegel essen, den sie sich einen Tag zuvor im Reformhaus ausgesucht hatte. Sie biss genussvoll in den Riegel, hörte aber irgendwann auf zu essen und sagte: »Mama, das schmeckt irgendwie so süß. Ist es okay, wenn ich das nicht aufesse?« Zwei Bissen blieben also übrig. Es ist kaum vorstellbar, dass ein Erwachsener es genauso machen würde. Also ich hätte den Riegel einfach aufgegessen, ohne lange darüber nachzudenken …

Was ist die Herausforderung für Eltern?

Alle Beispiele zeigen: Die zentrale Herausforderung liegt darin, sich von rigiden Ernährungsempfehlungen zu lösen. Das gelingt den meisten Eltern sehr gut, wenn sie die ersten Aha-Momente mit ihren Kindern erleben. Wenn ihr Kind plötzlich den Pudding stehen lässt, weil es satt ist, wenn es statt Schokolade lieber Gurke essen möchte, erkennen sie, dass das Prinzip der Körperintelligenz perfekt funktioniert.

Unsere Jungs Valentin und Vitus, vier und zwei Jahre alt, schauen am Wochenende zusammen einen Film. Mein Mann macht ihnen Popcorn. Nach kurzer Zeit, inzwischen war schon etwas Popcorn im Bauch gelandet, läuft Valentin mit quengeligem Gesichtsausdruck in die Küche und sagt: »Maaaami, ich mag eine Karotte!« Wenige Sekunden später kommt sein kleiner Bruder hinterhergestürzt und ruft: »Auch Karotte!«

Was können Sie konkret tun?

Wir alle verinnerlichen im Laufe unseres Lebens Glaubenssätze, also bewusste oder unterbewusste Lebensregeln, die unser Verhalten bestimmen und die wir für wahrhaftig halten. Versuchen Sie, Ihre hinderlichen Glaubenssätze in puncto Ernährung zu hinterfragen und gehen Sie noch einen Schritt weiter: Kehren Sie sie um. Versuchen Sie, Ihre alten Denkmuster zu verändern und Ihre neuen zu verinnerlichen. Vielleicht haben Sie den Glaubenssatz: »Ich muss strikt auf die Ernährung meines Kindes achten, sonst wird es krank werden oder weniger leistungsfähig sein.« Diesen Glaubenssatz halten Sie für wahr. Er ist wie eine Richtschnur und bestärkt Sie darin, an Ihrer Haltung festzuhalten. Anhand dieses exemplarischen Glaubenssatzes möchten wir Ihnen zeigen, wie es gelingen kann, eine solche feste Überzeugung zu verändern und neu zu verankern.

Wenn wir versuchen, Glaubenssätze umzukehren, beginnen wir nicht direkt beim Glaubenssatz selbst, sondern bei Essensregeln und Verhaltensweisen, die einem Glaubenssatz zugrunde liegen. Häufig ist es im Coaching so, dass den Eltern der tatsächliche Glaubenssatz gar nicht bewusst ist. Die Essensregel könnte also lauten: »Es dürfen erst Nudeln nachgenommen werden, wenn das Gemüse aufgegessen wurde.« Nun ist es sinnvoll zu reflektieren, *warum* diese Regel überhaupt eingeführt wurde. Hintergrund könnte der oben genannte Glaubenssatz sein: »Wenn ich nicht strikt auf die Ernährung meines Kindes achte, wird es krank werden oder weniger leistungsfähig sein.« Am Ende der Reflexion könnte der folgende – neue – Glaubenssatz stehen: »Für mein Kind ist es das Gesündeste, wenn es auf seine Körpersignale vertraut.« Daraus ergibt sich eine neue Essensregel, die lauten könnte: »Mein Kind darf selbst entscheiden, wie viel Gemüse und wie viele Nudeln es essen möchte.«

Nun wird Ihnen der neue Glaubenssatz natürlich nicht direkt in Fleisch und Blut übergehen. Ihr alter Glaubenssatz hatte jahrelang Zeit, sich zu verankern, und lässt sich nicht so leicht »abschütteln«. Hilfreich kann es sein, wenn Sie den neuen Glaubenssatz aufschreiben und beispielsweise in der Küche aufhängen. Sprechen Sie mit Freunden und Bekannten darüber, was Sie verändern möchten. Oder besorgen Sie sich eine andere kleine Gedächtnisstütze, die Sie daran erinnert, im Vertrauen zu bleiben: ein Armband, das Sie bei sich tragen oder eine Postkarte, die Sie in der Küche oder im Bad aufhängen. Und auch wenn Sie den Glaubenssatz noch nicht tief verinnerlicht haben, können Sie dennoch bereits Ihr Verhalten danach ausrichten. Sie können also – um bei dem oben genannten Beispiel zu bleiben – Ihr Kind selbst entscheiden lassen, auch wenn Ihnen dabei innerlich noch die Haare zu Berge stehen. Je häufiger Sie dies umsetzen, desto mehr wird sich der neue Glaubenssatz verfestigen und zu einer neuen Normalität werden.

Umgekehrte Glaubenssätze können zu sehr positiven Effekten führen. Das sehen wir etwa bei Karin, einer jungen Mutter, die ein confidimus-Coaching durchlaufen hat. Sie selbst ernährt sich schon lange bedürfnisorientiert, ist körperlich und seelisch im Gleichgewicht. Sie ist gesund und hat keinerlei Probleme mit ihrem Gewicht oder ihrem Essverhalten. Karin ist eine intuitive Esserin, ihren Sohn stillt sie. Die Hebamme riet ihr: »Achten Sie darauf, möglichst wenig Zucker zu essen, denn zu viel Zucker ist schlecht für Ihr Kind.« Dabei ist »es ist sehr schwierig bis unmöglich, die Milchzusammensetzung deutlich über die Ernährung zu beeinflussen«.[71]

Dennoch machte sich Karin aufgrund der Empfehlung ihrer Hebamme Gedanken über ihre Ernährungsgewohnheiten. Sie traute plötzlich ihrem Gespür für Hunger, Sättigung und vor allem Bekömmlichkeit nicht mehr. Durch das Stillen benötigte ihr Körper mehr Energie als sonst, was sich bei Karin in einem gesteigerten Appetit auf Süßes zeigte.

Statt ihren körperlichen Impulsen unbeschwert zu folgen, begann sie also, auf Süßes zu verzichten. Karin schränkte sich ein, was dazu führte, dass der Verzicht sie unzufrieden machte. Gab sie ihrem Appetit nach, aß sie mit Schuldgefühlen.

In beiden Fällen führte der von der Hebamme herbeigeführte Glaubenssatz »Wenn ich Süßes esse, schädige ich mein Kind« zu Stress. Dieser Stress wirkte sich auf das Wohlbefinden von Karin aus. Sie fühlte sich unausgeglichen.

Mit einem neuen Glaubenssatz konnte Karin sich aus dem Teufelskreis befreien. Der neue Glaubenssatz lautet: »Ich darf auf meine Körperintelligenz vertrauen. Wenn ich im Gleichgewicht bin und auf mich vertraue, habe ich weniger Stress. Je ausgeglichener ich bin, desto besser geht es meinem Kind.« Er half ihr, wieder zurück zu ihrer natürlichen Balance zu gelangen. Sie geht nun wieder achtsam und wertschätzend, nicht wertend und verurteilend mit sich um. Wenn sie ein Verlangen nach Schokolade verspürt, greift sie entspannt und genussvoll zu. Wenn ihr Körper Sättigung signalisiert, isst sie nicht weiter. Diese Gelassenheit wirkt sich auf ihr Wohlbefinden und ihre Stressresistenz aus. Und das kommt ihrem Kind zugute.

Coaching-Tool: Glaubenssätze umkehren

Und nun sind Sie an der Reihe: Mit diesen fünf Schritten können Sie Ihre hinderlichen Glaubenssätze auflösen.

Schritt 1: Denken Sie an eine Essensregel, ein Gebot oder ein bestimmtes Verbot, welche(s) am Esstisch oder generell in Bezug auf das Thema Ernährung für Sie von Bedeutung ist.

Beispiel: **Es dürfen erst Nudeln nachgenommen werden, wenn das Gemüse aufgegessen wurde.**

Schritt 2: Reflektieren Sie für sich, welche Ansichten, Sorgen, Ängste, Glaubenssätze hinter dieser Regel stehen. Was ist der Hintergrund?

Beispiel: **Wenn mein Kind nicht ausreichend Gemüse isst, wird es krank werden.**

Schritt 3: Reflektieren Sie nun (am besten schriftlich) die folgenden Fragen:

- In welchen Situationen kommt mein Glaubenssatz zum Tragen?
- Wie fühlt sich das an?
- In welchen Situationen möchte ich meinen Glaubenssatz aufrechterhalten?
- In welchen Situationen soll mein Glaubenssatz weniger ausgeprägt sein?
- Was fällt mir ein, um meinen Glaubenssatz zu minimieren?
- Was könnte ich tun? Sammeln Sie am besten mehrere Ideen.

Schritt 4: Bilden Sie nun einen neuen Glaubenssatz und etablieren Sie eine neue Regel.

Beispiel: **Für mein Kind ist es das Gesündeste, wenn es auf seine Körpersignale vertraut.**

Die neue Regel: **Mein Kind darf selbst entscheiden, wie viel Gemüse und wie viel Nudeln es essen möchte.**

Schritt 5: Schreiben Sie Ihren neuen Glaubenssatz auf, implementieren Sie ihn in Ihren Alltag und versuchen Sie, Ihr Handeln daran auszurichten.

Das zugehörige Arbeitsblatt finden Sie unter www.koesel.de/deinkindisstbesser.

Vitus mochte im Alter von zwei Jahren, wie fast alle Kinder, gerne Süßes. Und ja: Manchmal musste ich als Mutter tief durchatmen, wenn er statt Rohkost nach süßem Brotaufstrich verlangte. Ich habe trotzdem versucht, ruhig zu bleiben und auf seine Körperintelligenz zu vertrauen. Und dann kam der Tag, an dem er fünf Stängel Staudensellerie aß. Er war total angetan, verlangte immer wieder nach einem neuen Stängel und versuchte mit dem Wort »gut!« auch uns von dem Geschmack und der Bekömmlichkeit zu überzeugen.

2. Einseitige Ernährungsweise

Diese Kategorie bildet in gewisser Hinsicht einen Gegenpol zu der vorangegangenen. Eltern, die sehr viel Wert auf eine gesunde Ernährungsweise legen, die also einen hohen Gesundheitsfokus haben, versuchen in der Regel, ein vielfältiges Angebot auf den Tisch zu zaubern. Aber auch wenn das Angebot gesund erscheint, kann es in der Routine des Alltags leicht passieren, in einem Teufelskreis aus Eintönigkeit zu landen:

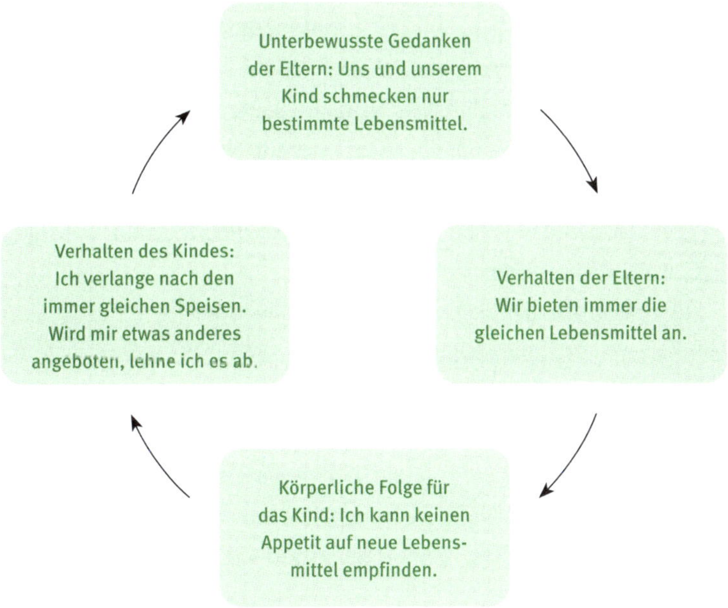

Was passiert mit dem Kind?

Das folgende Beispiel verdeutlicht, warum sich eine einseitige Ernährungsweise negativ auf die Körperintelligenz von Kindern auswirkt: Felix ist sieben Jahre alt. Seine Eltern essen meist die gleichen Lebensmittel. Sie löschen ihren Durst gerne mit Softdrinks statt mit Wasser und kaufen selten neue beziehungsweise ihnen unbekannte Lebensmittel ein, weil Felix diese häufig ablehnt. Er scheint, so glauben die Eltern, die gleichen Geschmacksvorlieben wie sie selbst zu haben.

Felix lernt also nur eine sehr eingeschränkte Produktpalette kennen: Einen frischen Salat, einen Quark mit Banane oder ein Kartoffelgratin bekommt Felix gar nicht oder nur sehr selten angeboten.

Die Folge: Seine Körperintelligenz verkümmert. Dass er keine vielfältigen Lebensmittel kennenlernen kann, hindert seinen Körper daran, zu *erspüren*, was er gerade braucht. Wie soll ihm sein Körper Appetit auf Fisch machen, wenn er nie die Möglichkeit hat, Fisch zu probieren? Wie soll Felix spüren, dass sein Körper seinen Durst viel lieber mit frischem Wasser löscht statt mit zuckerhaltiger Limonade? Zusätzlich wird ihm von seinen Eltern wahrscheinlich unterbewusst der Glaubenssatz vermittelt, dass ihm nur *dieses* eingeschränkte Lebensmittelangebot gut schmeckt, was dazu führt, dass er im Laufe der Zeit die Neugier und die Offenheit für neue Lebensmittel verliert.

Hinzu kommt, dass Felix' Familie in einem Teufelskreis der selbsterfüllenden Prophezeiung lebt. Die elterliche Annahme »Unser Sohn mag nur wenige Lebensmittel« steuert unbewusst ihr Verhalten, sodass sie auch nur diese ausgewählten Lebensmittel tatsächlich anbieten. Durch ihr Tun tritt also genau das ein, was sie erwarten: Felix probiert nicht gerne Neues. Die Eltern fühlen sich in ihrer Prophezeiung bestätigt, bleiben bei ihrem Verhalten und befeuern damit den Teufelskreis.

Was ist die Herausforderung für Eltern?

Für Ihr Kind ist es wichtig, dass es viele verschiedene Lebensmittel kennenlernt. Mehr müssen Sie nicht tun. Sie sollten weder sich selbst noch Ihr Kind mit der Vorstellung unter Druck setzen, dass Ihre Familie ausgewogener essen muss. Kinder haben eine natürliche Neugier, und diese wird Ihr Kind dazu veranlassen, irgendwann auch ausgefallene Lebensmittel zu probieren. Sie können sich und Ihrem Kind Zeit geben. Kinder lehnen Lebensmittel oft mehrmals ab, bevor sie sie testen wollen und schließlich Gefallen daran finden.

Aber bedenken Sie auch (und vor allem: lassen Sie sich davon nicht aus der Ruhe bringen): Kinder haben immer wieder Phasen, in denen sie sehr einseitig essen und manchmal tage- oder wochenlang die gleichen Lebensmittel verlangen.

Der Kinderarzt Dr. Carlos González beruhigt mit einem Augenzwinkern: Er habe noch nie erlebt, dass Erwachsene im Restaurant statt vom reichhaltigen Büfett lieber das Kindermenü gewählt hätten.[72] Mit anderen Worten: Wenn wir Vielfalt erleben, bleiben wir nicht bei einseitigen Ernährungsgewohnheiten.

Solange Ihr Kind also aus einem vielfältigen Angebot wählen kann, können Sie seiner natürlichen Körperintelligenz vertrauen. Es wird sich für das entscheiden, was es braucht, und seine Geschmacksvorlieben werden sich entwickeln.

Wichtig ist auch, dass Sie als Eltern nicht der beschriebenen selbsterfüllenden Prophezeiung anheimfallen. Denn wenn Sie der festen Annahme sind, dass Ihr Kind keine Karotten mag und Sie daher auch keine Karotten kaufen, lernt Ihr Kind das Gemüse nicht kennen – und damit auch nicht lieben.

Paul isst gerne Melone. Wassermelone, um genau zu sein. Beim Wochenend-Einkauf griff ich wie gewohnt nach dem beliebten Obst und stellte fest, dass wir bisher immer Wassermelone, aber nie Honigmelone angeboten hatten. Ich entschied mich, das zu ändern. Am Esstisch fragte Paul erst neugierig: »Was ist das, Mama?«, um dann entsetzt zu erklären: »Ich will aber Wassermelone essen!« Ich erklärte Paul, dass ich etwas Neues ausprobieren wollte und schlug vor, gemeinsam an der Honigmelone zu riechen. Paul roch zaghaft, probierte vorsichtig – und leerte dann die ganze Schüssel.

Was können Sie konkret tun?

Generell ist es nicht einfach, alltägliche Muster abzulegen und neue zu etablieren. Mit dem nachfolgenden Coaching-Tool haben wir jedoch gute Erfahrungen gemacht, wenn es darum geht, Hilfestellungen für einen kreativeren Speiseplan zu geben, der zu Ihnen und zu Ihrem Familienalltag passt.

Coaching-Tool: Das Alternativrad

Das Alternativrad hilft Ihnen, Schritt für Schritt neue Handlungsalternativen zu entwickeln.[73]

Schritt 1: Definieren Sie Ihre Herausforderung
Malen Sie einen Kreis mittig auf ein Blatt Papier und notieren Sie darin, welche Herausforderung Sie konkret angehen möchten. Wenn es also um den kreativeren Speiseplan geht, schreiben Sie beispielsweise: **Wir möchten gerne vielfältiger essen!**

Schritt 2: Welche Alternativen fallen Ihnen ein?

Schreiben Sie rund um Ihre Herausforderung alle Ideen auf, die Ihnen in den Sinn kommen. Bewerten Sie die Ideen nicht. Wenn Sie die Übung gemeinsam mit Ihrem Partner oder einer anderen Person machen, notieren Sie bitte alle Ideen zunächst ungefiltert und lassen Sie sie unkommentiert. Auch wenn Ihnen manche Vorschläge noch so abwegig erscheinen mögen: Lassen Sie auch das Unmögliche zu! **Eine unserer Coaching-Familien hat beispielsweise diese drei Ideen (neben vielen weiteren!) notiert:**

1. Omas Lieblingsrezepte nachkochen
2. Sich mit Freunden und Bekannten austauschen
3. Einen neuen Supermarkt ausprobieren

Schritt 3: Bewertung: Was sagt Ihnen Ihr Gefühl?

Bewerten Sie nun die Alternativen. Fragen Sie sich im ersten Schritt, welche Alternativen Sie am liebsten umsetzen würden, was Sie *emotional* am meisten anspricht. Sie können jede Alternative mit einem grünen Stift auf einer Skalierung von 1 bis 10 bewerten, oder Sie können null bis drei grüne Punkte pro Alternative verteilen; je nachdem, was Ihnen eher zusagt. **Im Falle unserer Coaching-Familie kamen wir zu dem Ergebnis, dass die Ideen 1 und 2 emotional als sehr positiv bewertet wurden, während Nummer 3 sie emotional weniger ansprach.**

Schritt 4: Bewertung: Was halten Sie für realistisch?

Nun bewerten Sie Ihre Ideen bitte auf die gleiche Weise in Bezug auf die Frage, welche Alternative sich am besten umsetzen lässt. Was halten Sie für realistisch? Verwenden Sie nun einen blauen Stift – entweder bei der Bewertung jeder Alternative auf einer Skalierung von 1 bis 10 oder indem Sie null bis drei Punkte vergeben. **In unserem Beispiel wurden alle drei Ideen als besonders realistisch und gut umsetzbar angesehen.**

Schritt 5: Reflexion der Entscheidung

Reflektieren Sie nun die einzelnen Punkte und wägen Sie alle Alternativen ab, inwiefern sie Ihnen zusagen.

Schritt 6: Entscheidung: Was möchten Sie umsetzen?

Entscheiden Sie nun, welche der Alternativen Sie umsetzen möchten. **Unsere Coaching-Familie entschied sich unter anderem, Omas Lieblingsrezepte nachzukochen.**

Schritt 7: Wie planen Sie die Umsetzung?

Gehen Sie für sich durch, welche Schritte im Detail zu tun sind, um die Alternativen erfolgreich umzusetzen. Schreiben Sie jeden Schritt, jede Maßnahme so konkret wie möglich auf. Was soll sich ab morgen ändern? Ideal ist es, wenn Sie die Umsetzung *smart* planen:

Spezifisch – Ich formuliere konkret, was ich mir vornehme.
Messbar – Es gibt messbare Kriterien, an denen ich nachverfolgen kann, ob und wie gut ich meinen Plan umsetze.
Attraktiv – Die Umsetzung meines Planes ist für mich ansprechend und sagt mir zu.
Realistisch – Mein Plan ist nicht überambitioniert und deshalb machbar.
Terminiert – Ich halte einen zeitlichen Rahmen fest, bis wann ich was tun möchte.

In unserem Beispiel notierte die Familie die folgenden Schritte: Wir werden in dieser Woche zwei Gerichte aus Omas Rezeptheft auswählen, die wir nachkochen möchten. Am Mittwoch und am Samstag möchten wir gemeinsam als Familie jeweils ein Essen zubereiten. Das nehmen wir uns für die kommenden drei Wochen vor.

Schritt 8: Rückblick

Schauen Sie nach etwa einer Woche, wie es läuft. Was konnten Sie umsetzen, was klappt noch nicht so gut? Seien Sie nicht zu streng mit sich, aber versuchen Sie dennoch, am Ball zu bleiben.

Das zugehörige Arbeitsblatt finden Sie unter www.koesel.de/deinkindisstbesser.

Vielfältiger essen: Fordern Sie sich selbst heraus!

Wir haben einige Challenges für Sie zusammengetragen, die wir selbst hin und wieder in unseren Alltag integrieren. Manchmal helfen schon kleine Veränderungen, um Dinge ins Rollen zu bringen. Damit es nicht langweilig wird und Sie nicht das Gefühl haben, alles auf einmal umsetzen zu müssen, noch ein Vorschlag: Wechseln Sie die Challenges einfach kontinuierlich ab. Außerdem ist es ausdrücklich erlaubt und gewünscht, die Challenge-Liste um eigene Ideen zu erweitern.

Challenge 1: Dreimal wöchentlich biete ich meiner Familie zusätzlich zur warmen Mahlzeit eine Rohkostplatte mit unterschiedlichen Gemüse- und Obstsorten an, beispielsweise mit Karotten, Gurken, Kohlrabi, Sellerie, Tomaten, Äpfeln, Birnen, Heidelbeeren, Himbeeren oder Erdbeeren.

Challenge 2: Ab sofort koche ich mindestens zweimal pro Woche frisch, statt ein Fertigprodukt zu kaufen.

Challenge 3: Bei jedem Einkauf lege ich ein Lebensmittel, das ich noch nicht kenne, in den Einkaufswagen. Auch mein Kind darf sich ein (neues) Lebensmittel aussuchen. Wir probieren das Produkt erstmals gemeinsam und tauschen uns dazu aus: Wie schmeckt es dir? Wie ist die Konsistenz? Wie könnten wir das Lebensmittel zubereiten?

Challenge 4: Einmal pro Woche koche ich gemeinsam mit meinem Kind eine Mahlzeit, die wir noch nie zuvor zubereitet haben.

Challenge 5: Mein Kind begleitet mich mindestens einmal wöchentlich beim Einkaufen und wir versuchen, den Supermarkt neu zu entdecken: Was gibt es alles? Welche Produkte sehen besonders aus? Warum ist der Ingwer so krumm? Warum ist die Schale der Walnuss so hart?

Vier Tipps, die zusätzlich helfen können

1. Lieblingsgerichte neu interpretieren: Vielfalt anzubieten bedeutet nicht, dass jeden Tag ein Drei-Gänge-Menü auf dem Tisch stehen muss. Sie können auch einfach versuchen, einige Mahlzeiten leicht abzuwandeln. Wenn Ihr Kind beispielsweise gerne Pfannkuchen isst, können Sie statt der süßen Variante auch mal einen herzhaften Pfannkuchen zubereiten – Käse und Schinken sind auch eine leckere Kombination. Vielleicht bieten Sie statt Tomate und Gurke auch mal einen Apfel-Möhren-Salat an? Oder Sie probieren statt der klassischen Pommes frites einfach mal Süßkartoffel-Pommes aus?

2. **Wochenplan erstellen:** Vielleicht hilft es Ihnen, sich einmal pro Woche die Zeit zu nehmen, um in Kochbüchern oder im Internet nach Rezepten zu suchen. Gut möglich, dass es Ihrem Kind viel Freude macht, sich daran zu beteiligen! Suchen Sie sich beispielsweise drei neue Rezepte aus und schreiben Sie die Zutaten gleich auf Ihre Einkaufsliste. So wissen Sie, dass Sie beim nächsten Einkauf alles beisammenhaben, um die neuen Rezepte im Laufe der Woche zubereiten zu können.

3. **Raus in die Natur!** Gibt es bei Ihnen in der Nähe eine Streuobstwiese? Oder einen Bauernhof? Haben Sie einen kleinen Garten? Der Geschmack von Himbeeren, Kirschen oder Äpfeln, die wir selbst pflücken, sind prägende und schöne Kindheitserinnerungen. Aber auch frische Kräuter auf dem Küchen-Fensterbrett oder Milch und Kartoffeln direkt vom Bauernhof schmecken gut, und die Zubereitung (Kräuter abzupfen) sowie der Einkauf (auf dem Bauernhof) werden zu einem tollen Erlebnis.

4. **Bitte nicht unter Druck setzen!** Versuchen Sie, die Tipps, Veränderungen und Challenges mit Freude und Gelassenheit in Ihren Alltag zu integrieren. Ihre Aufgabe ist es nicht, den ungeliebten Rosenkohl vor Ihren Kindern als überaus schmackhaft und wohltuend anzupreisen – nein, Ihre Aufgabe ist es, Ihre Kinder an die

wunderbare Lebensmittelvielfalt heranzuführen, auf die wir zugreifen dürfen. Und dann können Sie einfach darauf vertrauen, dass Ihr Kind ganz natürlich die für sich besten Entscheidungen am Esstisch treffen wird.

Ich bin Vegetarierin und bereite daher sehr selten Fleisch zu. Um meinem Sohn aber Fleisch nicht vorzuenthalten, beschloss ich, ihm Gläschen mit Fleisch zu kaufen, um den Inhalt unter das gekochte Gemüse zu heben. Diese Gläschen bestehen aus gekochtem, ungewürztem Fleisch. Ich empfand die Konsistenz immer als etwas unappetitlich, sie erinnerte mich an Katzenfutter. Nachdem mein Sohn das Gläschen entdeckt hatte, verlangte er danach: kalt und pur. Er löffelte gierig das gesamte Fleischgläschen aus. Durch den Kontakt zu Katharina wurde mir klar: Offensichtlich signalisierte ihm sein Körper, dass ihm genau das gerade guttut, dass es in diesem Moment diese auf mich unappetitlich wirkende Fleischmasse sein sollte.

3. Essen als Gewohnheit

Manchmal bestimmen äußere Umstände oder Gewohnheiten unser Essverhalten. Wenn Sie zum Beispiel während einer Autofahrt stets einen Snack dabeihaben, wird das Essen während der Fahrt für Ihr Kind im Laufe der Zeit zur Routine, und es entwickelt sich eine hinderliche Gewohnheit. Leider führen derartige Gewohnheiten häufig dazu, dass wir regelrecht verlernen, auf unsere inneren Körpersignale zu achten.

Auch der Ernährungspsychologe Thomas Ellrott weist eindrücklich auf diesen Mechanismus hin: »Essenlernen ist dem Erlernen einer Sprache ähnlich. So wie ein Kleinkind Tag für Tag den Gebrauch verschiedener Wörter, Phrasen, Sätze erlernt, so erlernt das Kind auch den Gebrauch verschiedener Speisen zu bestimmten (Mahl-)Zeiten, in bestimmten Kombinationen, zu bestimmten Anlässen. Dabei treten Innenreize wie Hunger und Sättigung als Regulatoren des Verzehrs immer weiter in den Hintergrund und werden von Außenreizen abgelöst: So wird zum Beispiel ›Essen, wenn man hungrig ist‹ durch das ›Essen zu festgelegten Essenszeiten‹ abgelöst. Die Essensmenge wird nicht mehr nach dem Grad von Hunger und Sättigung gewählt, sondern es muss gegessen werden, was wann auf den Tisch kommt. Statt die Portion dem Hunger anzupassen, gibt eine extern vorgegebene Portions- oder Verpackungsgröße die Essensmenge vor: Es wird so viel gegessen, wie im Becher, in der Packung, in der Tüte oder auf dem Teller ist.«[74]

Wenn wir also davon ausgehen, dass unser Essverhalten von verschiedenen Faktoren beeinflusst wird, dann liegt die Annahme nahe, dass diese Faktoren auf schlanke und übergewichtige Menschen unterschiedlich wirken. Ein Experiment, bei dem die Wissenschaftler herausfinden wollten, wie sehr übergewichtige und schlanke Menschen ihre Nahrungsaufnahme von der Uhrzeit abhängig machen, verdeutlicht dies: In dem Test bat man übergewichtige und schlanke Studierende in zwei Säle. Für beide Gruppen hing, deutlich sichtbar, eine Uhr an der Wand. »Die Versuchspersonen wurden mit stundenlangem Ausfüllen von Fragebögen beschäftigt. Es wurde ihnen dabei nicht gesagt, worum es in Wirklichkeit ging. Nach ein paar Stunden gab es kleine Imbisse. Im ersten Saal wurden die Snacks um 17 Uhr gereicht, im zweiten erst um 19 Uhr. [...] Der Trick bestand darin, dass man die Uhr in einem Saal schneller und im anderen Saal langsamer laufen ließ.«[75] In beiden Fällen wurde die Mahlzeit exakt um 18 Uhr angeboten. Das Ergebnis: Um vermeintlich 17 Uhr aßen die übergewichtigen weniger als die schlanken Probandinnen und Probanden. Um vermeintlich 19 Uhr jedoch aßen sie mehr. Die Tatsache, dass die übergewichtigen Personen bei der angezeigten Uhrzeit 17 Uhr weniger, um 19 Uhr jedoch mehr aßen, zeigt, dass ihre innere Uhr, also ihre Innensteuerung, sie im Stich lässt. Sie essen nicht innengesteuert (bin ich hungrig oder nicht?), sondern abhängig von der *scheinbaren* Uhrzeit. Für die schlanken Teilnehmerinnen und Teilnehmer jedoch ist die Uhrzeit *nicht* ausschlaggebend. Sie essen abhängig von ihrem körperlichen Hungergefühl.[76]

Der körperliche Hunger kann täglich etwas variieren, dennoch erkennen wir bei unseren Kindern auch wiederkehrende Muster: Während ein Kind gerne ausgiebig frühstückt, isst das andere lieber abends eine üppige Mahlzeit – und das Frühstück fällt eher klein aus. So oder so: Für uns ist wichtig, dass die Kinder sich nach ihrem inneren Signal richten, nicht nach der Uhrzeit. Denn uns ist daran gelegen, dass Essen nicht zur Gewohnheit wird. Vielmehr sollen die Kinder lernen, ihren Hunger zu spüren und wertzuschätzen. Es geht uns, wie in dem Experiment erwähnt, darum, die innere Uhr intakt zu halten.

Gleichzeitig ist unser Körper jedoch auch ein System, das Routinen mag. Sie geben uns Sicherheit, und für ein natürliches Essverhalten ist es förderlich, regelmäßig am Familien-Esstisch zusammenzukommen. Wie kann angesichts dieser gegensätzlichen Aspekte ein positiver Kompromiss aussehen? Etwa so: Es gibt feste Essenszeiten, doch wer dabei wie viel isst, ist nebensächlich.

Was passiert mit dem Kind?

In meiner Kindheit gab es viele Essensregeln. Eine davon lautete: Iss deinen Teller leer, dann scheint morgen die Sonne! Es ist schwer, diese Sätze aus dem Kopf zu bekommen. Ich kämpfe bis heute dagegen an, meinen Teller leer zu essen, obwohl ich eigentlich schon längst satt bin.

In der Tat kann ein solches Gewohnheitsessen zu Übergewicht führen. Häufig berichten uns Erwachsene, die mit ihrem Gewicht kämpfen, dass sie in der Kindheit angehalten wurden, immer den Teller zu leeren. Die Amerikaner haben dafür sogar einen eigenen Begriff: Dish Cleaning Syndrome. Auch im Rahmen unserer Arbeit mit Familien erleben wir oft, dass das Gewohnheitsessen zu einem problematischen Essverhalten führt.

Tessa ist vier Jahre alt. Ein fröhliches Mädchen, das sich gut entwickelt. Trotzdem sind ihre Eltern in Sorge, denn Tessa trinkt für ihr Alter sehr viel Milch, täglich fast einen Liter. Die Mutter ist verzweifelt, weil Tessa weder Brot noch Obst oder Gemüse isst. Sie verlangt mehrmals täglich nach Milch: morgens direkt nach dem Aufstehen, nachmittags nach der Kita, abends vor dem Schlafengehen.

Im Laufe des Coachings stellte sich heraus, dass Tessas Körper ihr nicht, wie man zunächst annehmen kann, besonders viel Appetit auf Milch signalisierte. Vielmehr war das Milchtrinken zu einer starken Gewohnheit geworden, assoziiert mit einem Bedürfnis nach Ruhe. Morgens, direkt nach dem Aufwachen, gehörte es zum festen Ritual, dass sie eine Flasche Milch bekam, die sie, kuschelnd mit Schnuffeltuch, vor dem Fernseher trank. Nach dem Kita-Tag verspürte sie das gleiche Bedürfnis nach Ruhe. Ihr Verhalten: Milch auf dem Sofa trinken. Und abends gehörte das Milchfläschchen zum Einschlafritual.

Dass das Kind kaum nach anderen Lebensmitteln verlangte, ist eine logische Konsequenz: Es war einfach kein Platz mehr im Bauch. Die Lösung bestand darin, den Milchkonsum von der Ausruhsituation zu trennen: Nachdem die Eltern Tessa die Milch nicht mehr in der Flasche, sondern im Becher anboten und sie das Mädchen baten, die Milch am Esstisch (und nicht mehr vor dem Fernseher) zu trinken, reduzierte sich die Milchmenge, die Tessa einforderte. Schon beim ersten Versuch, morgens nach dem Aufstehen, sagte Tessa: »Ich mag keine Milch, ich will Wasser trinken.« Hier zeigt sich die Körperintelligenz des Kindes auf faszinierende Weise: Indem man ihr die Möglichkeit gab, sich ohne Ablenkung auf ihren Körper zu konzentrieren, spürte sie instinktiv: Ich brauche keine Milch, ich brauche Wasser.

Hätten die Eltern von Tessa nicht auch einen anderen Weg

wählen können, indem sie die Milch einfach verbieten? Oder die Menge deutlich einschränken? Nein, denn sie wissen, dass Verbote in keinster Weise zielführend sind und ein intuitives Essverhalten unterwandern. Es ist auch nicht die Aufgabe der Eltern, Milch zu verbieten oder einzuschränken. Aber es ist ihre Aufgabe, eine Atmosphäre zu schaffen, in der Tessa ihren Körper ohne Ablenkung spüren kann. Es ist ihre Aufgabe, hinderliche Gewohnheiten zu erkennen und aufzulösen, damit die Körperintelligenz nicht gestört wird. Und es ist ihre Aufgabe, ihrem Kind Aufmerksamkeit und Geborgenheit zu schenken und es emotional aufzufangen.

Ein zweites Beispiel: Nadja ist sechs Jahre alt, und ihre Eltern sind etwas in Sorge, dass ihr Kind übergewichtig werden könnte. Um ihr Kind davor zu beschützen, führten die Eltern gemeinsam verschiedene Regeln am Esstisch ein, die für die Familie zu festen Gewohnheiten wurden. Eine dieser Regeln lautete: Erst die zweite Brötchenhälfte darf mit einem süßen Brotaufstrich belegt werden. Auf den ersten Blick erscheint diese Regel sinnvoll und die Eltern handelten natürlich nach bestem Wissen und Gewissen. Ihre naheliegende Argumentation: Zucker führt zu Übergewicht. Wenn nur die zweite Brötchenhälfte mit einem zuckerhaltigen Aufstrich gegessen wird, verringern wir den Zuckerkonsum unserer Tochter. Ergo: Die Regel verhindert Übergewicht. Doch bei genauerem Hinsehen zeigen sich zwei Haken:

1. Wenn Nadja Lust auf ein Brötchen mit Marmelade oder Nuss-Nougat-Creme hat, ist sie gezwungen, zuerst eine herzhafte Brötchenhälfte zu essen. Aber vielleicht ist sie nach einem halben Brötchen bereits satt? Dennoch isst sie weiter, denn Nadja, die gerne süß isst, freut sich besonders auf die zweite Hälfte mit Marmelade oder Honig.

2. Das Süße wird aufgrund seines Belohnungscharakters auf ein Podest gehoben. Das Herzhafte erscheint aus der Perspektive von Nadja deutlich weniger attraktiv, da es gegessen werden *muss*, das Süße jedoch gegessen werden *darf*.

Dieses Beispiel zeigt noch einmal eindrücklich, wie Gewohnheiten und etablierte Routinen – auch, wenn sie gut gemeint sind – kontraproduktive Effekte haben können, die Übergewicht fördern, statt es zu vermeiden.

Was ist die Herausforderung für Eltern?

Hätten die Eltern nicht einen anderen Weg eingeschlagen, hätten Tessa und Nadja eine höhere Wahrscheinlichkeit gehabt, ein unnatürliches Essverhalten zu entwickeln und darunter (vielleicht ein Leben lang) zu leiden. Im Falle von Nadja wurde eine Speise zur Bedingung für eine andere, eigentlich gewünschte. Und auch bei Tessa hatte der Milchkonsum wenig mit körperlichem Hunger zu tun. Die Folge: Die körperlichen Bedürfnisse werden so lange ignoriert, bis sie für das Kind nicht mehr spürbar sind. Die Herausforderung für Sie als Eltern besteht also darin, hinderliche Gewohnheiten aufzudecken, zu reflektieren und abzulegen.

Das betrifft übrigens auch Gewohnheiten, die Erwachsene über Jahre kultiviert haben, die aber an den Bedürfnissen von Kindern gänzlich vorbeigehen können. Ein Beispiel aus unserer Coaching-Praxis ist Luis. Er ist fünf Jahre alt und hochsensibel. Speziell auf intensive Gerüche reagiert er stark, so wird ihm beispielsweise übel, wenn er dem Duft von stark gewürzten Speisen ausgesetzt ist.

Die Eltern von Luis, besonders sein Vater, wurden so sozialisiert, dass sich die Familie gewohnheitsmäßig geschlossen am Esstisch versammelt und dass nach Möglichkeit alle das essen, was auf dem Tisch steht; darüber hinaus sollten alle Familienmitglieder so lange sitzen bleiben, bis alle ihre Mahlzeit beendet hatten. Luis fiel dies sehr schwer, daher gab es regelmäßig Tränen am Esstisch. Seine Mutter schilderte die Situation wie folgt:

Unsere Esssituation ist wahnsinnig unruhig, regelmäßig gibt es Tränen, ich weiß nicht mehr, was ich tun kann. Luis springt ständig vom Tisch auf, spielt unruhig mit seinem Spielzeug, verweigert das gemeinsame Essen mit uns am Tisch, um kurz nach dem Essen dann doch nach etwas zu verlangen. Kürzlich habe ich ihm ein Toastbrot während des Essens gemacht, das er dann auch nicht essen wollte. Die ganze Situation stresste mich so, dass ich daraufhin die Beherrschung verlor und ihn anschrie. Damit fühle ich mich natürlich schlecht. Ich benötige Rat und Unterstützung.

Wie konnte die Situation für alle Familienmitglieder verbessert werden? Zunächst einmal erforderte es von der Mutter viel Weitblick und eine gute Reflexionsfähigkeit, um zu realisieren, dass die Ursache für das unruhige Verhalten ihres Sohnes in seiner Hochsensibilität liegt. Um das herauszufinden, war wiederum ein Perspektivwechsel hilfreich, bei dem sie sich in ihr Kind hineinversetzte und zu ergründen versuchte, was in ihm vorgehen könnte.

Im zweiten Schritt erforderte es die Offenheit der Eltern, eigene Gewohnheiten zu hinterfragen und auch zu verändern. Nicht selten wird von den Kindern verlangt, dass sie sich an die Gegebenheiten anzupassen haben. Dadurch verringern sich oft bereits potenzielle Lösungsmöglichkeiten.

In diesem konkreten Fall entschied sich die Mutter, für Luis und sein Geschwisterkind zu einer früheren Uhrzeit ein einfaches Abendessen zuzubereiten: Sie achtet nun darauf, dass die Speisen keinen unangenehmen Geruch haben, bietet den Kindern Rohkost, Beeren und Brot mit verschiedenen Aufstrichen an. Die Kinder essen, noch bevor der Vater nach Hause kommt.

Die Eltern blieben bei ihrer Routine, abends gemeinsam eine warme Mahlzeit zu essen. Luis muss aber bei dieser Mahlzeit nicht mehr anwesend sein. Die Eltern verabschiedeten sich also von einer Gewohnheit – davon, dass es jeden Tag ein gemeinsames Familienabendessen geben *muss*. Alle fühlen sich erleichtert, dass die Situation sich deutlich verbessert hat: keine Tränen mehr, dafür viel Gelassenheit und Freude beim Essen.

Was können Sie konkret tun?

Wenn Sie anhand des Fragebogens festgestellt haben, dass Sie als Familie zu Gewohnheitsessen neigen, dann können diese Ideen Ihnen helfen, gegenzusteuern:

- Versuchen Sie, Ihre Gewohnheiten aufzudecken. Das bezieht sich nicht nur auf Ihr eigenes Essverhalten, sondern auch auf Ihr Verhalten gegenüber dem Kind: Haben Sie immer einen Snack griffbereit, den Sie Ihrem Kind auch dann anbieten, wenn Ihr Kind in sein Spiel vertieft ist und gar keinen Hunger signalisiert? Nutzen Sie Essen vielleicht auch mal, um bei Ihrem Kind die Langeweile zu vertreiben? Wenn Sie die Fragen bejahen, versuchen Sie, diese Gewohnheiten Schritt für Schritt abzulegen. Ihr Kind wird bei (körperlichem) Hunger auf sich aufmerksam machen. Darauf dürfen Sie vertrauen.

- Halten Sie sich an die zehn pragmatischen Tipps für eine unbeschwerte Zeit am Esstisch aus Teil 3.
- Lassen Sie Ihrem Kind die Freiheit, etwas übrig zu lassen. Satt ist satt, kein Kind sollte gezwungen werden, den Teller leer zu essen.
- Schimpfen Sie nicht mit Ihrem Kind, wenn es im Restaurant eine bestimmte Speise auswählt und dann nur wenig davon essen möchte. Natürlich verstehen wir, dass es Sie ärgert, wenn Sie Ihrem Kind beispielsweise einen Softdrink bestellen und an diesem dann nur genippt wird. Wir verstehen auch, wenn Sie Ihrem Kind vermitteln wollen, dass die Speise oder das Getränk Geld gekostet haben und Sie es als Verschwendung empfinden, wenn etwas übrig bleibt. Dennoch sind wir der Meinung, dass es hier wichtiger ist, die Sättigung Ihres Kindes zu respektieren und es nicht moralisch dazu zu verpflichten, das Getränk auszutrinken. Auch kann man sich Speisen in aller Regel einpacken lassen, sodass auch Ihr Wunsch, nichts zu verschwenden, erfüllt werden kann.
- Bieten Sie Ihrem Kind zwischen den Mahlzeiten nicht aktiv Essen an. Wenn Ihr Kind hungrig ist, wird es von sich aus auf Sie zukommen.

Smiley-Übung

Schauen Sie noch einmal in den Elternfragebogen, welche Fragen Sie in dieser Kategorie mit »Ja« beantwortet haben. Dies sind erste Ansatzpunkte, die Sie verändern könnten. Nehmen Sie sich aus den »Ja-Antworten« täglich etwas ganz Bestimmtes vor, beispielsweise: »Ich werde mein Kind heute beim Frühstück nicht dazu anhalten, mehr zu essen, damit es später ›genügend Kraft für die Schule hat‹. Ich werde sein Frühstück nicht kommentieren.« Vermerken Sie nun jeden Abend in einem kleinen Notizbuch, ob Sie Ihr persönliches Tagesziel erreicht haben oder nicht. Eine hilfreiche Methode besteht darin, diese Rückmeldung in Form eines Smileys zu notieren. Sie können drei Kategorien festlegen: lachend, neutral oder nach unten gezogene Mundwinkel.

Vermutlich werden Sie bereits tagsüber immer wieder daran denken, dass Sie abends gerne einen positiven Smiley in den Kalender eintragen möchten. Die abendliche Routine wird Ihr Verhalten also nach und nach positiv beeinflussen.[77]

Coaching-Tool: Reflexionsbogen

Zusätzlich zu der Smiley-Übung ist eine wöchentliche Reflexion sehr hilfreich, um Schritt für Schritt zu neuen Gewohnheiten zu finden. Ideal ist, wenn Sie sich einmal pro Woche an einem bestimmten Tag zu einer bestimmten Zeit zu folgenden Fragen kurze Notizen machen.

- Unser aktuelles Ziel lautet:
- Das ist uns in dieser Woche gut gelungen:
- Das war herausfordernd:
- Warum war es herausfordernd?
- Wie sind wir mit dieser Herausforderung umgegangen?
- War das die beste Entscheidung? Ja, weil .../Nein, weil ...
- Falls nein, welche Alternativen könnten wir uns vorstellen?
- Welche dieser Alternativen möchten wir bei einer ähnlichen Situation ausprobieren?

Das zugehörige Arbeitsblatt finden Sie unter www.koesel.de/deinkindisstbesser.

Was können Sie tun, wenn Gewohnheiten bereits verinnerlicht wurden?

Nun gibt es natürlich Gewohnheiten, die sich im Kind schon so fest verankert haben, dass das Aufbrechen der Gewohnheit für Sie als Eltern zu einer akuten Stresssituation führen kann. Ein Beispiel: Ein Mädchen, dessen Eltern getrennt leben, hatte sich daran gewöhnt, dass es konsequent nach jedem Einkauf, den es mit der Mutter erledigte, etwas Süßes vom Bäcker bekam – in diesem Fall natürlich unabhängig von körperlichem Hunger. Der Vater, der diese Gewohnheit nicht beibehalten wollte, sah hier nur zwei Möglichkeiten: sich dem lieb gewonnenen Ritual seiner Tochter zu beugen oder einen Tobsuchtsanfall des Mädchens auszuhalten, wenn er den Wunsch verweigerte.

Was steckt dahinter? Handelt es sich wirklich um eine Gewohnheit oder sogar um emotionales Essen? Vielleicht verbindet das Kind die Süßigkeit beim Bäcker auch mit Anerkennung und Wertschätzung – im Sinne von »Ich kaufe dir etwas Süßes, also habe ich dich lieb«? Wie kann der Vater seinem Kind nun auf andere Weise Liebe, Anerkennung und Freude geben? Ein Lösungsansatz wäre, dem Kind zu sagen: »Ich kann verstehen, dass du dich auf deine Süßigkeit gefreut hast und jetzt traurig und enttäuscht bist. Aber ich glaube, dass du gar keinen Hunger hast. Sollen wir uns etwas überlegen, was wir zusammen machen können?« Oder der Vater sagt: »Lass uns eine Runde kuscheln, ich hab dich ganz doll lieb.«

4. Reizüberflutung und Schlafmangel

Nicht nur im Hinblick auf unser Stresslevel und unser allgemeines Wohlbefinden wirkt sich Reizüberflutung negativ aus. Auch die Körperintelligenz kann durch zu viele Reize gestört werden. Dies kann in der ganz konkreten Esssituation der Fall sein, beispielsweise immer dann, wenn wir vor dem Fernseher Chips essen – und ohne dass wir es so richtig merken, ist plötzlich die Tüte leer. Oder Sie bearbeiten noch schnell ein paar Mails, während Sie sich gleichzeitig das Mittagessen in den Mund schieben.

Essen wir, ohne uns auf unsere Mahlzeit zu konzentrieren, fällt es uns deutlich schwerer, Hunger und Sättigung zu spüren. Auch eine tiefe innere Zufriedenheit darüber, etwas besonders Leckeres gegessen zu haben, zieht dann unbemerkt an uns vorbei. Zu wenig Achtsamkeit beim Essen führt häufig dazu, dass wir zu viel essen.

Es gibt aber noch eine weitere Ebene, nämlich die allgemeine Reizüberflutung. Viele Kinder leiden, obwohl sie noch klein sind, schon unter Stress. Die Schule ist fordernd, hinzu kommen Hobbys, Verabredungen, Hausaufgaben. Für das Essen bleibt dann nur zwischen Tür und Angel Zeit, oft wird auf dem Weg von A nach B ein kleiner Snack verzehrt.

Aber selbst dann, wenn die Familie gemeinsam isst, kann es sein, dass die Kinder keine *innere* Ruhe verspüren. Sie fühlen sich angespannt. Fehlt diese innere Ruhe, können wir die Signale unseres Körpers nicht mehr so klar wahrnehmen.

Unser großer Sohn, er ist acht Jahre alt, neigt bei Stress und Überforderung dazu, sich sehr impulsiv zu verhalten. Er wird laut, aggressiv, unruhig. Kurzum: Sein Verhalten macht ihm selbst und auch uns als Familie das Leben dann recht schwer. Die Stimmung ist gereizt, und ich habe oft den Impuls, ihn einfach anzuschreien. Sätze wie »Was erlaubst du dir eigentlich, dich so zu benehmen?«, »Dein Verhalten ist eine Zumutung für uns alle« oder »Mir reicht es jetzt, dein Essen ist beendet« schießen mir durch den Kopf. Aber natürlich äußere ich sie nicht.

Was konnten wir tun? Statt unseren Sohn bei Tisch zurechtzuweisen, etablierten wir eine Atemroutine, bei der wir alle vor dem Essen für 20 Sekunden mit geschlossenen Augen tiefe Atemzüge nahmen. Was mich zu Beginn regelrecht schockierte, war zu sehen, wie unglaublich schwer es ihm fiel, für wenige Sekunden ruhig zu sitzen. Selbst mit geschlossenen Augen hampelte er noch herum. Er war sichtlich in Not – in dieser Situation zeigte sich ganz deutlich, wie groß seine innere Anspannung war. Umso eindrücklicher fand ich es, wenn er es schaffte, sich auf die Atemübung einzulassen. Plötzlich entwich innerhalb weniger Sekunden die Anspannung aus seinem Körper. Mir und auch ihm ist klar geworden, wie wertvoll selbst kurze Ruhephasen sind.

Es ist aber nicht nur so, dass wir aufgrund der Reizüberflutung eine Tendenz entwickeln, zu viel zu essen. Das, was wir essen, setzt durch die Ausschüttung des Stresshormons Cortisol zusätzlich noch mehr an. Auch die Auswirkungen eines nicht erholsamen Schlafes sind nicht zu vernachlässigen. Verschiedene Studien deuten darauf hin, dass die Schlafdauer negativ korreliert mit der Häufigkeit von Übergewicht. Ergo: Kinder, die spät ins Bett kommen und früh aufstehen müssen, neigen eher zu Übergewicht als Gleichaltrige, die früh zu Bett gehen und morgens länger liegen bleiben dürfen.[78]

Was passiert mit dem Kind?

Nicht immer haben Kinder die Fähigkeit, äußere Reize einfach auszublenden und sich beim Essen nur auf sich zu konzentrieren. Christian fällt das zum Beispiel sehr schwer. Wir lernen ihn und seine Mutter bei einem Coaching kennen. Der neunjährige Christian ist ein sehr sensibler Junge, sein Körperbau ist von Natur aus eher kompakt. Seit einiger Zeit fühlt er sich selbst nicht mehr ganz wohl in seiner Haut, und auch seine Mutter glaubt, dass er etwas mehr wiegt als ihm guttut. Schon bevor Christians Mutter auf uns zukam, war sie fest davon überzeugt: Eine Diät oder eine ärztlich verordnete Ernährungsumstellung ist nicht der richtige Weg. Ihr war bewusst, dass sie die Ursache dafür finden musste, warum Christian mehr aß, als er eigentlich brauchte.

Im Coaching wurde Christians Mutter schnell klar, worin einer von mehreren Knackpunkten bestand: Christian fühlte sich während des Mittagessens in der Schule überfordert. Da sie berufstätig ist, aß ihr Sohn mehrmals wöchentlich mittags in der Schule. Ihr wurde bewusst, dass Christian ein großes Ruhebedürfnis hatte und dass er beim Mittagsessen in der Schulmensa vielen äußeren Reizen ausgesetzt war, die es ihm erschwerten, sich auf die Mahlzeit und seine Sättigung zu konzentrieren. Es war ihm – unter anderem aufgrund der Geräuschkulisse – nicht möglich, sich zu spüren und bei sich zu bleiben.

Daher meldete die Mutter ihren Sohn von dieser Art der Betreuung ab, um sicherzustellen, dass er in einer ruhigeren Atmosphäre essen konnte. Und sie wurde auch darüber hinaus kreativ: Vor jeder Mahlzeit hielt sich die Familie nun an den Händen; um Ruhe zu finden, atmeten dann alle mit geschlossenen Augen einige Male tief ein und aus.

Im Laufe der Zeit entwickelte die Mutter ein sehr gutes Gespür für das Befinden ihres Kindes. Sobald er nicht im Gleichgewicht war, sei es durch zu viele Reize oder andere Formen von Stress, erkannte die Mutter, dass sich dies auf sein Essverhalten auswirkte. Christian aß in solchen Situationen mehr, als ihm guttat. Doch die Mutter verurteilte ihn dafür nicht, sondern nutze diesen Indikator, um nachzujustieren, also Wege zu finden, um Christian mehr Ruhe zu ermöglichen – innerlich und äußerlich.

Der Weg, für den Christians Mutter sich entschieden hat, verdient viel Anerkennung und Respekt. Es geht ihr nicht um die schnelle Gewichtsabnahme, sondern darum, die Ursache für das Verhalten ihres Sohnes ausfindig zu machen und nachhaltige Lösungen zu finden. Es wäre ein naheliegendes – wenn auch unreflektiertes – Vorgehen gewesen, die Essgewohnheiten von Christian durch Regeln, Verbote und Bevormundung zu verändern; stattdessen hat sie sich für das Vertrauen in das eigene Kind entschieden.

Was ist die Herausforderung für Eltern?

Das Beispiel von Christian zeigt, dass die Herausforderung vor allem darin liegt, sich dem gesellschaftlichen Druck nicht zu beugen. Ihr Kind muss nicht allen Leistungsanforderungen perfekt entsprechen. Das trifft beispielsweise auch auf Kinder zu, die besonders langsam essen.

Unser Sohn Paul isst, wenn er nicht gerade einen Bärenhunger verspürt, sehr langsam und achtsam. Dies führt häufig dazu, dass er im Kindergarten noch genüsslich seinen Nachtisch löffelt, während alle anderen Kinder längst schon wieder spielen. Er nimmt sich Zeit für seine Mahlzeiten. Aber das

Faszinierende ist, dass er eine beneidenswerte Gabe hat, die manche Erwachsene vielleicht als unhöflich beschreiben würden: Manchmal ist er so vertieft in seine Mahlzeit, dass er auch die Gespräche um sich herum ausblendet. Er antwortet nicht auf Fragen, manchmal schweift sein Blick ins Leere. Dass Paul ein langsamer Esser ist, sorgt nicht überall für Begeisterung. Im Kindergarten störe dies hin und wieder den Ablauf, kam mir zu Ohren. Unsere Haltung als Eltern: Ja, Paul isst sehr langsam. Aber wir sehen dies keineswegs als Schwäche an, sondern als Stärke. Und wir bestärken ihn darin, sein Esstempo beizubehalten. Auch wenn ich zugeben muss, dass es manchmal wirklich anstrengend ist, 45 Minuten mit einem Brot und einem Joghurt zu verbringen. Ich freue mich, dass mein Sohn die Fähigkeit hat, äußere Reize auszublenden.

Der Schuh drückt also nicht in allen Familien an der gleichen Stelle: Während Christian eine extreme Reizüberflutung völlig aus dem Gleichgewicht bringt, schafft Paul es scheinbar mühelos, Reize auszublenden. Deshalb ist es so wichtig, dass Sie sich nicht von allgemeinen Empfehlungen und Ratschlägen leiten lassen, sondern Ihre Kinder so einzigartig und individuell wahrnehmen, wie sie sind.

Was können Sie konkret tun?

Haben Sie das Gefühl, dass Ihr Kind von zu vielen Reizen und Stress betroffen ist, und deutet auch das Ergebnis des Fragebogens in diese Richtung, versuchen Sie, für Ihr Kind ein Umfeld zu schaffen, in dem es zur Ruhe kommen kann. Das individuelle Ruhebedürfnis jedes Kindes ist unterschiedlich, daher gilt es hier sensibel zu sein und mit

Fingerspitzengefühl vorzugehen. Vor allem aber ist es wichtig, dass Sie die Stimmung Ihres Kindes und sein Verhalten genau einfangen. Nachfolgende Übungen können Sie dabei unterstützen.

Coaching-Tool: Wochenplan-Übung

Wenn Sie Ihr Kind von zu vielen äußeren Reizen befreien möchten, gehen Sie bitte eine übliche Woche Ihres Kindes durch, also mit Schule, Betreuung und Hobbys, und überlegen Sie, ob diese so stimmig ist.

Schritt 1: Notieren Sie zunächst auf einem Blatt Papier oder mithilfe unseres Arbeitsblattes, wie die Woche Ihres Kindes aktuell aussieht. Sie können farblich zwischen folgenden Kategorien unterscheiden:

- Schule, Hort oder Kita
- Hobbys
- mit Freunden oder Geschwistern spielen
- Hausaufgaben
- Zeit mit Mama und Papa alleine
- Mediennutzung
- Schlaf
- Bewegung
- Zeit alleine zur freien Gestaltung oder Ruhephasen
- Morgenritual/Abendritual
- Essen

Schritt 2: Überlegen Sie nun, wo Veränderungen für Ihr Kind hilfreich sein könnten. Was können Sie tun, damit Ihr Kind mehr Ruhe findet und zu mehr Ausgeglichenheit gelangt?

Bedenken Sie dabei, dass Routinen Kindern Sicherheit geben. Ist es beispielsweise möglich, zu bestimmten Zeiten feste Ruhephasen einzuführen? Auch wiederkehrende Abendrituale helfen, die Hektik des Alltags zu verarbeiten, um erholsamen Schlaf zu finden. Und der ist für ein gutes Körpergefühl essenziell.

Reflektieren Sie daher auch, wie Ihr Abendritual aussieht. Ermöglicht es Ihrem Kind, zur Ruhe zu kommen oder wird beispielsweise noch spät am Abend ferngesehen? Wünscht sich Ihr Kind mehr Kuscheleinheiten oder Zeit nur mit Ihnen alleine?

Besonders wichtig ist natürlich, dass speziell die Mahlzeiten bewusst und in Ruhe verbracht werden. Vielleicht fällt Ihnen während der Übung auf, dass es beim Frühstück immer etwas hektisch zugeht? Dann könnten Sie beispielsweise versuchen, etwas früher aufzustehen oder den Frühstückstisch schon am Vorabend zu decken.

Hierzu noch ein Tipp: Gehen Sie einmal gedanklich den gesamten Tagesablauf Ihres Kindes *aus dessen Perspektive* durch. Versuchen Sie, die Welt durch die Brille Ihres Kindes zu betrachten. Wie fühlt es sich beim Aufwachen? Startet der Tag stressig oder entspannt? Wie ist der weitere Tagesverlauf? Dieser Perspektivwechsel kann Ihnen weitere Ansatzpunkte liefern, um die äußeren Reize, denen Ihr Kind tagtäglich ausgesetzt ist, auf einem angenehmen Level zu halten.

Schritt 3: Entwickeln Sie einen neuen Wochenplan. Natürlich können Sie im Nachhinein immer noch nachjustieren, wenn Sie feststellen, dass die Veränderungen in der praktischen Umsetzung doch nicht so gut in Ihren Familienalltag passen wie auf dem Papier.

Je nach Alter können Sie die Wochenplan-Übung auch mit Ihrem Kind zusammen durchführen. Vielleicht fühlt sich Ihr Kind manchmal auch selbst von dem Smartphone und der ständigen Erreichbarkeit gestresst und benötigt an dieser Stelle Ihre Hilfe. Seien Sie kreativ und suchen Sie gemeinsam nach Inseln, die etwas mehr Ruhe bereithalten.

Das zugehörige Arbeitsblatt finden Sie unter www.koesel.de/deinkindisstbesser.

Entspannungs- und Achtsamkeitsübungen

Wenn Sie Ihr Kind unterstützen möchten, äußeren Reizen mit innerer Ruhe zu begegnen, können ihm gezielte Atemübungen dabei helfen, sich wieder zu erden. Hier stellen wir Ihnen eine Übung des Gesundheitswissenschaftlers Thomas Frankenbach vor.[79]

Diese Übung ist ab einem Alter von etwa neun Jahren zu empfehlen. Manche Kinder haben auch schon früher Freude an dieser Art von Entspannung. Begeben Sie sich mit Ihrem Kind an einen ruhigen, bequemen Platz. Ihr Kind kann sich vielleicht auf sein Bett oder auf das Sofa legen. Lesen Sie ihm nun langsam und mit ruhiger Stimme den folgenden Text vor:

Mache es dir bequem. Lege dich hin und strecke dich gerade aus, sodass es für dich bequem ist.
Wenn du magst, schließe deine Augen. Atme tief ein und aus.
Kannst du spüren, wie der Untergrund dich trägt? Wie deine Fersen den Boden berühren? Wie deine Waden auf dem Boden aufliegen? Wie deine Oberschenkel den Boden berühren?
Kannst du spüren, wie dein Po auf dem Untergrund aufliegt? Wie

deine Wirbelsäule auf dem Boden aufliegt? Spürst du, wie deine Schulterblätter den Boden berühren? Wie dein Kopf auf dem Boden aufliegt?
Du bist ganz bei dir, nichts kann dich stören, alles hat Zeit.
Gedanken kommen und ziehen vorbei wie Wolken am Himmel, du bist ganz ruhig und entspannt.
Versuche, etwa ein bis zwei Minuten in dieser Ruhe zu bleiben …
Mache dich nun langsam bereit, in den Raum zurückzukommen.
Bereite dich vor, mit den nächsten Atemzügen deine Augen zu öffnen, wenn sie geschlossen waren, recke und strecke dich, wie es dir guttut.
Balle die Fäuste.
Du bist wieder hier, erfrischt und wach.

Vier Tipps, die zusätzlich helfen können

1. **Ändern auch Sie Ihre Gewohnheiten!** Legen Sie beim Essen Ihr Smartphone weg und richten Sie Ihre Aufmerksamkeit auf die Mahlzeit. Nutzen Sie die Pause, um durchzuatmen und machen Sie die Zeit am Familien-Esstisch zu einem Genussmoment. Ja, wir wissen, dass das gemeinsame Essen mit Kindern nicht immer harmonisch, ruhig und genussvoll verläuft. Das sollte Sie aber nicht davon abhalten, es zu versuchen. Sie können Ihr Bedürfnis nach Ruhe am Esstisch auch Ihrem Kind gegenüber äußern. Auch Ihre Bedürfnisse sind legitim und wichtig.

2. **Vermeiden Sie das Essen nebenbei.** Ihr Kind sollte so selten wie möglich essen, wenn es abgelenkt ist. Das ist sehr wichtig, um mit den Bedürfnissen des Körpers in Kontakt stehen zu können. Essen ist eine Tätigkeit für sich und nichts, das wir nebenbei erledigen

sollten. Wenn Ihr Kind von Anfang an lernt, beim Essen nicht abgelenkt zu sein, wird es ihm deutlich leichter fallen, langfristig den Sättigungspunkt wahrzunehmen.

3. Sprechen Sie miteinander. Sie müssen nicht immer jede Situation, Gefühls- und Stimmungslage Ihres Kindes perfekt analysieren können. Wenn Sie aber das Gefühl haben, Ihrem Kind wird manchmal alles zu viel, dann sprechen Sie es in einem ruhigen Moment (aber bitte nicht während der Essenszeit) darauf an: War der Tag für dich heute ein bisschen zu voll? War die Zeit im Kindergarten heute anstrengend? Nutzen Sie die Gesprächssituation, um gemeinsam mit Ihrem Kind nach Lösungen zu suchen: Was können wir anders oder besser machen? Bei Kindern, die noch zu klein sind, um sich verbal verständlich zu machen, können Sie auf nonverbale Signale achten und den »Wochenplan« entsprechend anpassen.

4. Sorgen Sie für einen gesunden Schlaf. Kinder profitieren von einem konstanten Schlaf-Wach-Rhythmus und einem festen Abendritual. Wenn Ihr Kind abends nicht zur Ruhe kommt, können Sie ihm anbieten, die Dinge, die es bewegen, aufzuschreiben. Ist Ihr Kind noch klein und wirkt es auf Sie bedrückt, können Sie es fragen, ob es etwas gibt, das es Ihnen sagen möchte. Vielleicht hat es das Bedürfnis, sein Herz auszuschütten. Natürlich kann es auch sein, dass Ihr Kind einfach noch nicht müde ist. Dann hilft es, vielleicht noch etwas (Ruhiges) zu spielen und sich erst dann hinzulegen, wenn Müdigkeit spürbar ist. Vielleicht braucht Ihr Kind tagsüber mehr körperliche Aktivität. Und zu guter Letzt: Das Bett sollte ein Ort zum Schlafen sein – nicht zum Fernsehen, Spielen, Essen oder Trinken. Denn es hilft beim Einschlafen, wenn der Anblick des Bettes in unserem Hirn bereits Schlaf signalisiert.[80]

5. Inadäquate Bewegung

Kinder haben glücklicherweise einen natürlichen Bewegungsdrang. Dass Bewegung viele positive Auswirkungen auf den Körper hat, ist unumstritten. Wenn wir uns sportlich betätigen, bauen wir nicht nur Stress und Aggressionen ab, gleichzeitig fördern wir auch Selbstbewusstsein und Eigenwahrnehmung. Unsere somatische Intelligenz ist eine Leistung des vegetativen Nervensystems. Wenn wir Sport treiben, läuft dieser Teil unseres Nervensystems auf Hochtouren. Bewegung führt also dazu, dass die Impulse der somatischen Intelligenz für uns besser spürbar werden. Ein wunderbar positiver Effekt![81]

Unser Körper braucht also Bewegung, denn sie unterstützt unser natürliches Körpergefühl. »So ist es nur stimmig, wenn Sportler berichten, dass sie durch langjähriges Training nicht nur ihre Leistung, sondern zugleich ihre Fähigkeit zur Selbstwahrnehmung deutlich verbessern konnten. […] Sportler […] berichten, dass sie mit zunehmendem Trainingsstand immer genauer spüren können, welche Nahrung in welcher Menge für sie im Moment geeignet ist.«[82]

Der Umkehrschluss bedeutet: Haben Kinder zu wenig Bewegung, kann sich dies negativ auf die Körperwahrnehmung auswirken.

Was passiert mit dem Kind?

Wir möchten die Auswirkungen von Bewegungsmangel zunächst anhand eines fiktiven Beispiels verdeutlichen:

Emil wird täglich mit dem Auto zur Schule gebracht und auch wieder abgeholt. Am liebsten bleibt er den ganzen Tag zu Hause. Er hat das Gefühl, dass er sowieso nicht mithalten kann, wenn andere Kinder ihn zum Kicken einladen. Irgendwie hat er den Anschluss verpasst. Auch im Sportunterricht stellt er fest, dass er sich eher ungelenk bewegt. Daher sind seine Noten in diesem Fach schlecht. Vor Wandertagen graut ihm, da er längere Märsche als sehr anstrengend empfindet. Da er in den letzten beiden Jahren auch etwas zugelegt hat, wird er nun immer häufiger von seinen Eltern aufgefordert, sich mehr zu bewegen, damit er nicht noch weiter zunimmt.

Bevor wir genauer darauf eingehen, was Emil in seiner Situation helfen könnte, möchten wir Ihnen einen gegenteiligen Fall vorstellen: die Geschichte von Bastian. Er ist neun Jahre alt, als seine Eltern sich an uns wenden und um ein Coaching bitten. Bastian ist ein ruhiger, ausgeglichener Junge, der sich durchaus gerne bewegt, der es aber auch genießt, auf dem Sofa zu sitzen und sich zu entspannen.

Seine Mutter schilderte bei unserem ersten Gespräch, dass ihr Sohn seit seiner Geburt einen hohen Nahrungsbedarf hat. Er trank schon als Baby auffällig viel Muttermilch, und im Laufe seiner Entwicklung zeigte sich, dass er – anders als seine vergleichsweise zierliche Schwester – einen eher kräftigen Körperbau hat.

Nun nahmen Bastians Eltern an (wie wahrscheinlich die meisten Eltern), dass man durch Sport abnimmt – und durch mehr Sport noch mehr abnimmt. Dies ist so aber nicht richtig. Unser Körper strebt seinen natürlichen Setpoint, also das Gewicht, das optimal zur individuellen Körperform passt, an. Unabhängig davon, wie viel Sport wir treiben.

Selbstverständlich lässt sich durch Krafttraining Muskulatur aufbauen, der Körper lässt sich modellieren. Und auch das ist richtig: Durch Ausdauertraining und eine strikte Lebens- und Ernährungsweise lässt sich ein dünner Körper formen. Aber die natürliche Körperform lässt sich in den meisten Fällen langfristig nicht verändern. Es sei denn, Sie gehen es mit eiserner Disziplin an, was in der Regel nicht gesundheitsförderlich ist. Ein endomorpher Körper wird sich also durch Sport nicht in einen ektomorphen Körper verwandeln – so sehr sich Eltern das vielleicht auch für ihr Kind wünschen.[83]

Dürfte Bastian seiner Körperintelligenz vertrauen, würde er sicher eine gute Balance aus Bewegung und Erholung für sich finden. Nun waren Bastians Eltern aber in großer Sorge, er könne zu dick werden. Daher überredeten sie ihn neben seinem Fußballtraining zu weiteren sportlichen Aktivitäten, etwa Lauftraining. Hierdurch landete er in einem Teufelskreis. Wie bereits erwähnt, hat Bastian von Geburt an einen hohen Nahrungsbedarf. Durch die enorme körperliche Aktivität, die ihn zusätzliche Kalorien verbrennen lässt, stieg der – ohnehin schon hohe – tägliche Bedarf weiter an. Die Folge: Bastian entwickelte einen noch größeren Hunger und aß verständlicherweise mehr als ohne straffes Sportprogramm. Für sein Essverhalten wurde er dann aber speziell von seinem Vater kritisiert. Dieser erwartete von ihm, kleinere Portionen zu essen, um die – vom Vater ersehnte – Gewichtsreduktion zu erreichen. Infolgedessen hielt Bastians Vater seinen Sohn dazu an, noch mehr Sport zu treiben, um das vermehrte Essen wieder abzutrainieren. Angesichts dieser Situation wird nachvollziehbar, dass Bastian völlig überfordert war und dadurch seine natürliche Balance verlor.

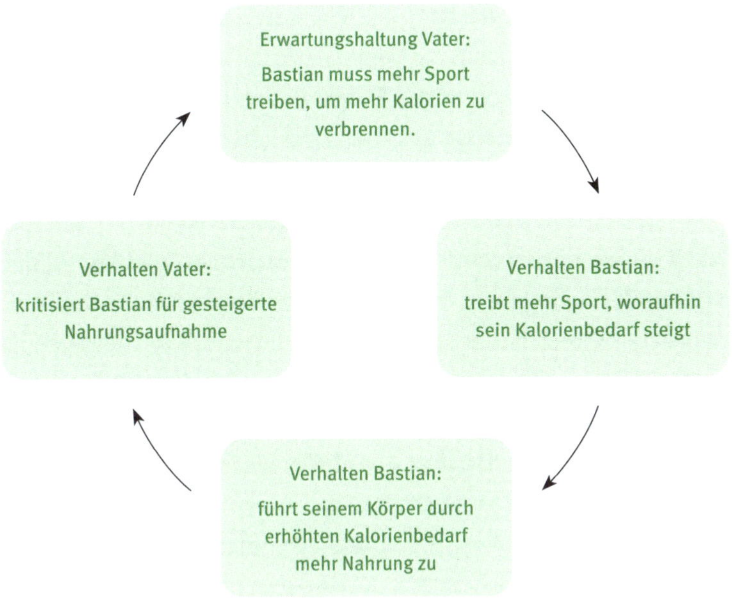

Was ist die Herausforderung für Eltern?

Jedes Kind verfügt über ein anderes Energielevel: Manche Kinder toben den ganzen Tag herum, und selbst am Esstisch fällt es ihnen schwer, stillzusitzen. Andere Kinder können sich über längere Zeit in ruhige Spiele vertiefen und sich geduldig mit sitzenden Tätigkeiten beschäftigen. Wichtig ist, dass jedes Kind seinem Energieniveau entsprechend agieren darf. Kindern, die sehr energiegeladen sind, fällt die Decke auf den Kopf, wenn sie sich nicht bewegen dürfen; mitunter werden sie schließlich aggressiv. Andere Kinder benötigen häufiger eine Pause vom Toben.

Versuchen Sie, das individuelle Energielevel Ihres Kindes herauszufinden und zu akzeptieren, um es dann Ihrem Kind zu ermöglichen, selbst zu erforschen, wie viel Bewegung ihm guttut. Mit Ihrer Hilfe kann Ihr Kind die Verantwortung für sich übernehmen und spüren, wann Sport seinen Körper unterstützt und wann er ihm schadet. Entscheidend ist, dass Ihr Kind sein individuelles Gleichgewicht findet.

Bewegung unterstützt das natürliche Körpergefühl. Umgekehrt leidet unsere Körperwahrnehmung, wenn dem Körper das richtige Maß an Bewegung fehlt. Erinnern Sie sich daran, wie Ihr Kind laufen lernte? Ohne diesen unbedingten Willen, sich fortbewegen zu wollen, hätte es das niemals geschafft! Babys haben im Vergleich zum restlichen Körper einen riesigen Kopf. Laufen zu lernen ist eine große Herausforderung, die die Kinder nur meistern können, weil sie es mit voller Motivation erlernen *wollen*. Das bedeutet: Wir müssen Kinder nicht zu Bewegung ermuntern. Aber wir sollten auch nicht Umstände kreieren, die sie daran hindern – wie in Emils Fall, der täglich mit dem Auto zur Schule gefahren wird.

Was können Sie konkret tun?

Es ist völlig in Ordnung, wenn Ihr Kind einfach ein aktives Leben hat, ohne gezielte Sportprogramme zu absolvieren. Ein bewegungsreicher Lebensstil führt neben weiteren positiven gesundheitlichen Aspekten auch zu Ausgeglichenheit und einem erholsamen Schlaf. Und dieser scheint sich positiv auf ein gesundes Körpergewicht auszuwirken.

Sollte es Ihnen ähnlich gehen wie Bastians Eltern, ist weniger mehr: Unterstützen Sie Ihr Kind bei den Aktivitäten, die es gerne ausüben möchte, und bieten Sie ihm ein aktives Leben an. Aber überlassen Sie es Ihrem Kind, eigenverantwortlich zu entscheiden, wie viel Sport ihm guttut. Auch hier können Sie den im Kapitel zur Reizüberflutung vorgestellten Wochenplan zur Hand nehmen. Je nach Alter Ihres Kindes können Sie gemeinsam die Aktivitäten durchgehen und besprechen, was sich für Ihr Kind gut und stimmig anfühlt. Möchte es ein zusätzliches sportliches Hobby beginnen? Was würde ihm Spaß machen? Ist es besser, eine Aktivität zu streichen? Beobachten Sie Ihr Kind. Haben Sie den Eindruck, dass es im Hinblick auf sportliche Aktivitäten unter- oder überfordert ist?

Ganz wichtig ist: Verknüpfen Sie auf keinen Fall Bewegung und Abnehmen miteinander, denn das erzeugt Zwang und Druck. Die Aussage »Du musst dich bewegen, wenn du abnehmen möchtest« ist ein völlig kontraproduktiver Satz, der eher eine Abwehrreaktion auslösen wird. Aus diesem Grund sind auch gezielte Abspeck-Sportprogramme für Kinder oft bereits negativ belastet, noch bevor sie tatsächlich begonnen werden.

Coaching-Tool: Die Familienrat-Übung

Wenn Sie den Eindruck haben, dass es Ihrem Familienleben an Aktivität mangelt, kann Ihnen diese Übung helfen.

Schritt 1: Setzen Sie sich als Familie an einen Tisch und überlegen Sie gemeinsam, welche Änderungen Sie einführen könnten, um den Familienalltag etwas aktiver zu gestalten.

Schritt 2: Arbeiten Sie dabei am besten mit Moderationskarten (oder einfach mit Papierkärtchen) und sammeln Sie zunächst völlig frei alle Ideen, die Ihnen und Ihrer Familie einfallen. Es ist ganz wichtig, nichts zu kommentieren, sondern in diesem ersten Schritt alle noch so abwegigen Ideen gelten zu lassen und zu notieren. Im zweiten Schritt können Sie sich nun alle Vorschläge einmal genauer ansehen und weitere Ideen generieren, die Ihnen tatsächlich praktikabel und realistisch erscheinen.

Schritt 3: Nun haben Sie eine Auswahl von Ideen, die sich auch umsetzen lassen. Wählen Sie jene Ideen aus, die Sie tatsächlich ausprobieren möchten. Vielleicht ist es hilfreich, wenn Sie mit einem Punktesystem arbeiten; beispielsweise darf jedes Familienmitglied drei Punkte vergeben. Diese können entweder alle auf eine Idee entfallen oder aber auf mehrere Vorschläge aufgeteilt werden. Wenn Sie die Punkte zusammenzählen, erhalten Sie eine Reihenfolge.

Schritt 4: Wichtig ist, sich als Familie nicht zu viel auf einmal vorzunehmen. Sie können mit der besten Idee starten und dann Schritt für Schritt weitere Anregungen in Ihren Alltag integrieren. Achten Sie darauf, dass die Ideen so konkret wie möglich formuliert sind, damit Sie nachprüfen können, ob Sie sie tatsächlich auch wie geplant umsetzen können. Sollte sich ein Vorschlag als Flop erweisen, können Sie einfach etwas anderes ausprobieren. Auch hier gilt: Der Weg ist das Ziel! Und das Wichtigste ist, dass in Ihrer Familie Bewegung mit Freude und nicht mit Zwang verknüpft ist.

Das zugehörige Arbeitsblatt finden Sie unter www.koesel.de/deinkindisstbesser.

Auch das Alternativrad, das wir im Kapitel zur einseitigen Ernährungsweise vorgestellt haben, kann an dieser Stelle hilfreich sein.

Tipps für das Brainstorming, die zusätzlich helfen können

- Überlegen Sie, ob Sie bestimmte Alltagsroutinen verändern können. Kann Ihr Kind vielleicht den Schulweg zu Fuß oder mit dem Fahrrad zurücklegen?
- Versuchen Sie, eigene Routinen aufzubrechen. Wenn Sie sich vornehmen, beispielsweise zwei Nachmittage nach der Schule oder dem Kindergarten auf dem Spielplatz zu verbringen, wäre das eine schöne, neue Routine. Statt eines Kinobesuchs kann am Wochenende auch ein Waldspaziergang auf dem Programm stehen. Oder Sie gehen ins Schwimmbad oder planen einen Fahrradausflug. Vielleicht ist die Begeisterung nicht immer gleich bei allen groß, vielleicht müssen selbst Sie sich zu Beginn überwinden. Es ist durchaus möglich, dass Ihr Kind – und auch Sie – erst beim Tun Freude entwickeln, sodass Sie Ihr Kind ein wenig überreden müssen, um eine neue Aktivität einmal gemeinsam auszuprobieren. Wenn sie wirklich nicht gefällt, muss sie ja nicht wiederholt werden.
- Binden Sie, sofern möglich, Ihre Kinder auch bei kleineren Haushaltsarbeiten ein. Eine Flasche Wasser aus dem Keller zu holen oder den Tisch zu decken sind Aufgaben, die Kinder durchaus übernehmen können. Der positive Nebeneffekt: Sie sorgen für zusätzliche Bewegung.
- Probieren Sie mit Ihrem Kind Sportarten aus, die ihm Freude bereiten. Fragen Sie Ihr Kind, worauf es Lust hätte. Sie können auch in verschiedene Vereine hineinschnuppern und einfach schauen, wo der Funke überspringt.
- Es ist gar nicht so leicht, die eigene Komfortzone zu verlassen. Konkrete Ziele helfen Ihnen dabei, diesen wichtigen Schritt zu tun. Eine mögliche Challenge könnte beispielsweise sein, ab sofort jedes Wochenende eine gemeinsame Aktivität zu unternehmen.

6. Emotionales Essen

Stellen Sie sich vor, ein Kind ist traurig, weil etwas in seinem Leben schiefläuft. Vielleicht haben die Eltern häufig Streit, vielleicht fühlt es sich von seinen Schulkameraden ausgegrenzt. Als Lösung bieten Sie ihm nun an, abends nur noch eine Scheibe Brot zu essen. Wahrscheinlich sind wir uns einig, dass dieses Beispiel vollkommen absurd erscheint. Doch leider ist genau dieses Muster, hier natürlich ganz bewusst sehr verkürzt dargestellt, tief in unserer Gesellschaft verankert.

Sobald ein Kind Übergewicht entwickelt, wird von ärztlicher Seite häufig eine Ernährungsberatung empfohlen. Wie es zur Gewichtszunahme kam, wird leider selten im Detail hinterfragt. Wahrscheinlich, weil die Antwort darauf so naheliegend erscheint: Das Kind isst halt zu ungesund. Dabei spielen emotionale Gründe bei Übergewicht häufig eine entscheidende Rolle. Uns ist beispielsweise aufgefallen, dass übergewichtige Kinder, die im Rahmen von TV-Reportagen bei Abnehmprogrammen begleitet werden, auf die Frage nach den Gründen für ihr Gewichtsproblem häufig auf emotionale Gründe hinweisen. Ein Mädchen berichtete, dass sie aus Langeweile zum Essen greift. Ein anderer übergewichtiger Teenager beantwortete die Frage, warum er so viel zugenommen habe, mit: »Meine Eltern haben sich getrennt, ich war einfach unglaublich traurig und habe deshalb sehr viel gegessen.«

Zurück zum Brot-Beispiel: Häufig beginnt mit einer solchen

nicht bedürfnisorientierten Handlung ein destruktiver Teufelskreis: Die betroffenen Kinder müssen sich neben ihren seelischen Nöten zusätzlich noch mit der Tatsache auseinandersetzen, dass sie offenbar auch optisch nicht okay sind. Ein weiterer, emotional belastender Aspekt tritt in ihr Leben. Darüber hinaus entwickeln Kinder aufgrund der von ihnen erwarteten Impulskontrolle Verzichthunger, mit der Folge, dass sie sowohl körperlich als auch seelisch weiter die Balance verlieren.[84]

Was passiert mit dem Kind?

Essen wird häufig als Ventil für unerfüllte Bedürfnisse genutzt: Wir betäuben unsere negativen Gefühle, um uns besser zu fühlen. Dabei handeln wir aber nicht bedürfnisorientiert, denn Schokolade oder ein Eis werden unseren Wunsch nach Gemeinschaft, Aufmerksamkeit oder Beschäftigung nicht erfüllen. Ob wir allerdings zum emotionalen Essen neigen, hängt auch von der Erziehung ab. Das Muster, Essen als Mittel zur Gefühlsregulation einzusetzen, wird häufig in der Kindheit geprägt: Wie oft werden Kindern Süßigkeiten angeboten, um sie abzulenken oder zu trösten, wenn sie sich beispielsweise wehgetan haben?

Was ist die Herausforderung für Eltern?

Ein bedürfnisorientierter Umgang mit unangenehmen Gefühlen ist für Kinder (und auch Erwachsene) essenziell, um mit ihren Bedürfnissen in Kontakt zu stehen. Denn jeder, der ein Bewusstsein dafür entwickelt, was in ihm vorgeht, kann seine Gefühle einordnen und lernen, damit konstruktiv umzugehen, anstatt auf Ventile wie das Essen zurückzugreifen.

Stellen Sie sich doch mal vor, ein Kind hat ein erhöhtes Bedürfnis nach Harmonie. Leider streiten sich die Eltern häufig, sodass es im Elternhaus oft nicht sehr harmonisch zugeht. Das Kind ist deswegen traurig, es empfindet also ein unangenehmes Gefühl. Eine bedürfnisorientierte Verhaltensweise sähe so aus: Das Kind weint oft in Gegenwart der Eltern, und diese verstehen, dass es unter ihrem Streit leidet. Daher versuchen sie, eine bessere Atmosphäre zu Hause zu schaffen. Eine nicht bedürfnisorientierte Handlung wäre, wenn das Kind seine Traurigkeit mit Süßigkeiten bekämpft. Auch wenn Essen Seelennahrung ist: Schokolade wird die Traurigkeit des Kindes nicht vertreiben.

Bedürfnis
(erfüllt/nicht erfüllt)

↓

Gefühl
(angenehm/unangenehm)

↓

Verhalten
(bedürfnisorientiert/nicht bedürfnisorientiert)

Wir möchten keinesfalls den Eindruck vermitteln, dass unangenehme Gefühle nach Möglichkeit vermieden werden sollten. Im Gegenteil: Es ist absolut legitim, wenn wir Wut, Trauer und Angst empfinden.

Untersuchungen zeigen, dass wir wenig Kontrolle über unsere Emotionen haben. Sie passieren einfach.[85] Unsere Gefühle zeigen uns, ob unsere Bedürfnisse erfüllt sind oder nicht, sie sind also enorm wichtig für uns. Auch für Eltern ist es häufig herausfordernd, die unangenehmen Gefühle ihres Kindes auszuhalten. Daher ist es naheliegend, wenn Eltern versuchen, Gefühlsausbrüche von Kindern sofort im Keim zu ersticken. Meist steht dahinter der Glaubenssatz »Ich bin nur dann eine gute Mutter, wenn meine Kinder stets fröhlich und positiv gestimmt sind«. Eine solche Überzeugung führt aber nicht dazu, dass die Kinder dieser Eltern grundsätzlich keine unangenehmen Gefühle mehr empfinden. Sie lernen stattdessen vielmehr, zu funktionieren, ihr Verhalten anzupassen und ihre Gefühle zu unterdrücken. Sie nehmen ihre Bedürfnisse nicht mehr wahr.

Kinder, deren Bedürfnisse unzureichend erfüllt sind, werden ärgerlich, traurig oder ängstlich.[86] Es ist daher unsere Aufgabe als Eltern, unsere Kinder nicht mit ihren Gefühlen alleine zu lassen, sondern ihnen die Freiheit zu geben, diese zum Ausdruck zu bringen. Wenn sich unangenehme Gefühle nicht Bahn brechen dürfen, staut sich Druck auf. Früher oder später wird ein Ventil benötigt, und dies kann beispielsweise Essen sein – oder Alkohol, Drogen, exzessives Arbeiten.

Unsere Aufgabe ist es, Kinder Schritt für Schritt zu befähigen, auf ihre Gefühle bedürfnisorientiert zu reagieren. Denn wenn sie in der Lage sind, die eigenen Bedürfnisse zu erkennen, erhöht dies die kindliche Widerstandskraft. Sie werden resilient, also innerlich stark.[87] Die folgenden Beispiele helfen, die Mechanismen zu veranschaulichen:

Alex fühlt sich in der Schule von einem Freund, mit dem er sich gestritten hat, gemobbt und nicht anerkannt. Geknickt kommt er von der Schule nach Hause und greift zuallererst zur Schokolade.

Bedürfnisse, die bei Alex nicht erfüllt sind, sind *Anerkennung* oder auch *Gemeinschaft*. Dies löst in ihm das Gefühl von Traurigkeit aus. Das Verhalten, auf das er (unterbewusst) zurückgreift, besteht darin, seine Trauer mit Süßigkeiten zu bekämpfen oder zu kompensieren.

Nur leider ist das Verhalten nicht bedürfnisorientiert. Das zugrunde liegende Bedürfnis wird durch Alex' Verhalten nicht erfüllt, sodass er in einer Sackgasse landet. Es ist wahrscheinlich, dass Alex schon früher häufig mit Süßigkeiten belohnt oder getröstet wurde. Dieser erlernte Belohnungsmechanismus führt nun zu einem Verhalten, das in der aktuellen Situation weder zielführend noch hilfreich ist.

Marie hat ähnliche Probleme wie Alex. Sie hat sich mit ihrer Freundin gestritten, die ihr in den Rücken gefallen ist. So sieht es jedenfalls Marie. Aber anstatt Schokolade zu essen, sitzt sie gereizt gemeinsam mit ihren Eltern am Esstisch, stochert in ihrem Essen herum und antwortet auf Fragen der Eltern schnippisch. Ihre Eltern reagieren ebenfalls gereizt und drohen ihr mit dem Satz: »Wenn du dich jetzt nicht benimmst und ordentlich isst, ist das Essen für dich beendet.«

Betrachten wir Maries nicht erfülltes Bedürfnis und ihre daraus resultierenden Gefühle. Vermutlich ist ihr Bedürfnis nach *Gemeinschaft* und auch jenes nach *Respekt*, vielleicht auch nach *Harmonie*, nicht erfüllt. Sie ist wütend, was sich in ihrem gereizten Verhalten widerspiegelt. Die Reaktion der Eltern führt möglicherweise zu einer aus Elternsicht wünschenswerten Verhaltensänderung (»Das Kind sitzt vernünftig am Tisch und isst«). Dennoch sind Maries Bedürfnisse weiterhin nicht erfüllt und ihre unangenehmen Gefühle sind nach wie vor präsent.

Piet hat in der Schule eine schlechte Note bekommen. Er kommt frustriert nach Hause und schleudert seinen Rucksack in die Ecke.

Da er ein sehr offenes und vertrauensvolles Verhältnis zu seinen Eltern hat, wird Piet für sein Verhalten nicht ermahnt, sondern seine Eltern fragen ihn, was passiert sei. Piet redet sich seinen Frust über die aus seiner Sicht unfaire Bewertung von der Seele. Seine Eltern hören ihm aufmerksam zu. Danach fühlt er sich schon deutlich besser. Er beschließt, eine Runde Fußball zu spielen. Außerdem überlegt er, was er in Zukunft anders machen kann, um das nächste Mal besser auf eine Abfrage bei diesem Lehrer vorbereitet zu sein.

Was ist hier passiert? Piet hat gemeinsam mit seinen Eltern festgestellt, dass er sehr viel Wut im Bauch hat – auf den Lehrer und auf sich selbst. Er überlegt, was er tun könnte, um diese Wut loszuwerden, und gelangt zu der Erkenntnis, dass ihm Sport in einer solchen Situation hilft. Gleichzeitig wünscht er sich Anerkennung von seinem Lehrer, aber natürlich auch von seinen Eltern und von sich selbst. Daher macht er sich Gedanken, wie er selbst dafür sorgen kann, dass sein Bedürfnis in Zukunft erfüllt wird. Dass seine Eltern aufmerksam und achtsam mit ihm umgehen, hilft ihm dabei. Er erhält Bestätigung, kann eigenverantwortlich bedürfnisorientiert handeln und sucht sich keine Ventile – wie Süßigkeiten – um die nicht erfüllten Bedürfnisse zu betäuben, anstatt sie zu erfüllen.

Fazit: Je besser ein Kind sich selbst einschätzen und seine Gefühle und Bedürfnisse reflektieren kann, desto leichter fällt es ihm, die für sich besten Verhaltensweisen auszuwählen, um wieder in Balance zu gelangen – mit positiven Gefühlen und erfüllten Bedürfnissen. Sie als Eltern können und sollen Ihr Kind dabei unterstützen.

Was können Sie konkret tun?

Zunächst ist es hilfreich, wenn wir uns vor Augen führen, wie breit unser Gefühlsspektrum tatsächlich ist; ganz gleich, ob es sich um Gefühle positiver oder negativer Art handelt. So unterscheiden wir beispielsweise die folgenden angenehmen Gefühle:

glücklich
unbeschwert erfüllt aufgeregt ausgeglichen
erleichtert motiviert beeindruckt entspannt
überwältigt begeistert berührt froh zufrieden
überrascht ergriffen dankbar geborgen neugierig gespannt
tapfer hoffnungsvoll gelassen selbstsicher
stolz vertrauensvoll erfreut
fasziniert zuversichtlich

Unangenehme Gefühle sind beispielsweise:

unruhig erschöpft aggressiv ängstlich
unglücklich traurig enttäuscht ärgerlich bedrückt
erschrocken hilflos frustriert gereizt panisch beleidigt beschämt
niedergeschlagen gelangweilt hungrig deprimiert betroffen sauer
unsicher unzufrieden müde melancholisch eifersüchtig
verletzt schockiert misstrauisch irritiert einsam
verwirrt verlegen verzweifelt

Unsere Gefühle sind Ausdruck unserer Bedürfnisse. Diese können erfüllt oder nicht erfüllt sein.

Wir haben Ihnen eine noch umfangreichere Auflistung von angenehmen und unangenehmen Gefühlen im Kartenformat zusammengestellt, die für Sie unter www.koesel.de/deinkindisstbesser bereitsteht – die sogenannten Gefühle- und Bedürfnis-Karten. Sie können die Karten ausdrucken, ausschneiden und, wenn Sie mögen, für den häufigen Gebrauch auch laminieren.

Mithilfe der Karten wird es Ihnen und Ihrem Kind leichter fallen, Gefühle auszudrücken. Erst dann sind wir in der Lage, unsere Gefühle bedürfnisorientiert zu regulieren. Und das ist wichtig, um emotionalem Essen vorzubeugen. Auch Dr. Dagmar Pauli bestätigt: »Das Wichtigste ist, dass man lernt, Gefühle anders auszudrücken und zu regulieren. Ich darf meine Gefühle zeigen. Ich lerne, meine Probleme zu lösen. Was mache ich, wenn ich traurig bin? Ich esse dann keine Schokolade, sondern ich erzähle es jemandem, und gemeinsam finden wir eine Lösung. Es geht also darum, Gefühle gemeinsam mit dem Kind zu regulieren und dem Kind zu helfen, dass es mit der Zeit lernt, sich selbst zu regulieren. Das kommt dann, wenn die Kinder älter werden, im Jugendalter. Dem einen hilft es, Musik zu hören oder rauszugehen. Das ist ja ganz unterschiedlich, wie die Menschen reagieren. Aber wichtig ist, dass diese Regulation nicht über das Essen stattfindet.«[88]

Wir haben Ihnen einige Übungen zusammengestellt, die Sie mithilfe der Gefühle- und Bedürfnis-Karten durchführen können. Probieren Sie es aus!

Übung: Gefühle-Karten

Mischen Sie die Begriffe und legen Sie die Karten auf einen Stapel verdeckt vor Ihrem Kind ab. Nun deckt Ihr Kind die erste Karte auf und erzählt Ihnen, in welcher Situation es sich einmal so gefühlt hat. Vielleicht fällt es Ihrem Kind auch leichter, zuerst einmal zu schildern, wann es den Eindruck hatte, dass sich andere Menschen in seinem Umfeld so gefühlt haben. Manchmal ist es einfacher, über andere zu sprechen, anstatt etwas über sich selbst preiszugeben. Sie werden vielleicht überrascht sein über die Antworten Ihres Kindes!

Wenn Ihr Kind das Wort nicht kennt oder nicht einordnen kann, erklären Sie ihm, was es mit dem Wort auf sich hat. Auf diese Weise wird Ihr Kind schnell seinen Wortschatz erweitern, und gleichzeitig entwickelt es eine Sensibilität dafür, welche Situationen welche Gefühle auslösen können.

Übung: Bedürfnis-Karten

Mischen Sie die Bedürfnis-Karten und legen Sie diese auf einem Stapel verdeckt vor Ihrem Kind ab. Nun deckt Ihr Kind die erste Bedürfniskarte auf. Fragen Sie Ihr Kind, wann es dieses Bedürfnis schon einmal wahrgenommen hat. Diese Aufgabe wird für Ihr Kind vielleicht nicht ganz einfach sein, aber die Fähigkeit, Bedürfnisse artikulieren zu können, wird sein Leben positiv prägen.

Wenn Ihr Kind beispielsweise den Begriff *Harmonie* aufdeckt, wird es Ihnen gegenüber vielleicht preisgeben, dass es sich nach Harmonie gesehnt hat, als Sie sich mit Ihrem Partner gestritten haben.

Wenn Ihr Kind verinnerlicht, dass es sich Harmonie wünscht und dass es ihm besser geht, wenn dieses Bedürfnis erfüllt ist, kann es sein Verhalten darauf auslegen. Vielleicht kommt Ihr Kind beim nächsten Streit auf Sie zu und bittet Sie, sich wieder zu vertragen. Oder es sucht das Gespräch mit Ihnen und fragt, ob wieder alles in Ordnung ist. Möglicherweise zeigt es Ihnen seine Traurigkeit durch Weinen. Hier ist dann natürlich Ihre Reaktion als Eltern entscheidend: Nehmen Sie Ihr Kind mit seinem Bedürfnis und mit seiner Reaktion ernst! Wenn Sie als Eltern es schaffen, in einer solchen Situation mit Ihrem Kind bedürfnisorientiert umzugehen, sinkt in jedem Fall die Wahrscheinlichkeit, dass Ihr Kind bei einem Streit zu Süßigkeiten greifen wird.

Dennoch ist dies natürlich nicht völlig ausgeschlossen. Und deshalb: Bleiben Sie achtsam. Wenn ein Kind aus für Sie zunächst unerklärlichen Gründen vermehrt zu Schokolade greift und die Menge das sonst übliche Maß deutlich übersteigt, sind Verbote oder Einschrankungen kein hilfreiches Mittel. Denn oft ist hier auf seelischer Ebene etwas aus dem Gleichgewicht geraten. Ihre Aufgabe ist es, Ihr Kind liebevoll zu begleiten, Empathie zu zeigen und herauszufinden, wo der Schuh drückt. Unsere Erfahrung sagt: Die Herausforderung liegt nicht etwa darin, dass Zucker süchtig macht – auch, wenn uns das medial immer wieder vermittelt wird. Das Problem ist sehr viel komplexer, und meistens liegt es auf emotionaler Ebene.

Kurze Zeit nachdem wir begonnen hatten, das Essen nicht mehr zu bewerten und zu reglementieren, gab es eine Phase, in der ich den Eindruck hatte, dass der sechsjährige Vincent verstärkt Süßigkeiten aß. Ich spürte, dass er insgesamt eher unausgeglichen war. Einmal griff er provokant nach einem Schokoriegel, während ich telefonierte statt ihm meine ungeteilte Aufmerksamkeit zu schenken. Ich beendete das Telefonat und forderte den Schokoriegel zurück. Ich fragte ihn, warum er zu den Süßigkeiten gegriffen hatte. Daraufhin schrie er mich an: »Du hörst mir überhaupt nicht zu!« Er zeigte mir also, dass er sich vernachlässigt fühlte.

Ich überlegte, was ich besser machen konnte und setzte an verschiedenen Punkten an. Ich verlängerte das Einschlafritual: Anstatt mich nach dem Einschlaf-Lied von Vincent zu verabschieden, blieb ich bei ihm, bis er sagte: »Du kannst jetzt gehen, Mami.« Oder ich blieb, bis er eingeschlafen war.

Darüber hinaus sprach ich mit ihm über seine Gefühle und Bedürfnisse. Dabei machte ich erstaunliche Erfahrungen. Auf die Frage, wovor er Angst hätte, sagte er beispielsweise: »Wenn ich alleine im Auto warten soll, habe ich Angst, dass der Schlüssel abbricht und ich dann eingesperrt bin.« Ich hatte ihn manchmal für kurze Zeit im Auto gelassen, beispielsweise wenn ich einen Brief in den Briefkasten warf, und dabei völlig unterschätzt, dass er sich fürchtete.

Zwei weitere Punkte, die wir umsetzten: Wir sammelten seine Stärken auf Moderationskarten und hefteten sie an sein Bett. Und ich versuchte viel mit ihm zu sprechen und ihm seine Gefühle und Bedürfnisse zu spiegeln.

Das Ergebnis: Der Süßigkeitenkonsum pendelte sich wieder ein, und ich hatte das Gefühl, dass er ausgeglichener war. Im Nachhinein wurde mir eines klar: Hätte ich eine restriktive Haltung zum Thema Süßigkeiten gehabt, wäre mir wahrscheinlich gar nicht so schnell aufgefallen, dass er unausgeglichen ist. Hätte ich einfach die Süßigkeiten wieder verboten, hätte er sich wahrscheinlich ein anderes Ventil gesucht. Wir hätten nur Symptome behandelt und wären nicht der Ursache auf den Grund gegangen.

Übung: Pantomime

Mischen Sie die Gefühle-Karten und lassen Sie Ihr Kind eine Karte ziehen. Bitten Sie nun Ihr Kind, dieses Gefühl zu spielen. Natürlich können auch Sie mitmachen und ein Gefühl spielerisch darstellen. Diese Übung wird Ihrem Kind wahrscheinlich viel Spaß bereiten. Es lernt nicht nur, seine eigenen Gefühle wahrzunehmen, sondern auch, die Gefühle anderer zu verstehen.

Gefühle und Bedürfnisse im Alltag thematisieren

Versuchen Sie, das Thema auch im Alltag immer wieder anzusprechen. Sprechen Sie über Ihre Gefühle und zeigen Sie Ihrem Kind auf, wie Sie seine Gefühlswelt in verschiedenen Situationen wahrnehmen. Erklären Sie Ihrem Kind, wie es das Gefühl benennen kann, das es gerade spürt.

Hier ist es wichtig, dass Sie empathisch Hypothesen bilden, etwa durch Formulierungen wie: »Kann es sein, dass du wütend bist?« oder »Ich kann mir vorstellen, dass du enttäuscht bist.«

Gefühle und Bedürfnisse sind immer legitim. Sie sind einfach da und lassen sich nicht abstellen. Aber: Mit welchem Verhalten Ihr Kind seine Gefühle reguliert, ist lern- und veränderbar. Unterstützen Sie Ihr Kind darin, bedürfnisorientierte Verhaltensweisen zu lernen, die sozial kompatibel sind.[89]

Eigene Gefühle und Bedürfnisse reflektieren

Wie den meisten Erwachsenen fällt es wahrscheinlich auch Ihnen oft nicht leicht, Ihre eigenen Gefühle und Bedürfnisse zu benennen. Denn auch wir Eltern wurden meistens nicht bedürfnisorientiert sozialisiert, weil sich diese Sichtweise auf das Thema Erziehung in unserer Kultur erst in jüngster Zeit ausgebildet hat. Wir möchten Sie ermutigen, dass Sie die Karten auch für sich selbst nutzen und reflektieren, was in bestimmten Situationen in Ihnen vorgeht und wie Sie möglichst bedürfnisorientiert darauf reagieren können.

Tipps für den Umgang mit akuten Situationen

Wenn Ihr Kind unangenehme Gefühle hat und möglicherweise sogar versucht, diese mit Essen zu kompensieren, suchen Sie das Gespräch mit ihm. Stellen Sie viele Fragen und hören Sie aufmerksam zu. Fragen Sie Ihr Kind, wie es sich fühlt, warum es sich so fühlt, was dahintersteckt. Versuchen Sie empathisch zu bleiben und Ihr Kind bei seinen Gefühlen und Bedürfnissen abzuholen.

Äußern Sie, welche Gefühle oder unerfüllten Bedürfnisse Sie bei Ihrem Kind vermuten. »Bist du vielleicht traurig, weil du dir mehr Geborgenheit wünschst?« Wenn Ihr Kind bereit und offen dafür ist, können Sie es selbstverständlich auch in den Arm nehmen. Fühlt sich ein Kind verstanden und angenommen, ist das ein unglaublicher Gewinn für das Familienleben.

Vielleicht hat Ihr Kind aber auch keine Lust, mit Ihnen zu sprechen. Insbesondere Kinder in der Pubertät grenzen sich gerne von den Eltern ab. Vermeiden Sie in jedem Fall verletzende, verallgemeinernde Du-Botschaften, wie »Immer bist du so bockig«. Sprechen Sie stets aus Ihrer Perspektive und verwenden Sie Ich-Botschaften.

Wenn Ihr Kind nicht an einem Gespräch interessiert ist, können Sie ihm folgende Hilfestellung geben: Es kann anhand der Karten reflektieren, wie es sich gerade fühlt. Wenn es hier zu Klarheit gelangt ist, kann es folgenden Satz aufschreiben: »Ich bin … (wütend, traurig, enttäuscht, frustriert), weil …« So kann es alle negativen Gefühle schriftlich festhalten – und das kann sehr befreiend sein.

Je häufiger Sie mit Ihrem Kind die oben genannten Übungen machen, umso leichter wird es ihm fallen, seine Gefühle zu benennen und eine innere Klarheit darüber zu entwickeln, was es braucht, um seine Bedürfnisse zu erfüllen.

Wenn Ihr Kind noch sehr klein ist, können Sie seine Gefühle natürlich noch nicht kommunikativ abfragen. Spüren Kinder Wut und Ärger, brechen sich diese Gefühle oft heftig Bahn. In dieser Situation ist es manchmal fast unmöglich, das Gespräch zu suchen. Bleiben Sie ruhig, und versuchen Sie, Ihr Kind möglichst gut zu lesen und zu antizipieren, was es braucht. Wenn Ihr dreijähriger Sohn beispielsweise am Abend nach Schokolade schreit, fragen Sie sich: Ist dabei tatsächlich körperlicher Hunger im Spiel, oder fühlt er sich überfordert, weil der Tag lang und aufregend war und die Müdigkeit ihn übermannt?

Es ist ganz klar, dass Sie dabei nicht immer richtig liegen – erwarten Sie dies bitte auch nicht von sich! Versuchen Sie einfach, Ihr Kind so gut wie möglich zu »lesen« und auf Basis dessen Ihre Entscheidungen zu treffen.

Häufig hilft Ihrem Kind auch einfach eine Kuscheleinheit. Bieten Sie ihm möglichst häufig Körperkontakt an – denn er kann eine wunderbare Kraftquelle sein. Und auch, wenn Ihr Kind nicht immer Lust darauf hat, alleine das Angebot schenkt schon viel Geborgenheit (eines unserer zentralen Bedürfnisse!).

Nun ist es leider nicht immer so, dass die Ursache für das unerfüllte Bedürfnis des Kindes veränderbar ist. Wenn ja – wunderbar!

Denn dann kann das Problem bei der Wurzel gepackt und gelöst werden. Wir sprechen hier vom *problembasierten Coping*. Wenn von Coping die Rede ist, bedeutet dies im Allgemeinen, dass bei Stressoren gegengesteuert wird. Ein Beispiel: Ihr Kind wünscht sich nach einem Streit mit seinem besten Freund Harmonie und Geborgenheit. Kann es diesen Streit lösen und beide vertragen sich wieder, findet unterbewusst eine problembasierte Coping-Strategie statt.

Was aber tun, wenn der Stressor (also das Problem) nicht veränderbar ist? Nehmen wir an, ein Kind sehnt sich nach Liebe und Geborgenheit von einem Elternteil, das – aus welchen Gründen auch immer – nicht für das Kind da sein kann. Wenn sich das Problem trotz aller Bemühungen und kreativer Versuche nicht lösen lässt, hilft das *emotionsbasierte Coping*. Dieses zielt darauf ab, die eigenen Gefühle, Emotionen oder Reaktionen, die ein Stressor auslöst, zu verändern. Auf diese Weise kann es gelingen, die eigenen Bedürfnisse zu erfüllen oder zumindest positive Gefühle zu entwickeln. Es ist also möglich, eine ungewollte emotionale Reaktion durch eine gewollte positive emotionale Reaktion zu ersetzen. So können wir es sogar schaffen, aus einem Problem oder einer Herausforderung Stärke und Kraft zu ziehen. Bleiben wir bei dem Beispiel eines nicht präsenten Elternteils: Wenn das Fehlen nicht (mehr) mit mangelnder Liebe oder Gleichgültigkeit begründet wird, sondern wohlwollend mit individuellen Problemen des Elternteils selbst, kann Heilung stattfinden. Auch dann, wenn sich an den faktischen Umständen nichts ändert.

Sie als Eltern spielen mit Ihrer Haltung und Einstellung dabei natürlich eine entscheidende Rolle. Wenn Sie Ihrem Kind ermöglichen, seine Gefühle und Bedürfnisse zu spüren und zu benennen, kann es lernen, sein Bedürfnis zu erfüllen – auch wenn das konkrete Problem nicht zu lösen ist. Und Ihr Kind lernt darüber hinaus, mit seinen Gefühlen auch dann gut umzugehen, wenn sich weder sein Problem lösen lässt, noch das Bedürfnis erfüllt werden kann.

Auch indem Sie Ihrem Kind die Möglichkeit geben, sein Herz bei Ihnen auszuschütten, ist schon viel gewonnen. Denn bereits das Aussprechen und Teilen unangenehmer Gefühle trägt dazu bei, diese loszuwerden.[90]

Coaching-Tool: Problem- und emotionsbasiertes Coping

Mit dieser Übung können Sie reflektieren, welche Probleme Ihr Kind belasten, welche Bedürfnisse nicht erfüllt sind, wie seine Gefühlswelt aussieht und vor allem, welche Lösungsoptionen es gibt.

Schritt 1: Überlegen Sie, vor welchem Problem Ihr Kind steht. Daraus resultiert stets ein nicht erfülltes Bedürfnis. Da nicht immer auf den ersten Blick ersichtlich ist, welches das ist, können Ihnen die online verfügbaren Bedürfnis-Karten weiterhelfen. Notieren Sie, was Ihrem Kind fehlt. Dies könnte beispielsweise »Anerkennung« oder auch »Harmonie« sein.

Schritt 2: Überlegen Sie nun, welche Gefühle aus dem unerfüllten Bedürfnis resultieren. Vielleicht kann Ihnen Ihr Kind auch selbst sagen, wie es sich fühlt. Eine Mutter berichtete uns, dass ihre Tochter zu ihr sagte: »Mama, ich möchte so viele Süßigkeiten essen, weil ich traurig bin.« Die Gefühle-Karten sind sehr wertvoll, um die Gefühlswelt Ihres Kindes zu erkunden. Notieren Sie, wie sich Ihr Kind wahrscheinlich fühlt.

Schritt 3: Nun machen Sie sich zu vier verschiedenen Feldern Gedanken. Je nach Alter Ihres Kindes können Sie auch mit Ihrem Kind gemeinsam darüber nachdenken. Notieren Sie Ihre Ideen in vier Felder:

Problembasiertes Coping/Eltern: Was kann ich als Elternteil tun, um das Problem meines Kindes zu lösen oder um mein Kind darin zu unterstützen, sein Problem zu lösen?

Problembasiertes Coping/Kind: Was kann mein Kind tun, um sein Problem zu lösen?

Emotionsbasiertes Coping/Eltern: Was kann ich als Elternteil tun, damit mein Kind sein Bedürfnis erfüllen kann und/oder positive Gefühle entwickelt, auch ohne das Problem zu lösen?

Emotionsbasiertes Coping/Kind: Was kann mein Kind tun, um sein Bedürfnis zu erfüllen und/oder positive Gefühle zu entwickeln, ohne sein Problem zu lösen?

Schritt 4: Markieren Sie nun die Ideen, die Sie konkret umsetzen möchten.

Schritt 5: Reflektieren Sie immer wieder, wie gut die Umsetzung funktioniert und an welchen Stellen Sie nachjustieren können.

Das zugehörige Arbeitsblatt finden Sie unter www.koesel.de/deinkindisstbesser.

Lassen Sie uns diese Herangehensweise anhand eines Beispiels erklären: Ein Kind greift verstärkt zu Süßigkeiten, weil es sich mehr Spielkameraden wünscht.

Problem

Wunsch nach mehr Spielkameraden

Nicht erfüllte Bedürfnisse

- Zugehörigkeit
- Gemeinschaft

Gefühle

- Traurigkeit
- Enttäuschung

Problembasiertes Coping

Perspektive Eltern

- gemeinsam auf den Spielplatz gehen
- unser Kind dabei unterstützen, andere Kinder anzusprechen
- Kontakt mit Eltern suchen und Kinder zum Spielen einladen
- neues Hobby suchen

Perspektive Kind

- in der Schule Freunde ansprechen und zum Spielen einladen
- überlegen, welches neue Hobby Spaß machen könnte
- beim Nachbarskind klingeln

Emotionsbasiertes Coping

Perspektive Eltern

- gemeinsam etwas unternehmen
- gemeinsam etwas spielen
- zuhören
- kuscheln
- Trost spenden
- Verständnis zeigen

- Vorschläge machen: Was könnte an einem Nachmittag auch allein Spaß machen?

Perspektive Kind

- mit meinen Geschwistern etwas spielen
- mit meinen Eltern kuscheln
- überlegen: Was könnte mir jetzt Spaß machen?
- weinen
- Tagebuch schreiben
- Musik hören
- bewusst atmen, Gefühle wahrnehmen und gehen lassen

Manchmal können auch kleine Veränderungen und Impulse eine große Wirkung haben, wie das folgende Beispiel zeigt:

Unser Sohn fühlt sich manchmal zerrissen zwischen seinem Wunsch, sich etwas zu trauen und seiner Angst vor der Herausforderung. Diese Zerrissenheit kann beispielsweise auftreten, wenn er sich nicht traut, eine steile Rutsche zu benutzen. Es kommt zu emotionalen Ausbrüchen, und sein Selbstwertgefühl leidet darunter, wenn es ihm schwerfällt, seine Ängste zu überwinden. Wir fragten uns, wie wir aus diesem Gefühl der Schwäche eine Stärke machen könnten. Wir erklärten ihm, dass es eine riesige Leistung ist, immer wieder Ängste zu überwinden (was es ja auch tatsächlich ist), und dass dies viel schwieriger ist, als immer angstfrei zu sein. Außerdem sagten wir ihm, dass er stolz darauf sein kann, wie viele Herausforderungen er schon bewältigt hat. In seinem Zimmer hängten wir ein großes Blatt Papier auf und sammelten Beispiele von Situationen, die ihn Überwindung gekostet hatten. Diese Sammlung ließ ihn regelrecht aufblühen. Gleichzeitig bestärkten wir ihn, dass es auch Stärke braucht, zu etwas Nein zu sagen, wenn es sich nicht richtig anfühlt. Und dass er auch dann mutig ist, wenn er etwas nicht macht. Auch wenn es immer wieder herausfordernde Situationen gibt, die uns als Eltern manchmal ungeduldig werden lassen: Wir haben das Gefühl, einen guten Weg gefunden zu haben, um aus einer Herausforderung langfristig eine Stärke zu machen.

Positive Affirmationen

Wenn wir positive Affirmation nutzen, bedeutet dies, dass eine Aussage, Situation oder Handlung positiv bewertet wird. Äußerst interessant ist, dass unser Gehirn kaum unterscheiden kann zwischen innerer, gedachter Erfahrung und äußerer, erlebter Erfahrung.[91] Das heißt, Imagination und kognitive Umstrukturierung sind kraftvolle Prozesse und können genauso wie die gelebte Erfahrung eine gewünschte Wirkung auf das Bewusstsein haben. Und genau dies können wir uns zunutze machen!

Wussten Sie, dass heutzutage die meisten Spitzensportler mit Visualisierungen arbeiten? Sie stellen sich detailliert vor, wie sie beispielsweise den Slalom-Parcours hervorragend meistern oder wie sie erfolgreich eine steile Felswand emporklettern. Sie machen eine innere Erfahrung, indem sie ihren Sieg visualisieren.

Täglich denken wir etwa 60 000 bis 70 000 Gedanken.[92] Aufgrund der steten Wiederholung verinnerlichen wir feste Programmierungen, nach denen wir unser Leben gestalten. Auch Automatismen – wie das Essen bei Stress – sind nach einigen Jahren fest verankert und laufen quasi automatisiert ab. Sie sind zu einer Gewohnheit geworden. Umso wichtiger ist, dass sich in unseren Kindern positive Muster verankern. Es macht für das spätere Leben eines Kindes einen eklatanten Unterschied, ob seine Gedanken positiv ausgerichtet sind oder negativ, ob es sich für wertvoll hält oder nicht.

Das Spannende ist, dass unser Gehirn über Neuroplastizität

verfügt: Die Dinge, die wir denken oder uns vorstellen, verändern die Funktionsweise unseres Gehirns. Wir haben also die Möglichkeit, unser Gehirn wie einen Muskel zu trainieren und auch eingeschliffene Denkmuster zu durchbrechen.

Kinder besitzen zudem den Vorteil, dass ihre Muster noch nicht so fest verankert sind. Sie sind daher leichter für Affirmationen zugänglich; positive Denkmuster zeigen bei ihnen schneller Wirkung als bei Erwachsenen, die möglicherweise bereits viele Jahre mit negativen Gedankenmustern leben.

Wenn ein Kind bisher unbeschwert und positiv durch sein Leben gegangen ist, umso besser. Auch hier sind die nachfolgenden Übungen natürlich als zusätzliche Stärkung hilfreich. Aber insbesondere dann, wenn Ihr Kind bisher einige negative Erfahrungen gemacht oder Selbstzweifel entwickelt hat, ist es ganz wichtig, Ihr Kind zu stärken. Dieser kluge Satz, der dem amerikanischen Automobilunternehmer Henry Ford zugeschrieben wird, bringt es auf den Punkt: »Ob du denkst, du kannst es, oder du kannst es nicht: Du wirst auf jeden Fall recht behalten.«

Wenn ein Kind immer wieder Sätze hört wie

- »Du bist zu fett.«
- »Du isst zu viel!«
- »Immer machst du alles kaputt.«
- »Wenn du nicht so dick wärst, könntest du schneller laufen.«
- »Kapierst du denn gar nichts?«
- »Du bist unmöglich.«

wird es genau diese Dinge verinnerlichen und mit der Haltung durch sein Leben gehen, dass es dick, ungeschickt, unsportlich und dumm ist, und dass es nicht möglich ist, es gern zu haben.

Diese Muster lassen sich aber zum Glück durchbrechen. Die nachfolgenden Übungen können dabei helfen.

Die Superman-Übung

Etablieren Sie ein Abendritual. Sie können sich zum Beispiel jeden Abend beim Zähneputzen mit Ihrem Kind vor den Spiegel stellen und verschiedene Sätze mit Superman-Haltung in den Spiegel rufen, etwa:

- »Ich kann das.«
- »Ich bin wertvoll.«
- »Ich bin gut.«
- »Ich bin liebenswert.«

Übung: Einschlaf-Ritual

Gewöhnen Sie sich an, Ihrem Kind am Abend vor dem Schlafengehen immer einen positiven Satz mit auf den Weg zu geben, beispielsweise: »Ich habe dich lieb« oder »Wir sind unendlich froh, dass wir dich haben«. Denn es macht natürlich einen Unterschied, ob Ihr Kind 365 Mal pro Jahr abends einen solchen Satz hört – oder nicht.

Als Ritual kann es auch sehr kraftvoll sein, Ihr Kind jeden Abend zu fragen, was an diesem Tag schön war und was gut geklappt hat. Auf diese Weise lässt es den Tag auf positive Weise Revue passieren und geht jeden Abend mit dem Eindruck ins Bett, dass es etwas gut gemacht hat. Dabei soll es allerdings nicht darum gehen, negative Erfahrungen zu verdrängen.

Sie können Ihr Kind natürlich zusätzlich fragen, ob es etwas bedrückt, damit es auch diese Erlebnisse besprechen kann und ein offenes Ohr findet. Lassen Sie dennoch nicht locker bei den anderen beiden Fragen! Auch an Tagen voller Kummer lässt sich sicher etwas Schönes und ein Erfolgserlebnis finden, welches Ihrem Kind vor dem Schlafengehen Kraft gibt.

Alternativ können Sie auch einen großen Bogen Papier im Zimmer Ihres Kindes, beispielsweise an der Tür, aufhängen. Nun darf Ihr Kind (oder Sie) jeden Abend die Dinge aufschreiben, die an diesem Tag gut gelungen sind oder einfach Spaß gemacht haben – oder auch Ängste, die es überwunden hat. Sie können auch lustige Zeichnungen hinzufügen – Ihrer gemeinsamen Kreativität sind hier keine Grenzen gesetzt.

Eine weitere, spielerische Alternative: Sie nehmen jeden Abend einen Zettel zur Hand, auf dem Sie die positiven Erlebnisse notieren. Anschließend kleben Sie den Zettel auf, sodass die Wand jeden Abend um einen Zettel voller wird. Schon nach kurzer Zeit ist die Wand gefüllt mit positiven, stärkenden Erlebnissen. Es wird Ihrem Kind Spaß machen, die Wand anzusehen, darüber hinaus wird die regelmäßige Reflexion über positive Dinge die Gedankenwelt Ihres Kindes prägen.

Übung: Stärkenbild

Malen Sie gemeinsam mit Ihrem Kind ein Stärkenbild. Sie können seine Stärken auch einfach aufschreiben. Überlegen Sie gemeinsam, was Ihr Kind zu einer einzigartigen Persönlichkeit macht. Dieses Stärkenbild können Sie zum Beispiel am Bett aufhängen, sodass Ihr Kind es jeden Abend vor dem Schlafengehen sieht und sich seiner Stärken bewusst wird.

Übung: Postkarten-Meer

Hängen Sie gemeinsam mit Ihrem Kind in Ihrer ganzen Wohnung lustige oder positive Postkarten auf. Alternativ können Sie auch kleine Notizzettel beschreiben oder bemalen und zum Beispiel an den Badezimmerspiegel hängen. Jedes Lächeln, das Sie Ihrem Kind dadurch ins Gesicht zaubern, ist es wert.[93]

Und wenn manche Situationen aus dem Ruder laufen?

In Stresssituationen werden die kognitiven Anteile unseres Gehirns eingeschränkt. Unser Gehirn greift dann intuitiv auf das zurück, was wir über Jahre in unserer Jugend verinnerlicht haben. Vielleicht kennen Sie das: Wenn Sie sehr angespannt sind, fallen plötzlich Sätze, die Sie von Ihren Eltern kennen. Möglicherweise gelingt es Ihnen auch im beruflichen und privaten Umfeld stets, kooperativ zu agieren, während Ihr Kind Sie manchmal im Handumdrehen so auf die Palme bringt, dass Sie es anschreien.[94] Auch wenn Sie das schlimm finden, so ist es doch nur menschlich und Sie sind nicht alleine mit dieser Herausforderung!

Versuchen Sie zunächst einmal, sich Ihrer eigenen Muster bewusst zu werden und Schritt für Schritt neue Muster aufzubauen und zu verinnerlichen. Gehen Sie empathisch und bedürfnisorientiert mit sich selbst um, und erlauben Sie sich, Mitgefühl mit sich selbst zu entwickeln. Wenn Sie in einer angespannten Situation mit einem Verhalten reagieren, mit dem Sie hadern, fragen Sie sich:

- Was beobachte ich?
- Wie lautet mein Urteil?
- Welches Bedürfnis ist unerfüllt?
- Wie fühle ich mich, wenn mir mein unerfülltes Bedürfnis klar wird?
- Was kann ich tun, um mein Bedürfnis zu erfüllen?[95]

Ein Beispiel: Ich beobachte, dass ich meinem Kind gegenüber laut geworden bin, nachdem es am Abend direkt vor dem Schlafengehen noch mal etwas essen wollte. Mein Urteil lautet, dass ich mich einfach nicht durchsetzen kann, dass mir mein Kind auf der Nase herumtanzt und dass ich zu erschöpft bin, um konstruktiv zu bleiben.

Meine Bedürfnisse nach Anerkennung, Respekt und vor allem Ruhe sind nicht erfüllt. Ich fühle mich müde und bin gleichzeitig enttäuscht von mir. Was kann ich tun? Ich kann meinem Kind beim nächsten Mal in ruhigem Ton erklären, dass ich müde bin, dass ich gerade erst die Küche aufgeräumt habe und es mir zu viel ist, nochmals etwas zu essen zuzubereiten. Ich kann mein Kind fragen, wie groß sein Hunger tatsächlich noch ist und gemeinsam mit meinem Kind einen Kompromiss suchen, der für uns beide passt – der also auf der einen Seite das Hunger-Bedürfnis meines Kindes erfüllt und gleichzeitig auf mein Bedürfnis nach Ruhe Rücksicht nimmt.

Es hilft nicht, sich zu geißeln, hilflos in der Situation zu verharren und die gleichen Muster immer wieder an den Tag zu legen. Bleiben Sie empathisch mit sich selbst und denken Sie gleichzeitig lösungsorientiert. Wenn Sie als Eltern sich selbst lieben, schätzen und ernst nehmen, macht auch Ihr Kind die Erfahrung, dass es sich selbst lieben darf.[96]

Machen Sie sich aber klar: Dieser Prozess wird Zeit brauchen. Es ist menschlich, wenn Ihnen in Stresssituationen Sätze herausrutschen, die Ihr Kind treffen und negative Gedankenmuster unterstützen. Versuchen Sie dennoch, achtsam zu sein und besonders verallgemeinernde, demütigende Sätze wie »Immer machst du das falsch« sowie Unworte wie »ständig« oder »niemals« zu vermeiden.

Wenn im Eifer des Gefechtes doch solche Sätze gefallen sind, haben Sie etwas später, wenn sich die Lage beruhigt hat, immer noch die Möglichkeit, das Gespräch zu suchen, sich für Ihre Aussage zu entschuldigen und sie zurückzunehmen. Dies ist enorm hilfreich, damit Ihr Kind die Konfliktsituation gut verarbeiten kann und keine Narben bleiben. Sich zu entschuldigen, erfordert natürlich Mut. Bringen Sie diesen aber auf, profitiert Ihr Kind doppelt: Es verinnerlicht, dass es etwas völlig Normales ist, sich zu entschuldigen, sodass es ihm sein Leben lang wahrscheinlich leichter fallen wird als vielleicht Ihnen selbst. Darüber hinaus rutschen Sie nicht in ein Muster, bei dem Ihr Kind nach jedem Streit quasi als Täter zurückbleibt und sich schlecht fühlt – vielmehr begegnen Sie einander ohne Angst und mit Respekt.

Interessant ist, dass psychische Stärke nicht unbedingt daraus erwächst, besonders behütet aufzuwachsen. Im Gegenteil: Kinder wachsen an den Momenten des gestörten Gleichgewichts, wie beispielsweise Auseinandersetzungen mit den Eltern. Wichtige Voraussetzung hierfür ist allerdings, dass der Streit sich wieder legt und es zur Versöhnung kommt.[97]

7. Kontrolle

Elterliche Kontrolle kann sich negativ auf das Essverhalten von Kindern auswirken. »Unter so viel Überwachung lernen Kinder schlecht, sich selbst beim Essen zu regulieren, und spüren nicht gut, wann sie satt sind. Diese Fähigkeit zum bewussten Essen und zur Selbststeuerung ist […] wichtig, um Übergewicht zu verhindern«, so die Ernährungspsychologin Katja Kröller.[98]

Die Ernährungswissenschaftlerin Ellyn Satter[99] konnte mit ihrer Forschungsarbeit nachweisen, dass übergewichtige Kinder gerade dann weniger essen, wenn die Eltern keinen Druck mehr ausübten und weder die Lebensmittelauswahl noch die Menge kommentierten. Die Gründe sind naheliegend: Statt elterlichen Geboten zu folgen, orientieren sich die Kinder wieder vermehrt an ihren Hunger- und Sättigungssignalen. Hinzu kommt, dass Verzichtgefühle minimiert werden. Wenn Sie jemals eine Diät gehalten haben, können Sie vielleicht nachempfinden, was es für Körper und Seele bedeutet, verzichten zu *müssen*.

Erstaunliches berichten die Autorinnen Elyse Resch und Evelyn Tribole in ihrem Buch *Intuitiv Abnehmen*: »Eine im *New England Journal of Medicine* veröffentlichte bahnbrechende Untersuchung bestätigt, dass Kinder im Vorschulalter eine angeborene Fähigkeit haben, ihre Nahrungsaufnahme dem anzupassen, was ihr Körper zum Wachsen braucht.« Eine weitere Untersuchung ergab, so berichten Resch und Tribole, »dass Übergewicht bei Schulkindern einen

Zusammenhang mit dem Grad aufwies, in dem die Eltern das Essen ihrer Kinder einzuschränken versuchten«.[100] Essensregeln und Verbote können Übergewicht bei Kindern also tatsächlich begünstigen.

Auch in puncto Zuckerkonsum erzeugt ein kontrollierendes Eingreifen der Eltern einen gegenteiligen Effekt. Dies bestätigt eine eindrückliche Studie von britischen Forschern.[101] Für diese Studie, an der Kinder im Alter von vier bis elf Jahren gemeinsam mit ihren Eltern teilnahmen, wurden zwei Gruppen gebildet. In der ersten Gruppe bekamen die Kinder nach dem Essen eine vorgegebene Anzahl an Schokoeiern. Danach wurde die Schokolade für die Kinder unerreichbar in einem Regal deponiert. Die Kinder der zweiten Gruppe durften jederzeit zugreifen, die Schokolade war ohne Zeiteinschränkung oder Mengenbegrenzung jederzeit für sie in Reichweite.

Die Forscher kamen zu einem verblüffenden Ergebnis: Die Kinder, die frei wählen durften, naschten anfangs zwar *mehr* als die gleichaltrigen Kinder, die eine feste Ration von den Eltern bekommen hatten. Sie verloren aber schneller das Interesse an der Schokolade.

Das Fazit der Wissenschaftler: Lebensmittel, die die Eltern rationieren, erscheinen Kindern attraktiver – und werden demzufolge mehr gegessen. »Das könnte bedeuten, dass es bei der Entwicklung langfristig gesunder Essensmuster besser ist, Kindern mehr Selbstkontrolle über ihre Essensgewohnheiten zu geben«, resümieren die Forscher.[102]

Eine junge Frau aus unserem confidimus-Netzwerk erinnert sich an den Umgang mit Süßigkeiten in ihrer Kindheit:

Bei uns wurden Süßigkeiten stark reglementiert. Sie waren im Keller deponiert, und es war für uns Kinder verboten, etwas davon zu nehmen. Die Kellertür machte beim Öffnen ein sehr lautes Geräusch, sodass es unmöglich war, heimlich zu naschen. Wenn aber meine Mutter etwas aus dem Keller benötigte, wie beispielsweise Milch oder Mehl, wurden wir Kinder nach unten geschickt. Das machten wir uns zunutze und entwickelten einen Trick: Wir holten das, was meine Mutter benötigte, und schnappten uns zusätzlich eine Tafel Schokolade, die wir in Schuhen vor der Kellertür versteckten. Danach lieferten wir die Milch oder das Mehl in der Küche ab, um wenig später die Schokolade aus den Schuhen zu nehmen und ins Kinderzimmer zu schmuggeln.

Bis heute ringe ich damit, mit meinem Körper im Gleichgewicht zu sein. Dabei spüre ich, dass es mir körperlich und seelisch am besten geht, wenn ich loslasse, wenn ich in meinen Körper spüre und meine körperlichen und seelischen Bedürfnisse erfülle. Ich hätte mir sehr gewünscht, diese Achtsamkeit zu mir selbst bereits als Kind zu lernen, anstatt mit Regeln, Kontrolle und Belohnungsmechanismen aufzuwachsen.

Wenn Kontrolle zu Übergewicht führt

Unsere persönlichen Erfahrungen sowie die Erlebnisse aus der Coaching-Praxis bestätigen: Kontrolle am Esstisch wirkt sich negativ auf die Körperintelligenz und auf das gesamte Wohlbefinden des Kindes aus. Welche Mechanismen dabei häufig ablaufen, veranschaulichen wir Ihnen anhand einiger Beispiele:

Bastian haben Sie bereits im Kapitel zur inadäquaten Bewegung kennengelernt. Schauen wir uns ihn und seine Familiensituation noch etwas genauer an: Bastians Vater stellt hohe Perfektions- und

Leistungsansprüche an seinen Sohn, die jener aufgrund seiner Statur nicht vollumfänglich erfüllen kann. In den Augen seines Vaters ist er nicht sportlich genug, nicht aktiv genug, nicht drahtig genug, nicht erfolgreich genug. All diese Attribute schreibt er Bastian zu, obwohl sein Sohn gute Noten schreibt, Klassensprecher ist und viele Freunde hat.

Dennoch stehen die wahrgenommenen Defizite im Vordergrund. Bereits im Alter von sechs Jahren wurde Bastian erstmals einer Diät unterzogen. Innerhalb von drei Monaten nahm er mehrere Kilogramm ab. Der Vater wünschte sich ein sehr schlankes Kind – und kurzfristig erfüllte sich dieser lang ersehnte Wunsch. Die Eltern reagierten überschwänglich, lobten ihren Sohn für die Anstrengungen und die Disziplin, denn endlich hatte Bastian das Gewicht erreicht, das sich seine Eltern vorgestellt und als ideal definiert hatten.

Doch es kam, wie es kommen musste: Bastian, der über mehrere Wochen gegen seine Hungerimpulse ankämpfen musste und dessen Stoffwechsel sich auf die geringe Kalorienzufuhr eingestellt hatte, nahm nach dem Ende der Diät wieder zu. Schnell übertraf er sogar sein Ausgangsgewicht. Die Eltern waren enttäuscht, und Bastian spürte das.

Dieser missglückte Abnehmversuch löste in den Eltern ein Gefühl der Hilflosigkeit aus, dem sie mit noch mehr Kontrolle begegneten. Das ist in gewisser Hinsicht nachvollziehbar, denn sie waren in Sorge, dass sie die Situation nicht mehr in den Griff bekommen würden. Die Folge: Bastian war gezwungen, sich wöchentlich und unter Aufsicht des Vaters zu wiegen. Hinzu kam, dass er regelmäßig für sein Gewicht kritisiert wurde. Sätze wie: »Wenn du dünner wärst, könntest du schneller laufen und besser Fußball spielen« begleiteten ihn.

Was passiert mit dem Kind?

Bastian begann, sich immer mehr mit der Zusammensetzung von Lebensmitteln zu beschäftigen, ohne jedoch abzunehmen. Sein Essverhalten wurde kritisch von den Eltern beäugt, oft griffen sie kontrollierend ein: Bei einer Familienfeier – am gedeckten Tisch und vor der ganzen Familie – rief sein Vater ihm zu: »Jetzt reicht es aber mit Kuchen!« Ähnlich schmerzhafte Erfahrungen wiederholten sich.

Eines Nachmittags eskalierte die Situation, als Bastian in die Küche kam, um sich ein Brot zu machen. Seine Mutter, die unter dem Druck stand, die Ansprüche ihres Mannes zu erfüllen, schrie ihn an, dass er doch nicht schon wieder hungrig sein könne. Daraufhin stürmte Bastian weinend aus der Küche. Die Familie befand sich in folgendem Teufelskreis:

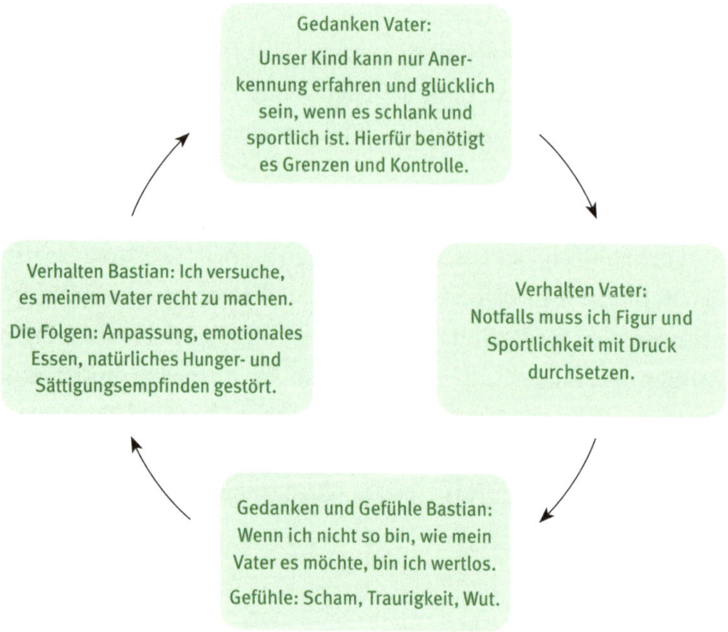

Im Falle von Bastian wünschen sich die Eltern, dass er weniger isst. Häufig ist es aber auch so, dass Eltern darauf bestehen, dass der Teller leer gegessen wird. Ein berührender Erfahrungsbericht einer inzwischen erwachsenen Frau zeigt, wie prägend und schmerzhaft diese übermächtige Kontrolle am Esstisch auf Kinder wirkt und wie sie dazu beiträgt, dass wir bereits im Kindesalter das Gefühl für unseren Körper verlieren.

Und plötzlich ist sie da, diese eine Erinnerung: Meine Eltern und ich sitzen in der Küche beim Mittagessen. Ich muss so ungefähr fünf Jahre alt sein. Es gibt Kartoffeln, Gemüse und Schnitzel. Der Küchentisch steht so, dass ich das Fenster im Rücken habe. Mein Vater sitzt links, meine Mutter rechts von mir. Es besteht für mich also keine Möglichkeit, meinen Platz zu verlassen.

Ich spüre, dass ich satt bin. Mein Vater verlangt, dass ich alles aufesse, was noch auf dem Teller liegt. Nachdem ich mir noch eine Kartoffel reingestopft habe, sage ich ihm: »Ich kann wirklich nicht mehr.« Er antwortet: »Du isst jetzt auf, du hast gesagt, du hast einen Bärenhunger.« »Ja, das war VOR dem Essen, und ich hatte schon einen Nachschlag, und jetzt bin ich satt!« Er wird laut: »Du stehst nicht auf, bevor dein Teller leer ist!« Ich versuche, mich zu beherrschen. Irgendwie zu schaffen, was von mir verlangt wird. Ich fühle mich grauenvoll.

Ich wünsche mir, ich könnte erbrechen. Das wäre das Einzige, was mich jetzt retten kann. Alles, was ich mir gegen meinen Willen reinzwingen muss, möchte ich am liebsten wieder auf den Teller würgen. Vielleicht würde er mir dann endlich glauben, dass ich SATT bin. Und dass ich es gerne machen würde – weiteressen –, aber dass mein doofer Körper das nicht hinbekommt. Aber ich übergebe mich nicht … Und so gehe ich weiter über meine Grenze hinweg. Und mein Vater triumphiert: »Na bitte, geht doch!«

Erst 35 Jahre später kommt diese Erinnerung wieder hoch. Weil ich mich mit meinem Übergewicht beschäftige. Mal wieder. Jetzt ist mir klar: Dies war eine Schlüsselszene. Die totale Kapitulation vor der Überschreitung meiner

Grenzen, meines Wesens, meiner Bedürfnisse. Ich habe gelernt, das zu ertragen. Weil ich hoffte, damit die Liebe und Anerkennung meines Vaters zu erhalten. Mir wurde nicht beigebracht, wie ich für mich einstehen kann, wie ich mich wehren kann. Ich sollte so funktionieren, wie die Erwachsenen das wollten. »Wenigstens das gute Fleisch noch!«

Dass meine Bedürfnisse permanent übergangen wurden, während ich mich nach Liebe und Anerkennung sehnte, habe ich später mit Essen kompensiert. Und damit habe ich bis heute zu tun.

Was ist die Herausforderung für Eltern?

Einfache, allgemeingültige Lösungswege gibt es in solchen Situationen nicht. Immer dann, wenn Eltern sehr kontrollierend eingreifen, spielen viele Faktoren eine Rolle, etwa die Anspruchshaltung oder die eigene familiäre Prägung. Im Fall von Bastians Familie machten es sich die Eltern zum Ziel, langfristig zu denken und Schritt für Schritt Stellschrauben zu verändern, damit Bastian die Chance hatte, sowohl körperlich als auch seelisch wieder ins Gleichgewicht zu kommen.

Selbstverständlich darf eine Gewichtsreduktion niemals als primäres Ziel ausgegeben werden. Stattdessen muss der Fokus auf einer Stärkung der Innensteuerung und natürlich auf bedingungsloser Liebe liegen – unabhängig vom Gewicht des Kindes. Wenn dies gelingt, wird sich das Körpergewicht langfristig bei dem natürlichen Setpoint einpendeln.

Noch einmal zurück zu Bastian: Auch wenn das Verhalten des Vaters eine Belastung für Bastian bedeutet, war der Vater dennoch bereit, etwas zu verändern. Er wollte seine Muster durchbrechen und dies verdient Respekt. Es kostet viel Kraft, auf die eigenen Fehler zu blicken und wirklich etwas verändern zu wollen. Es sollte dabei niemals um Schuld gehen, viel wichtiger ist, dass Eltern, Kind und Coach gemeinsam an einem Strang ziehen. Dann kann es gelingen, die Situation für alle Familienmitglieder zu verbessern.

Wie bei all unseren Coaching-Familien bekamen die Eltern von Bastian eine theoretische Einführung: Wir sprachen über die Körperintelligenz und zeigten ihnen auf, warum die Innensteuerung so wichtig ist und wie Kontrolle, Gesundheitsfokus oder auch emotionales Essen das unbeschwerte Essverhalten aus dem Gleichgewicht bringen. Die Eltern überlegten, ob sie sich für diesen neuen Weg, diesen vertrauensvollen Ansatz, entscheiden wollten. Es musste ihnen klar sein, dass Bastian vermutlich zunächst Gewicht zulegen würde, da sich über Jahre Verzichthunger angestaut hatte. Und den Verzichthunger bekommt man langfristig nur in den Griff, wenn grundsätzlich *alle* Lebensmittel erlaubt sind. Es war im Fall von Bastian also absehbar, dass es zunächst zu einer Überkompensation kommen würde.

Obwohl dieser Gedanke für seine Eltern durchaus beängstigend war, entschlossen sie sich, diesen Weg einzuschlagen. Ein erster, wichtiger Schritt bestand nun darin, Bastian von dem Gefühl der Schuld zu befreien. Die Eltern mussten die Verantwortung für ihr Tun übernehmen, ihm explizit sagen, dass sie selbst Fehler gemacht hatten und er nicht für die problematische Esssituation zu Hause verantwortlich sei. So kamen sie auf die wunderbare Idee, Bastian, inzwischen neun Jahre alt, ein schriftliches Versprechen zu geben:

Versprechen für Bastian

Wir haben dir in der Vergangenheit in Bezug auf das Thema Essen mit guter Absicht viele Vorschriften gemacht und dabei dein eigenes, natürliches Essverhalten verhindert. Du hast daran überhaupt keine Schuld. Die Schuld liegt ganz bei uns und es tut uns leid.

Wir wissen nun, dass das falsch war, und möchten zukünftig anders mit dem Thema umgehen.

Du darfst dich auf dein *eigenes* Hunger- und Sättigungsgefühl verlassen und essen,

- *was* dir gut bekommt,
- *in der Menge*, die dir gut bekommt.

Beides entscheidest du ganz für dich alleine nach deinem Hunger- und Sättigungsgefühl.

Durch unser Eingreifen haben wir es dir schwer gemacht, Hunger und Sättigung sowie Bekömmlichkeit gut zu spüren. Daher möchten wir dich nun unterstützen, beraten und mit dir üben.

Wir wünschen uns für dich Freude und Genuss am Esstisch.

Du musst dir keine Sorgen machen, dass wir das natürliche Essverhalten irgendwann beenden. Wir möchten dir damit ein Essverhalten ermöglichen, von welchem du ein Leben lang profitieren kannst. Mit deiner Schwester haben wir es schon immer genauso gemacht.

Wir lieben dich. Wir freuen uns auf das neue Esserlebnis mit dir!

Dieses Bekenntnis der Eltern befreite Bastian sofort von einer großen Last, die er über Jahre auf seinen Schultern trug. Dennoch war der Weg natürlich weit.

Bastians Eltern durchliefen ein mehrmonatiges Coaching, arbeiteten intensiv und führten die meisten in diesem Buch beschriebenen Übungen durch. Zusätzlich arbeiteten sie mit den nachfolgenden kraftvollen Übungen. Nach und nach konnte die Situation zunächst deeskaliert und dann Schritt für Schritt aufgelöst werden. Es läuft noch nicht alles perfekt in Bastians Familie. Aber sie ist auf einem guten Weg, den folgenden Kreislauf zu etablieren:

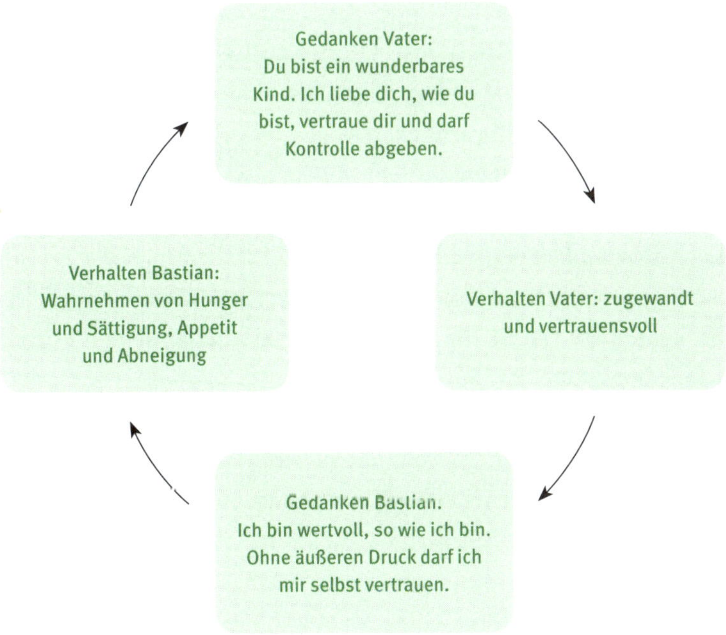

Was können Sie konkret tun?

Wichtig ist, Ihr Kind dabei zu unterstützen, wieder ins Spüren zu kommen: Wie fühlt sich mein Hunger an? Wann spüre ich eine angenehme Sättigung? Die folgenden Übungen können Sie auf diesem Weg unterstützen.

Übung: Gerade gegessen

Diese Übung stammt von Thomas Frankenbach.[103] Sie ist dann zu empfehlen, wenn das Hunger- und Sättigungsgefühl von Kindern bereits gestört ist und die Kinder dies auch bewusst wahrnehmen.

Bitte beachten Sie: Diese Übung sollte nach Möglichkeit nicht angewendet werden, wenn noch eine Chance besteht, dass das Kind völlig unbeschwert mit seinem Essverhalten umgehen kann. Denn sie legt – ebenso wie auch die folgende Übung – einen bewussten Fokus auf das Thema Essen. Das sollte nach Möglichkeit vermieden werden. Wenn allerdings, wie im Fall von Bastian, das Kind sprichwörtlich schon in den Brunnen gefallen ist, kann diese Übung Ihr Kind darin unterstützen, seinen Körper wieder bewusster zu spüren.

Gehen Sie einmal täglich nach einer Mahlzeit mit Ihrem Kind die folgenden Fragen durch. Nehmen Sie sich dafür ausreichend Zeit und sorgen Sie für eine ruhige, entspannte Atmosphäre. Wichtig ist, dass Sie ebenfalls mitmachen, um Ihrem Kind ein partnerschaftliches Gefühl zu vermitteln. Sie können dabei die Augen schließen und die Übung wie eine kurze Meditation nutzen, um selbst zur Ruhe zu kommen.

Im ersten Schritt beantwortet jeder im Stillen die nachfolgenden Fragen für sich. Nachdem Sie alle Fragen durchgegangen sind, können Sie gemeinsam als Familie Ihre Antworten besprechen. Für Ihr Kind ist es zum Beispiel wichtig zu erfahren, dass Sie sich manchmal auch in puncto Hunger und Sättigung verschätzen. Dass Sie zu viel gegessen haben und sich nun etwas unwohl fühlen. Das Signal, nicht perfekt sein zu müssen, ist für Ihr Kind wohltuend.

- Wie groß war deine Lust auf dieses Essen?
- Warst du vorher hungrig?
- War es genau die Speise, die du dir gewünscht hast?
- Wie war der Duft, der Geruch des Essens?
- Wie war der Geschmack des Essens?
- Wie fühlt es sich im Mundraum an?
- Wie war dein Fokus auf das Essen? Konntest du bewusst essen?
- Warst du abgelenkt? Wie war dein Essenstempo? Angenehm? Zu schnell? Zu langsam?
- Bekommt dir das Essen gerade? Wie fühlst du dich?
- Wie fühlt sich dein Bauchraum an? Angenehm? Zufrieden?
- Gibt es unangenehme Stellen?
- Hast du die passende Menge gegessen? Zu viel? Zu wenig? Woran machst du deine Antwort fest?
- Wie ist deine Stimmung gerade?
- Hat es sich gelohnt, es zu essen?

Wozu dient diese Übung? Unser Körper merkt sich jede Erfahrung, wenn wir bewusst in uns hineinspüren und unsere Gefühle nicht verdrängen. Insofern ist die Übung deutlich kraftvoller als strenge Regeln oder Vorschriften am Esstisch, denn diese bringen die Kinder um wertvolle Erfahrungen: Wie fühlt es sich an, wenn ich so viel gegessen habe, dass mein Bauch unangenehm drückt? Es ist wichtig, auch die Erfahrung des Überessens machen zu dürfen und gleichzeitig natürlich auch zu spüren, wenn der individuelle Sättigungspunkt optimal getroffen wurde.

Coaching-Tool: Hunger- und Sättigungsskala

Diese Übung haben wir in Anlehnung an Olivia Wollingers Buch *Essanfälle adé* entwickelt.[104] Die auch unter www.koesel.de/deinkindisstbesser zum Download bereitgestellte Tabelle zeigt an, wie man sich in verschiedenen Hunger- und Sättigungsstadien fühlen kann. Da jeder Mensch dies anders empfindet, soll die Tabelle nur als Orientierung dienen.

Skala	Mögliche Hungersignale auf körperlicher Ebene	Mögliche Hungersignale auf seelischer Ebene
1		
2 3 4	• Essensgerüche werden verstärkt wahrgenommen • leichtes Ziehen entlang des Magenmeridians (im Gesicht, am Hals, im Brustkorb, an den Außenseiten der Beine) • trockener Mund	• Gedanken an Essen nehmen zu • Konzentration lässt nach, klares Denken wird schwieriger • noch genügend innere Ruhe vorhanden, um Speisen zu kochen oder sie anzurichten
5 6	• metallener, salziger Geschmack im Mund • Speichelbildung beim bloßen Gedanken an Essen • Gefühl der Enge im Hals • leichtes Ziehen im Magen • leichtes Ziehen im Kopf • leichtes Leeregefühl im Bauch	• zunehmende Ungeschicklichkeit • abnehmende Konzentration • zunehmende Fahrigkeit, Ungeduld und Gereiztheit • Unruhe oder zunehmende Müdigkeit • geringere Muße für das Kochen oder Anrichten der Speisen
7 8 9 10	• Kopfweh • Kreislaufprobleme • Kältegefühl • Schwindel • Unterzuckerung • Zittrigkeit • Schwäche • flaues Gefühl bis hin zu Übelkeit • Gefühl eines großen Lochs im Bauch • Hörbares Magenknurren • Magenschmerzen	• Gefühl von Überlegenheit: Ich bin willensstark, weil ich nicht esse! • Aggression • Energieabfall bis hin zu Erschöpfung • Schnelle Stimmungswechsel • Weinerlichkeit • leichte depressive Verstimmung • kleine Probleme erscheinen viel größer • massive Gedanken an Essen • große Gier auf alles Essbare • keine Geduld für das Kochen oder Anrichten von Speisen • fahriges Aufreißen von Lebensmittelpackungen

Skala		Mögliche Sättigungssignale auf körperlicher Ebene	Mögliche Sättigungssignale auf seelischer Ebene
1			
2		• einige Hungersignale sind noch spürbar • Kreislauf erholt sich • es fühlt sich an, als ob noch Platz im Bauch wäre	• das Essen macht großen Spaß • es ist leicht, mit der Aufmerksamkeit beim Essen zu bleiben • der Geschmack des Essens kann intensiv wahrgenommen werden • die Stimmung bessert sich
3			
4			
5		• alle körperlichen Hungersignale sind verschwunden • der Bauch ist angenehm gefüllt • leichte, zufriedene Müdigkeit • angenehmes Wärmegefühl	• Gefühl der Zufriedenheit • Empfindung von: Eigentlich reicht es mir
6			
7			
8		• Bauchschmerzen • Übelkeit • Unbeweglichkeit • Trägheit	• keine Aufmerksamkeit mehr beim Essen • Geschmack des Essens tritt in den Hintergrund • Nebentätigkeiten neben dem Essen • es wird geschlungen statt gegessen • schlechtes Gewissen und Panik vor Gewichtszunahme • das Bedürfnis, heimlich zu essen, nimmt zu • Gier zeigt sich: alles essen, solange es möglich ist
9			
10			

So gehen Sie bei dieser Übung vor:

- Am besten ist es, wenn Sie die Blätter in der Küche oder in der Nähe des Esstischs aufhängen oder aufbewahren.
- Sie nehmen sowohl die ausgefüllten Seiten der Skala zur Orientierung als auch die leeren Seiten, die Sie online finden, zur Hand.
- Sie fragen Ihr Kind, wie es sich vor dem Essen fühlt, und lassen es eine Einschätzung zur Skala abgeben.
- Wichtig ist, dass auch Sie mitmachen und über Ihre eigenen Einschätzungen sprechen.
- Nach dem Essen gehen Sie auf gleiche Weise auf die Sättigungsskala ein.
- Achten Sie darauf, die Erfahrungen Ihres Kindes nicht zu bewerten. Auch dann nicht, wenn es angibt, deutlich zu viel gegessen zu haben.

Ziel der Übung ist es, dass Ihr Kind (wieder) lernt, bei mittlerem Hunger zu essen und das Essen auch bei mittlerer Sättigung zu beenden – das heißt, wenn auf einer zehnstufigen Skala etwa eine 4 oder 5 erreicht ist. Essen wir häufig, bevor wir hungrig sind (untere Zahlen der Hungerskala), begünstigt dies Übergewicht. Hinzu kommt: Ohne Hunger vor dem Essen fällt es auch schwerer, während des Essens den Sättigungspunkt wahrzunehmen. Die natürliche Regulation kann folglich nicht funktionieren. Greifen wir jedoch erst bei massivem Hunger zum Essen, steigt die Wahrscheinlichkeit für Heißhungerattacken und Überessen. Mit der Sättigung verhält es sich ähnlich: Beenden wir unsere Mahlzeit, obwohl wir noch nicht angenehm satt sind, sind wir unzufrieden und essen bald wieder etwas. So nehmen wir insgesamt möglicherweise zu viel Energie auf.

Wenn Sie sich beispielsweise bei Hunger zwingen, nur einen Apfel zu essen, der Sie nicht sättigt, schleichen Sie vermutlich danach so lange um den Kühlschrank herum und essen verschiedene Snacks, bis Sie am Ende so viel essen wie bei einer kompletten Mahlzeit. Daher die Empfehlung: Essen Sie sich lieber direkt richtig satt. Erreicht man jedoch das obere Ende der Skala, fühlt man sich extrem »voll« und unwohl. Auch dies gilt es nach Möglichkeit zu vermeiden.

Diese Übung ist in dreierlei Hinsicht Gold wert:

1. Ihr Kind gewinnt die Routine, vor und nach dem Essen die Skalen abzuklopfen und sich so wieder auf Hunger- und Sättigung zu fokussieren.
2. Das Abgleichen der Skalen mit den eigenen Empfindungen fördert die Achtsamkeit, zusätzlich wird das Gespür für den Körper geschult.
3. Die Übung stärkt die Bindung zu Ihrem Kind. Dadurch, dass Sie mit Ihrem Kind auf Augenhöhe agieren und es nicht bevormunden oder kritisieren, fühlt sich Ihr Kind angenommen und wertgeschätzt. Gleichzeitig erlebt es sich als kompetent und kann so Selbstvertrauen tanken.

Übung: Spielerisch Hunger und Sättigung kennenlernen

Sie können die Skala auch wie ein Spiel nutzen. Drucken Sie dazu die auf www.koesel.de/deinkindisstbesser bereitgestellte Skala aus und legen Sie sie am Esstisch bereit. Jedes Familienmitglied erhält eine Spielfigur. Vor dem Essen stellen alle Familienmitglieder ihre Spielfigur auf die Stufe des Hungergefühls, das sie gerade subjektiv fühlen (1 = noch gar nicht hungrig; 10 = sehr ausgehungert). Nach dem Essen wird die Spielfigur neu positioniert. Nun fungiert die Skala als Sättigungsskala. Das heißt, jedes Familienmitglied bewertet von 1 bis 10, wie satt es sich nun fühlt (1 = noch gar nicht satt; 10 = stark überessen). Über das Ergebnis können Sie sich als Familie natürlich auch wertungsfrei austauschen. Wie gut das bei Kindern funktionieren kann, zeigt das folgende Beispiel:

Bei uns auf dem Esstisch liegt eine Skala aus, und wir setzen zu Beginn des Essens Spielfiguren auf die Zahl, die unser Hungergefühl am besten beschreibt. Besonders unsere Große lernt dadurch, wieder verstärkt auf ihre Körpersignale zu hören. Wie gut sie das in der Zwischenzeit wieder kann, zeigt folgende Situation: Es war schon fast Bettzeit, wir hatten ausgiebig zu Abend gegessen. Plötzlich äußert meine Große den Wunsch nach einem Fleischbällchen. Ich frage sie, wie sich gerade ihr Bauch anfühlt und wo auf der Hungerskala sie sich gerade befindet. Sie sagt voller Überzeugung: »Bei Vier-Dreiviertel, Mama! Mein Körper braucht jetzt noch genau ein Fleischbällchen!« Gesagt, getan! Danach schlief sie vollkommen zufrieden und gesättigt ein.

Übung: Pfad zur Stärkung der Innensteuerung

Manchmal spüren wir – und unser Kind vielleicht auch – den Hunger nicht so klar. Dieser Entscheidungsbaum kann Ihnen helfen, sich über Ihre Bedürfnisse klar zu werden. Angefangen bei der Frage »Bin ich wirklich hungrig?« bis zum Nachspüren und Fühlen, wie bekömmlich die Mahlzeit war. Sie finden diese Übersicht auch unter www.koesel.de/deinkindisstbesser.

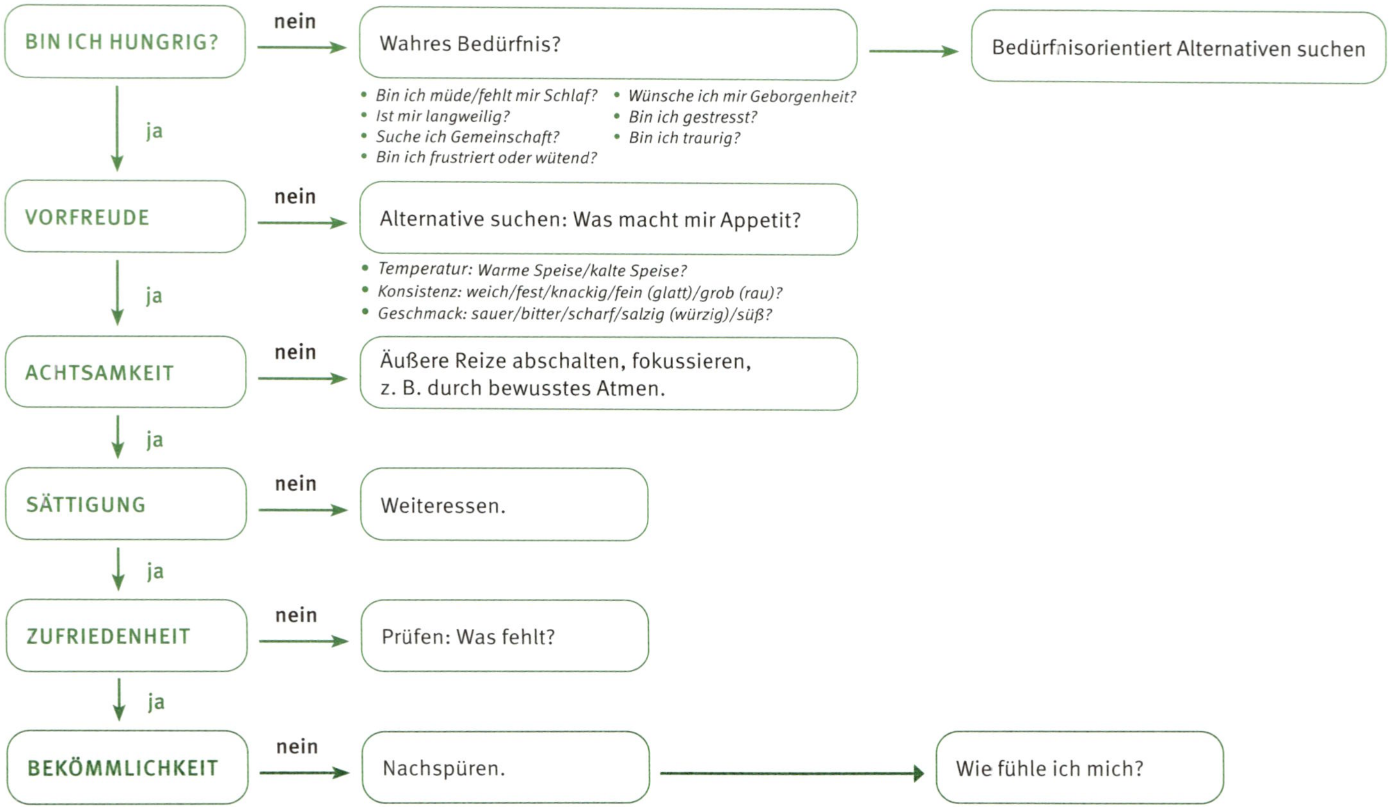
BIN ICH HUNGRIG?
nein
Wahres Bedürfnis?
Bin ich müde/fehlt mir Schlaf?
Ist mir langweilig?
Suche ich Gemeinschaft?
Bin ich frustriert oder wütend?
Wünsche ich mir Geborgenheit?
Bin ich gestresst?
Bin ich traurig?
Bedürfnisorientiert Alternativen suchen
ja
VORFREUDE
nein
Alternative suchen: Was macht mir Appetit?
Temperatur: Warme Speise/kalte Speise?
Konsistenz: weich/fest/knackig/fein (glatt)/grob (rau)?
Geschmack: sauer/bitter/scharf/salzig (würzig)/süß?
ja
ACHTSAMKEIT
nein
Äußere Reize abschalten, fokussieren, z. B. durch bewusstes Atmen.
ja
SÄTTIGUNG
nein
Weiteressen.
ja
ZUFRIEDENHEIT
nein
Prüfen: Was fehlt?
ja
BEKÖMMLICHKEIT
nein
Nachspüren.
Wie fühle ich mich?

Übung: Emotionales Auffangen bei Überessen

Während sich die ersten Übungen auf die körperlichen Aspekte konzentrieren, geht es in dieser Übung darum, das Kind auch emotional aufzurichten, wenn es zum Überessen neigt. Sie ist für Kinder ab etwa zwölf Jahren geeignet.[105]

Ihr Kind muss signalisieren, dass es ein Interesse daran hat, mit Ihnen zusammenzuarbeiten, außerdem ist eine vertrauensvolle Bindung zwischen Ihnen Voraussetzung für die Übung. Zusätzlich muss Ihrem Kind bewusst sein, dass ein Problem vorliegt. Wenn Sie den Eindruck haben, Ihr Kind könnte bereits eine Essstörung entwickelt haben, ist psychologische Unterstützung notwendig.

Für diese Übung empfehlen wir, mit den Gefühle- und Bedürfnis-Karten zu arbeiten, die wir bereits vorgestellt haben. Bevor Sie die Übung starten, suchen Sie sich am besten einen ruhigen, gemütlichen Ort, an dem Sie beide sich wohlfühlen.

Schritt 1: Eine nicht bedürfnisorientierte Kompensation hat viel mit unerfüllten Bedürfnissen wie Trost und Geborgenheit, aber auch mit Ängsten zu tun. Fragen Sie Ihr Kind, wie es sich fühlt, wenn es zu viel isst, und ob es eine Vermutung hat, was dahinterstecken könnte. Dabei können die Gefühle- und Bedürfnis-Karten als Orientierung dienen. Vielleicht hat Ihr Kind ein gutes Gespür für die negativen Glaubenssätze, die seinem Handeln zugrunde liegen, also Sätze wie »Ich genüge nicht« oder auch »Ich bin undiszipliniert«. Lassen Sie Ihr Kind alles äußern.

Schritt 2: Trösten Sie Ihr Kind, erklären Sie ihm, dass Sie seine Emotionen verstehen können, dass Sie für Ihr Kind da sind. Wenn Sie den Impuls haben, sich zu entschuldigen, tun Sie auch das. Wichtig ist natürlich, dass es von Herzen kommt.

Schritt 3: Fragen Sie Ihr Kind, welche positiven Aspekte das Überessen mit sich bringt. Was würde verloren gehen, wenn es sein Verhalten ändern würde? Es könnte beispielsweise sein, dass Essen die größte Freude des Tages ist.

Schritt 4: Fragen Sie Ihr Kind, was es – oder Sie gemeinsam – tun könnte(n), um die Bedürfnisse zu erfüllen, die durch das Überessen aktuell kompensiert werden. Was kann Ihr Kind Gutes für sich tun, um sich besser zu fühlen? Fragen Sie Ihr Kind auch, was *Sie* tun können, damit es ihm besser geht. Erstellen Sie eine möglichst lange Liste, und lassen Sie Ihr Kind dann auswählen, welche Ideen ihm am besten erscheinen.

Schritt 5: Kreieren Sie gemeinsam neue, hilfreiche Glaubenssätze, die zu den neuen Ideen und Vorstellungen passen. Bitten Sie Ihr Kind, einen oder mehrere davon auf ein schönes Blatt Papier (vielleicht in seiner Lieblingsfarbe) aufzuschreiben, an einem prägnanten Ort in der Wohnung aufzuhängen und mehrmals am Tag zu lesen.

Schritt 6: Fragen Sie Ihr Kind nach einer Weile, wie es ihm nun geht und wie es sich fühlt.

Wichtig ist, dass Ihr Kind nicht den Eindruck bekommt, es wäre eine Schande oder ein Rückfall, wenn es sich wieder überisst. Machen Sie deutlich, dass Sie es immer auffangen werden – komme, was wolle. Ein liebe- und verständnisvoller Umgang ist enorm wichtig, um ein Verhalten zu ändern. Wenn man zu unerbittlich mit sich ist, nimmt man bereits kleine Rückschläge zum Anlass, um aufzugeben oder nicht mehr an den eingeschlagenen Weg zu glauben.[106]

Wenn Kontrolle Essstörungen begünstigt

Wir möchten Ihnen anhand eines fiktiven Falls erläutern, wie Kontrolle besonders bei Jugendlichen Essstörungen und bei jüngeren Kindern Essverhaltensstörungen begünstigen kann: Maria ist 14 Jahre alt. Ihre Mutter wünscht sich für sie, dass sie im Leben Erfolg haben wird, denn wer erfolgreich ist, ist auch glücklich – davon ist Marias Mutter überzeugt. Sie kontrolliert daher täglich gewissenhaft die Hausaufgaben. Sie legt Wert darauf, dass Maria täglich Klavier übt. Und ihr ist wichtig, dass Maria ausreichend Obst und Gemüse zu sich nimmt, damit sie gesund und leistungsfähig bleibt.

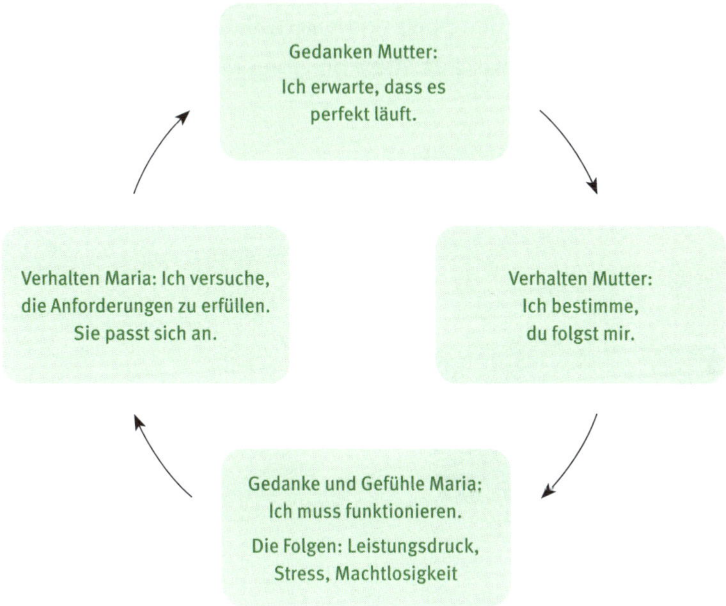

Maria fühlt sich zunehmend unter Druck gesetzt. Sie hat Angst, etwas nicht gut genug zu machen und die Erwartungen ihrer Mutter zu enttäuschen. Außerdem wünscht sie sich unterbewusst, mehr Kontrolle über ihr Leben zu gewinnen.

Beim routinemäßigen Gesundheitscheck beim Arzt ist alles in Ordnung. Marias Mutter fühlt sich in ihrem Verhalten bestätigt.

Was passiert mit dem Kind?

Nun kann es passieren, dass Maria aus dem unbewussten Gefühl heraus, dem Druck nicht mehr standhalten zu können, den Kreislauf aufbricht, indem sie das Essen verweigert. Dadurch kehren sich die Machtverhältnisse zwischen Maria und ihrer Mutter schlagartig um.

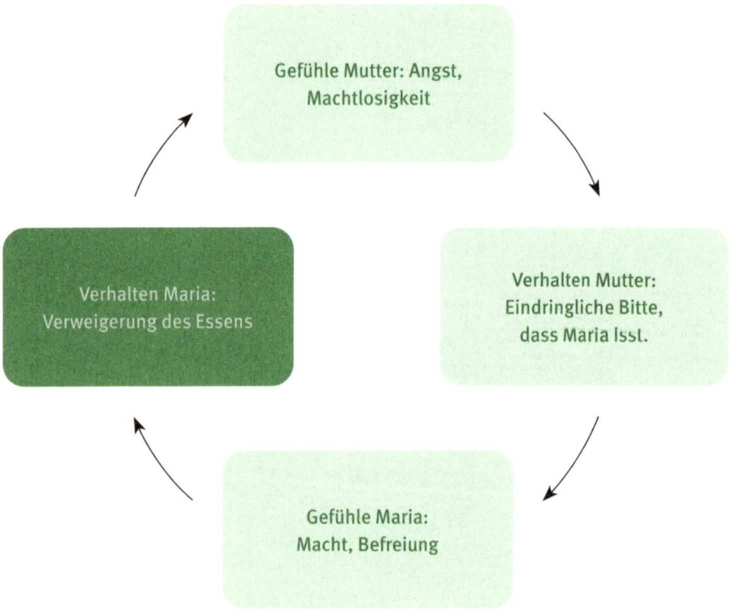

So verheerend und gesundheitsgefährdend das Ergebnis ist, wird hier leicht nachvollziehbar, warum es für Maria extrem schwierig sein wird, diesen Kreislauf wieder aufzubrechen. Denn das würde bedeuten, dass sie das Gefühl der Selbstbestimmung aufgeben müsste, sollten sich die anderen Faktoren ihres Umfeldes nicht ändern. Das wird sie nicht alleine bewältigen können, der Kreislauf kann nur mit Unterstützung der Eltern aufgelöst werden.

Was ist die Herausforderung für Eltern?

Unabhängig davon, ob Kontrolle zu Übergewicht oder zu Essstörungen führt: Die Herausforderung besteht darin, dass Eltern ihre eigenen Muster und Prägungen hinterfragen, reflektieren und beginnen, neue Wege einzuschlagen. Versuchen Sie, Kontrolle abzugeben. Das ist alles andere als leicht, da Ihnen selbst Kontrolle wahrscheinlich Sicherheit vermittelt. Es ist schwer, loszulassen, aber wir können Sie nur darin bestärken, es zu versuchen.

Was können Sie konkret tun?

Folgende Übungen können Ihnen helfen, Ihr Kontrollverhalten Schritt fur Schritt zu reflektieren und zu verändern. Selbstverständlich lassen sich diese Dinge nicht perfekt in wenigen Tagen umsetzen. Aber es ist ein Anfang. Um wirklich langfristig und dauerhaft Dinge zu verändern, empfehlen wir die Zusammenarbeit mit einem Coach. Wenn Ihnen das Loslassen von Kontrolle schier unmöglich erscheint und Sie sehr unter verinnerlichten Zwängen leiden – und selbstverständlich auch, wenn Ihr Kind bereits in einer Essstörung gefangen ist –, ist therapeutische Hilfe unabdingbar. Dies ist kein Zeichen von Schwäche. Das Gegenteil ist der Fall: Es erfordert Mut, an sich selbst zu arbeiten.

Übung: Atmen

Eine ganz einfache, aber effektive Übung ist es, in Stresssituationen in den Bauch zu atmen. Sie können dabei auch die Augen schließen. Wenn Sie der Impuls überrollt, Ihr Kind zu bevormunden, sprechen Sie Ihre Gedanken nicht aus; versuchen Sie stattdessen gefasst zu bleiben und den aufkommenden inneren Stress wegzuatmen.

Wenn Sie mehr Zeit und Ruhe haben, setzen oder legen Sie sich bequem an einen ungestörten Ort und tun Sie nichts anderes, als in Ihren Bauch zu atmen. Die meisten Menschen werden dabei zunächst unruhig, oft setzen Gedankenspiele ein, später steigen Gefühle wie Schuld oder Scham auf. Atmen Sie einfach ruhig und fokussieren Sie sich weiter auf Ihr Inneres. Nach einiger Zeit steigen Basisemotionen in uns auf, als erstes oft die Emotion »Ärger«. Nehmen Sie diese Emotion wahr und erkennen Sie an, dass Wut in Ihnen steckt. Diese Wut ist kraftvoll, sie ist Teil Ihrer Selbstbehauptungsimpulse. Wenn Sie möchten, können Sie diese Wut in Form eines Briefes (den Sie nicht abschicken) verarbeiten. Sie können sich die Wut auch aus der Seele schreien. Egal, welchen Weg Sie wählen: Je mehr Groll Sie aus Ihrem Körper entweichen lassen, umso ruhiger werden Sie. Wenn Sie nun weiter lauschen, wird als nächstes wahrscheinlich Traurigkeit in Ihnen aufsteigen. Nehmen Sie diese an. Auch Tränen dürfen kommen. Versuchen Sie vom Hadern oder dem Gefühl der Kränkung zur Traurigkeit vorzudringen. Dann werden sich die emotionalen Wogen glätten und es entsteht Raum für Neues. Im Laufe dieser Übung und dieses Prozesses geben Sie Kontrolle ab.[107] Es ist daher gut möglich, dass Ihnen diese Übung generell helfen wird, Kontrollmuster zu durchbrechen und abzulegen.

Übung: Affirmationen

Überlegen Sie sich ein Mantra. Ihre innere Stimme könnte Ihnen immer wieder zurufen: »Ich darf meinem Kind vertrauen. Ich gehe mit meinem Kind neue Wege.« Auf den ersten Blick klingt das vielleicht etwas seltsam, doch je häufiger Sie diese Sätze hören, umso mehr verinnerlichen Sie diese Haltung tatsächlich.

Übung: Mentaltraining

Wir möchten Sie einladen, sich unter www.koesel.de/deinkind isstbesser ein eigens für das Thema »Vertrauen« aufgenommenes Audio-Mentaltraining herunterzuladen. Dieses hilft Ihnen zusätzlich, die Muster der Kontrolle zu durchbrechen und neue Muster des Vertrauens aufzubauen.

Übung: Zwänge und Groll gehen lassen

Diese Übung, die »Abschiedsort« heißt, ist dafür konzipiert, sich von einer geliebten Person zu lösen.[108] Wir haben die Erfahrung gemacht, dass sie sehr kraftvoll ist, wenn man unter gelernten Kontrollmechanismen und Zwängen leidet und man mit der oder den Personen Frieden schließen möchte, durch die man die entsprechenden

Muster verinnerlicht hat – häufig sind dies die eigenen Eltern. Wenn Sie sich also beispielsweise als Kind durch Ihre Mutter oder Ihren Vater stark unter Druck gesetzt gefühlt haben und dies vielleicht noch immer tun, kann diese Übung sehr befreiend sein. Sie hilft auch, Groll zu kanalisieren und zu verarbeiten.

Stellen Sie zur Vorbereitung zwei Stühle auf, die sich mit etwa einem Meter Abstand gegenüberstehen, und setzen Sie sich auf einen der Stühle. Gehen Sie dann wie folgt vor:

Schließen Sie die Augen und entspannen Sie sich mit ein paar tiefen Atemzügen.
Wenden Sie Ihre Aufmerksamkeit nach innen, in den Bauch- oder Brustbereich, weg vom Kopf.
Stellen Sie sich nun einen ruhigen, schönen Raum vor, in dem rechts und links jeweils eine Tür zu sehen ist.
In der Mitte des Raumes stehen zwei Stühle einander gegenüber.
Nun kommen Sie durch die eine Tür. Die Person, von der Sie sich lösen wollen, tritt die andere Tür. Sie setzen sich auf die Stühle.
Sie können der Person alles mitteilen, was Sie Ihr noch sagen möchten; Sie haben alle Zeit, die Sie benötigen. Trauen Sie sich, ihr wirklich alles zu sagen, was Sie auf dem Herzen haben.
Lassen Sie die Worte nachklingen und spüren Sie nach, was Sie dabei fühlen. Vielleicht fühlen Sie Trauer und Ängste, vielleicht auch Wut oder Enttäuschung?
Geben Sie allen Emotionen Raum.
Wenn Sie alles ausgesprochen haben, sagen Sie nun, was Sie sich von Ihrem Gegenüber wünschen.
Nehmen Sie nun auf dem gegenüberliegenden Stuhl Platz und schließen Sie wieder die Augen.
Lassen Sie sich ruhig Zeit, um auf dem Stuhl anzukommen und sich einzufühlen.

Sie sind nun die andere Person und haben sich alles angehört.
Nehmen Sie die Kritik nicht persönlich, rechtfertigen Sie sich nicht.
Machen Sie sich deutlich, dass der Fluss des Lebens weitergeflossen ist.
Schauen Sie – mit geschlossenen Augen – auf Ihr Gegenüber.
Spüren Sie, was Sie ihr oder ihm wünschen und sagen Sie es.
Möchten Sie die Wünsche auf einen Zettel schreiben und zwischen die Stühle legen?
Nun wechseln Sie erneut die Stühle und schließen wieder die Augen.
Lassen Sie das Gesagte einen Moment auf sich einwirken.
Lassen Sie sich darauf ein, so gut es geht.
Vielleicht spüren Sie, wie es etwas freier wird in Ihnen?
Überlegen Sie, was das für Ihr Leben konkret bedeutet und was Sie tun werden.
Lassen Sie sich ruhig Zeit, warten Sie noch einen Moment, und öffnen dann in Ihrem Tempo die Augen.
Wenn Sie mögen, können Sie gerne den Zettel mit den Wünschen aufbewahren.

8. Beeinflussung von außen

Wir sind bereits darauf eingegangen, dass mediale Beeinflussung sich negativ auf unser Körperbild auswirken kann. Sehen wir in der Werbung immer wieder perfekte Körper, so meinen wir schnell, unseren eigenen, nicht makellosen Körper optimieren zu müssen. Studien von den Fidschi-Inseln zeigen, dass Essstörungen genau zu dem Zeitpunkt anstiegen, als das Fernsehen – und damit einhergehend die Schönheitsideale der westlichen Kultur – Einzug hielten.[109]

Aber nicht nur der Einfluss der Medien ist aufmerksam zu beobachten, auch im Familienalltag ist Achtsamkeit geboten. Kinder sind unbekümmert und haben ein entspanntes Körpergefühl. Durch Beeinflussungen, die wir bewusst oder auch unbewusst vornehmen, kann diese natürlich-unbekümmerte Haltung zum eigenen Körper verloren gehen. Manchmal reicht es schon, wenn wir scherzhaft von einem kleinen »Speckbauch« sprechen. Auch Bemerkungen wie »Du bist ja viel zu dünn, du musst mehr essen« können dazu führen, dass Kinder ihren Fokus auf das Aussehen ihres Körpers lenken und dadurch im Laufe der Zeit den Wunsch entwickeln, sich körperlich zu verändern. Bitte halten Sie sich vor Augen: Jeder Fokus auf den Körperbau, ob scherzhaft-liebevoll oder kritisch formuliert, kann für das Kind negative Konsequenzen haben.

Was passiert mit dem Kind?

Lassen Sie uns diesen Zusammenhang anhand verschiedener Beispiele näher erläutern:

Selina ist 14 Jahre alt. Sie war schon immer schmal gebaut, musste nie auf ihre Ernährung achten und hat sich früh daran gewöhnt, Komplimente für ihr Aussehen zu bekommen. Ihre Tante sagt ihr immer wieder, dass sie aussehe wie ein Model. Seit einiger Zeit hat Selina einen eigenen Instagram-Account und folgt vielen Fitness-Models. Sie bewundert deren drahtige Körper und möchte auch ihren eigenen gezielt optimieren.

Selina meldet sich bei einem Online-Programm an, das sie zu ihrem Ziel bringen soll. Akribisch folgt sie den Anweisungen. Sie wiegt ihr Essen genau ab, aber zum Glück darf sie einmal wöchentlich einen so genannten Cheat Day einlegen: An diesem Tag darf sie alles essen, was sie möchte. Auch die Menge spielt keine Rolle, Selina darf sich all ihren Gelüsten hingeben. Schon nach kurzer Zeit dreht sich in Selinas Leben alles um eine gesunde Ernährungsweise. An sechs Tagen in der Woche verzichtet sie strikt. Aber sie fiebert immer mehr auf die Tage hin, an denen sie hemmungslos über die Stränge schlagen darf. Gleichzeitig sieht sie Erfolge: Ihr Körper verändert sich und Selina ist stolz, dass immer mehr Menschen ihr auf Instagram folgen und sie für ihr Aussehen viele Komplimente erhält.

Sophia ist acht Jahre alt. Sie ist gerade in einer Wachstumsphase, ihr Körper ist lang und sehr dünn. Ihr Vater, der sich insgeheim etwas Sorgen macht, dass Sophia eventuell zu wenig isst, sagt ihr regelmäßig beim gemeinsamen Toben: »Oh je, ich spüre ja nur noch Knochen. An dir ist ja gar nichts dran!« Sophia bekommt immer mehr den Eindruck, dass sie irgendwie nicht in Ordnung ist, so, wie sie ist. Sie betrachtet sich regelmäßig kritisch im Spiegel und fragt sich: Sollte ich mehr essen, damit Papa zufrieden mit mir ist?

Lars ist zwölf Jahre alt. Er war schon immer etwas kräftiger gebaut als sein Bruder. Daher ruft sein Vater ihn »Dicki«. Er sagt es scherzhaft und mit einem Lachen, denn er liebt und akzeptiert seinen Sohn, so wie er ist. Freunde von Lars, die das Kosewort des Vaters aufschnappen, übernehmen es in ihren Sprachgebrauch und nennen Lars nun hin und wieder auch »Dicki«.

Alle drei Beispiele haben eins gemeinsam: Die Kinder verlieren die Unbekümmertheit im Umgang mit dem eigenen Körper, das natürliche und entspannte Körpergefühl geht verloren. Alle drei werden durch das Verhalten ihrer Umwelt darin bestärkt, sich intensiv mit ihrem Aussehen zu beschäftigen.

Lars und Sophia beginnen mit sich zu hadern. In ihnen manifestiert sich der Glaubenssatz: »So wie ich bin, bin ich nicht in Ordnung.« Aus dem Gefühl, nicht okay zu sein, kann leicht eine Tendenz zu emotionalem Essen erwachsen. Selina hingegen beginnt, sich über ihr Aussehen und ihre Figur zu definieren. Sie fokussiert sich unterbewusst sehr darauf, für ihren Körper Aufmerksamkeit und Komplimente zu erhalten. Ihr Glaubenssatz lautet: »Nur wenn ich perfekt aussehe, bin ich akzeptiert und liebenswert.« Dieser Glaubenssatz ist in puncto Essstörungen nicht minder gefährlich.

Was ist die Herausforderung für Eltern?

Achten Sie darauf, dass sich der Selbstwert Ihres Kindes nicht über seinen Körper definiert und dass Selbstliebe und Selbstvertrauen nicht mit einer guten Figur oder Schönheit verknüpft werden.

Nehmen Sie jeglichen Fokus vom Körper weg, stärken Sie Ihr Kind auf andere Weise. Die Übungen im Kapitel »Emotionales Essen« können dabei sehr hilfreich sein. Beziehen Sie als Eltern klar Stellung und positionieren Sie sich gegenüber Außenstehenden, die körperbezogene Kommentare (leichtfertig) äußern.

Was können Sie konkret tun?

Kommentare zum Aussehen anderer Menschen sind leider in unserer Gesellschaft an der Tagesordnung: Die Oma kommentiert das Gewicht des Kindes beiläufig mit »Hoppla, du siehst ja so dünn aus«, die Freundin fragt, ob das Kind nicht vielleicht doch etwas weniger Süßes essen sollte und der Onkel ruft dem Mädchen in der Pubertät unbedacht zu: »Na, du hast zugenommen, oder?«

Der Opa lobt sein Enkelkind mit den Worten: »Du hast heute gut gegessen, jetzt wirst du groß und stark.« Für das Kind ist nicht nachvollziehbar, warum es mal gut isst und dafür gelobt wird – und mal nicht. Für gewöhnlich machen wir diese Bewertung an der Menge fest, die ein Kind isst. Wir sagen: »Du hast gut gegessen« und meinen eigentlich: »Du hast viel gegessen, und das finde ich gut.« Es ist möglich, dass ein Kind im Laufe der Zeit verinnerlicht: Wenn ich viel esse, werde ich gelobt. Auch hier können Mechanismen entstehen, die Übergewicht begünstigen. Oder: Die Oma versucht dem Kind gegen seinen Willen eine besonders große Portion aufzuladen und sagt dabei: »Die Oma hat sich doch so viel Mühe beim Kochen gegeben!« Es gibt unzählige Beeinflussungen dieser Art von Dritten, die sich negativ auf die Körperintelligenz von Kindern auswirken.

Unser Sohn ist für sein Alter sehr klein und war daher zur Abklärung in einer ärztlichen Praxis. Eine Ärztin vermaß ihn, besprach mit mir die Vorgehensweise und holte dann ihren Chef dazu, um ihre Vorschläge auch von ihm absegnen zu lassen.

Als der Arzt das Behandlungszimmer betrat, suchte er direkt das Gespräch mit unserem Sohn. Er erklärte ihm eindrücklich, dass es doch wirklich ätzend sei, klein zu sein. Zuerst blieb mir geschockt und perplex der Mund offenstehen, sodass ich einige Sekunden benötigte, um einzuschreiten. Doch dann bat ich den Arzt freundlich aber bestimmt, unserem Sohn keine Komplexe einzureden, solange er keine hatte. Die Reaktion des Arztes machte mich noch fassungsloser. Er wirkte vor den Kopf gestoßen und entgegnete tatsächlich, dass unser Sohn die Komplexe »doch sowieso bekäme, allerspätestens in der Pubertät«. Wenig später verließ er, sichtlich genervt, das Behandlungszimmer.

Wenn Außenstehende ungefragt kommentieren – und Sie es miterleben

Sie müssen unreflektierte Äußerungen, die Ihr Kind kränken oder unbewusst sein natürliches Essverhalten aus dem Gleichgewicht bringen können, nicht wortlos hinnehmen. Und wir raten Ihnen auch dringend, dies nicht zu tun.

Was also tun bei Dritten, die sich ungefragt einmischen oder sich, wenn auch mit den besten Absichten, so verhalten, dass Sie fürchten, das intuitive Essverhalten Ihres Kindes leidet darunter? Besser schweigen und die Harmonie nicht gefährden? Oder eingreifen und eventuell einen Streit riskieren?

Finden Sie zunächst für sich persönlich Klarheit, ob Sie die Situation als unerträglich einschätzen. Wenn Sie der Meinung sind, es lohnt sich nicht, hier etwas zu sagen (vielleicht auch, weil Sie die Kompetenz zur Einsicht als nicht sehr hoch betrachten), und die Situation für Ihre Kinder nicht dramatisch ist, dann können Sie die Sache natürlich auf sich beruhen lassen.

Wenn Sie aber wütend werden, Ihr Kind verunsichert ist oder sogar unter den Äußerungen leidet, sollten Sie unbedingt Ihre Haltung zum Ausdruck bringen. Als sehr hilfreich hat sich dabei die 5-Schritt-Methode erwiesen.

Coaching-Tool: Die 5-Schritt-Methode

Mit dieser Methode können Sie sich vor ihr Kind stellen, ohne die andere Person zu verletzen oder vor den Kopf zu stoßen. Manchmal ist es schwierig, direkt in der Situation die passenden Worte zu finden. Deshalb kann es hilfreich sein, die fünf im Arbeitsblatt vorgesehenen Schritte zunächst für sich durchzugehen, um dann zu einem späteren Zeitpunkt das Gespräch zu suchen. Natürlich müssen Sie sich nicht dogmatisch an die fünf Schritte halten. Häufig hilft es bereits, die Situation anhand der Schritte zu reflektieren, um dann die passenden Worte zu finden.

Schritt 1: Situation ohne Wertung beschreiben

Beschreiben Sie, was unwiderlegbar vorgefallen ist. Sie nehmen keine Wertung der Situation vor und vermeiden auch verallgemeinernde Worte wie *immer* oder *andauernd*.

Schritt 2: Die eigenen Gefühle und Bedürfnisse formulieren

In diesem Schritt gilt es, nur über die eigenen Gefühle und Bedürfnisse zu sprechen, die durch die Situation ausgelöst wurden. Sie verwenden hier ausschließlich Ich-Botschaften.

Schritt 3: Die Gefühle, Bedürfnisse und Motive der anderen Person formulieren
Dieser Schritt ist von großer Bedeutung, um die andere Person nicht vor den Kopf zu stoßen, sondern bei der Person tatsächlich positive Motive zu vermuten. Unabhängig davon, wie schlimm Sie selbst die Situation empfinden: Es gibt immer die Möglichkeit, der anderen Person wohlwollend eine gute Absicht zu unterstellen.

Schritt 4: Sie formulieren Ihren Wunsch
Hier können Sie nun Ihren Wunsch für die Zukunft äußern: Was soll sich ändern? Was wünschen Sie sich von der Person?

Schritt 5: Sie formulieren den gemeinsamen Gewinn
Legen Sie hier dar, welchen Gewinn Sie haben werden, wenn Ihr Wunsch erfüllt wird und gehen Sie auch darauf ein, warum Ihr Gegenüber von Ihrem Wunsch ebenfalls profitieren wird.

Das zugehörige Arbeitsblatt finden Sie unter www.koesel.de/deinkindisstbesser.

Hier ein praktisches Beispiel:

Schritt 1: Situation ohne Wertung

»Michaela, bei unserem gemeinsamen Mittagessen gestern hast du meinem Sohn gesagt, dass er bitte das Gemüse probieren soll.«

Schritt 2: Meine Gefühle (Ich-Perspektive)

»Ehrlich gesagt hat mich das aus zwei Gründen geärgert: Bei uns ist es so, dass unser Kind selbst entscheiden darf, ob es Gemüse probieren möchte oder nicht. Wenn dich unsere Haltung interessiert, erzähle ich dir gerne mal genauer, warum wir das so handhaben. Darüber hinaus bin ich der Meinung, dass das eine Sache zwischen meinem Kind und mir ist.«

Schritt 3: Motiv des Anderen als wohlwollende Hypothese

»Ich kann mir vorstellen, dass du dich um die Gesundheit meines Kindes sorgst.«

Schritt 4: Mein Wunsch (Ich-Perspektive)

»Dennoch möchte ich dich bitten, in Zukunft solche Aussagen nicht mehr zu treffen, in Ordnung?«

Schritt 5: Erfolg aus Ich-Perspektive und aus Perspektive des Anderen

»Ich denke, das ist dann für uns alle entspannter. Mein Sohn kann frei entscheiden, ich bin entspannter und auch du kannst dich zurücklehnen und diesen Punkt mir überlassen.«

Wenn Sie sich an diese Vorgaben halten, können Sie Ihr Kind höchstwahrscheinlich verteidigen und schützen, ohne sich dabei mit der betreffenden Person zu zerstreiten. Man wird Ihnen vermutlich Verständnis entgegenbringen, denn Sie zeigen eine klare Haltung als Elternteil und positionieren sich, bleiben aber dennoch diplomatisch.

Wenn Freunde oder Mitschüler kommentieren – und Sie nicht dabei sind

Nicht immer sind wir persönlich vor Ort, wenn Aussehen oder Körperform unseres Kindes kommentiert werden. Kommt es unter Freunden oder Mitschülern dazu, erfahren Eltern mitunter nicht einmal im Nachhinein davon. Wussten Sie, dass nur 19 Prozent der Jugendlichen, die wegen ihres Gewichts kritisiert werden, mit einer Vertrauensperson darüber sprechen? Mit anderen Worten: 81 Prozent ertragen die Demütigung stillschweigend.[110] Versuchen Sie, mit Ihrem Kind ins Gespräch zu kommen. Wirkt es auf Sie unglücklich oder bedrückt? Wenn Ihr Kind sicher sein kann, dass Sie jederzeit ein offenes Ohr haben und es sein Herz ausschütten darf, ohne dass Sie es direkt mit »Das ist doch nicht schlimm« abtun, ist schon viel gewonnen. Wenn Ihr Kind Lust dazu hat, könnten Sie gemeinsam die Coping-Übung machen, die wir bereits im Kapitel zum emotionalen Essen vorgestellt haben.

Wenn Ihnen selbst unbedachte Sätze über die Lippen kommen

Wenn Sie feststellen, dass Sie selbst dazu neigen, Ihr Kind mit bestimmten Aussagen zu beeinflussen – sei es, weil Sie es für zu kräftig oder für zu dünn halten oder weil es Ihnen generell schwerfällt, sich Kommentare zu verkneifen –, kann Ihnen die folgende Übung helfen.

Coaching-Tool: Umetikettieren

Diese Übung hilft Ihnen, Ihr Kind *im Kern* gut zu finden – und zwar so, wie es ist. Dies werden Sie Ihr Kind dann auch spüren lassen. Auf diese Weise kann es sich selbst positiv wahrnehmen und auf sich und seine Körpersignale vertrauen.

Notieren Sie im ersten Schritt auf einem Blatt Papier oder unserem Arbeitsblatt alle negativen Eigenschaften, die Ihr Kind aus Ihrer Sicht hat. Das erscheint vielen Eltern im ersten Moment eine gemeine Handlung zu sein – aber keine Sorge! Sie tun das Richtige. Sie sollten nur darauf achten, dass Ihr Kind diese Liste nicht zu Gesicht bekommt. Wenn Sie Ihr Kind also für dick und faul halten, schreiben Sie es auf. Denn ansonsten werden diese Botschaften entweder offensichtlich (»Wenn du nicht so dick wärst, könntest du schneller laufen«) oder subtil (»Bist du sicher, dass du wirklich noch Hunger hast?«) auf Ihr Kind übertragen. Also: Haben Sie den Mut und schreiben Sie alles auf, was Ihnen in den Sinn kommt. Ihre Ehrlichkeit wird sich auszahlen, denn Sie werden diese Dinge, wenn sie einmal zu Papier gebracht sind, nicht mehr diffus im Hinterkopf haben. Diese Klarheit ermöglicht es Ihnen, solche Gedanken nicht unbewusst gegenüber Ihrem Kind zu manifestieren.

Nun folgt der zweite Schritt, das Umetikettieren. Notieren Sie auf Ihrem Blatt neben der Auflistung der negativen Eigenschaften die positiven, die mit den negativen einhergehen. Denn: Jede Schwäche kann, aus einem anderen Blickwinkel betrachtet, auch eine Stärke sein. Zusätzlich können Sie noch weitere Eigenschaften sammeln, die Ihr Kind auf positive Art und Weise ausmachen und die nichts mit den zuvor angegebenen Schwächen zu tun haben.

Lassen Sie die Begriffe nun auf sich wirken und versuchen Sie, die positiven Begriffe so gut wie möglich zu verinnerlichen und mit Ihrem Kind zu verknüpfen.

Nehmen Sie sich zwei Dinge vor:
1. Nach Möglichkeit stets positiv über Ihr Kind zu *denken*. Wenn Ihnen negative Eigenschaften in den Sinn kommen, versuchen Sie den Blickwinkel zu verändern und das Gute zu sehen.
2. Bestärken Sie Ihr Kind, indem Sie ihm seine positiven Eigenschaften aufzeigen, und schlucken Sie herabwürdigende Sätze hinunter. Es hat keinen positiven Lerneffekt für Ihr Kind, wenn Sie ihm sagen, dass es einen dicken Bauch hat. Sie dürfen *Verhaltensweisen* Ihres Kindes nicht in Ordnung finden, und natürlich sollen Sie nicht grundsätzlich alles erlauben. Doch es ist ein großer Unterschied, ob Sie zu Ihrem Kind sagen: »Ich möchte, dass du deine Hausaufgaben zuverlässig erledigst« oder »Ich habe schon immer gewusst, dass du faul und phlegmatisch bist.«

Das zugehörige Arbeitsblatt finden Sie unter www.koesel.de/deinkindisstbesser.

Beispielhaft möchten wir Ihnen das Ergebnis dieser Übung anhand einer unserer Coaching-Familien zeigen:

Bisherige Etiketten	Neue Etiketten
faul	gemütlich
Teletubby	niedlich, goldig
phlegmatisch	in sich ruhend, wenig gestresst, gelassen
Pascha, nicht hilfsbereit zu Hause	sehr hilfsbereit außerhalb der Familie
dick	hat Reserven, ist für Krankheiten gewappnet
geringes Selbstbewusstsein	sensibel
steht nicht für sich ein	lässt anderen den Vortritt
	fröhlich
	warmherzig
	fair
	hohe Sozialkompetenz
	beliebt
	begeisterungsfähig
	leidenschaftlich
	sportlich
	ist Klassensprecher
	schreibt gute Noten

Übung: Warme Dusche

Eine weitere wunderschöne Übung, die Ihrem Kind guttun wird, ist folgende einfache, aber sehr kraftvolle Idee: Die ganze Familie setzt sich in einen Kreis. Nun darf das erste Familienmitglied in die Mitte des Kreises kommen. Alle anderen Familienmitglieder sagen demjenigen, der im Kreis ist, was sie an ihm schätzen oder was er gut kann. Danach wird gewechselt und jemand anderes setzt sich in die Mitte. Die Übung ist vorüber, wenn alle Familienmitglieder ihre warme Dusche bekommen haben.

9. Belohnung und Bestrafung

Vom Tag unserer Geburt an ist Essen nicht nur reine Nahrungsaufnahme, sondern auch ein emotionales Erlebnis. Nahrung generell und speziell die Kombination von süß und fett, wie die Muttermilch es bietet, regt das Belohnungssystem in unserem Gehirn an, da das gestillte Baby die Nahrungsaufnahme auch mit Geborgenheit assoziiert.

Um ein natürliches, durch Hunger- und Sättigungssignale gesteuertes Essverhalten zu behalten, ist es wichtig, diesen Belohnungsmechanismus nicht immer weiter zu manifestieren, sondern ihm entgegenzuwirken. Essen sollte also nicht emotionalisiert werden, vielmehr sollten wir Kindern bedürfnisorientierte Wege vermitteln, sich zu belohnen. Dennoch sind (mit Essen verknüpfte) Belohnungs- und Bestrafungsmechanismen in unserer Gesellschaft allgegenwärtig.

Bei unserer Arbeit mit Familien stellen wir immer wieder fest, dass es fünf verschiedene Belohnungs- beziehungsweise Bestrafungsmuster gibt, die Eltern, natürlich in den unterschiedlichsten Ausprägungen, anwenden.

»Erst das, dann das« – Belohnungsmechanismen, die verschiedene Lebensmittel verknüpfen

Lassen Sie uns mit einem Beispiel beginnen: Eine Erzieherin stellt Kindern ein Eis in Aussicht, wenn sie zuvor einen Teller Paprika essen. Die Paprika, die die Erzieherin zur Bedingung für das Eis macht, wird im Ansehen des Kindes abgewertet, denn mit ihr wird Zwang verknüpft (»Das muss ich essen, sonst kriege ich kein Eis«). Das Eis hingegen wird im selben Moment auf einen Sockel gehoben (»Das darf ich jetzt essen, weil ich es mir verdient habe«). Hinzu kommt: Das vermeintlich gesunde Lebensmittel steht unbegrenzt zur Verfügung (Paprika), während das vermeintlich ungesunde Lebensmittel verknappt wird (Eis).

Aus der Psychologie ist bekannt, dass Verknappung per se die Attraktivität erhöht. Zusätzlich lernen Kinder, sich mit Süßem zu belohnen. Wenn ich das eine geschafft habe – ob das nun bedeutet, dass ich die (vielleicht unliebsame) Paprika gegessen oder meine Hausaufgaben erledigt habe –, gönne ich mir danach etwas Süßes.

Wenn wir uns nun vorstellen, dass ein Kind, das Paprika eigentlich ablehnt, sich das Gemüse mit Aussicht auf ein Eis aber trotzdem reinzwängt – und davon vielleicht aufgrund einer schlechten Bekömmlichkeit sogar Bauchschmerzen bekommt –, dann trägt das wirklich nicht dazu bei, dass dieses Kind ein gesundes Essverhalten entwickelt. Mal ganz davon abgesehen, dass die gesunde Paprika in der Vorstellung vieler Menschen niemals dafür verantwortlich sein kann, dass ein Kind Bauchschmerzen bekommt. Daran ist natürlich, wie so oft, der Zucker schuld.

Schade, dass die eigentlich relevante Frage, nämlich: »Wie geht es dem Kind, wenn es Paprika isst?«, völlig in den Hintergrund rückt. Und was ist so abwegig an der Vorstellung, Paprika und Eis auf den

Tisch zu stellen und den Kindern einen neutralen und selbstbestimmten Umgang mit beiden Lebensmitteln zu ermöglichen?

Noch ein letzter Gedanke: Angenommen, das Kind hat gar keine Lust auf ein Eis. Durch die in Aussicht gestellte Belohnung wird es das Eis trotzdem essen, weil es denkt: Das habe ich mir verdient. Möglicherweise wird das Kind auch genau aus diesem Grund seine Sättigung übergehen. Die Körperintelligenz wird also von einer verstandsorientierten Haltung zurückgedrängt.

Übrigens: Selbst der Ernährungsexperte Patric Heizmann tappt in die Belohnungsfalle: »Bei uns gibt es erst nach dem gesunden Essen und einem gesunden Gemüseteller etwas Süßes.«[111]

Wenn Sie also das nächste Mal erleben, dass in der Kita, in der Schule oder bei der Oma ein derartiger Belohnungsmechanismus zum Einsatz kommt, dann tun Sie uns bitte einen Gefallen – und protestieren Sie! Nehmen Sie es nicht hin, dass man Ihrem Kind Essen aufzwängt. Bringen Sie zum Ausdruck, dass Sie nicht einverstanden sind, wenn man Ihrem Kind vermittelt, dass Eis etwas Besonderes ist. Und vor allem: Besprechen Sie solche Situationen auch mit Ihrem Kind und machen Sie ihm klar: Wenn du etwas nicht essen möchtest, dann ist das völlig okay.

»Aber nur heute!« – Die Ausnahme

Diese Form von Belohnung mit Essen ist gesellschaftlich so weit verbreitet, dass wir sie meist gar nicht bemerken: Ausnahmsweise gibt es zum Geburtstag Softdrinks. An Feiertagen wie Ostern darf so viel Süßes gegessen werden, wie man möchte. Oder im Alltag wird kurzerhand beschlossen: »Heute gönnen wir uns mal was!«

Hier geschieht etwas ganz Ähnliches wie bereits im vorherigen Abschnitt beschrieben: Das eigentlich verknappte Produkt wird freigegeben, und dadurch wirkt es doppelt interessant: Es gewinnt einerseits durch die Betonung an Attraktivität, andererseits müssen die Kinder davon ausgehen, dass es nach kurzer Zeit nicht mehr (oder deutlich eingeschränkt) verfügbar sein wird. Diese Tatsache fordert zusätzlich dazu auf, beherzt zuzugreifen.

Ein Experiment verdeutlicht diesen Mechanismus: In einem Spielraum für Kinder wurden Schüsseln mit gelben und roten Schokolinsen aufgestellt. Die Erzieher erklärten den Kindern, dass sie die gelben Schokolinsen essen dürfen. Die roten Linsen aber waren tabu. In dieser ersten Phase des Experiments aßen die Kinder also ausschließlich gelbe Schokolinsen.

Beim nächsten Besuch im Spielraum erklärten die Erzieher, dass die Kinder diesmal ausnahmsweise sowohl gelbe als auch rote Schokolinsen essen dürften. Die in der zweiten Phase von den Kindern verzehrte Menge an gelben und roten Schokolinsen wurde registriert. Die Kinder verzehrten ein Vielfaches an roten Schokolinsen und nur wenige gelbe Schokolinsen, obwohl die Linsen gleich schmeckten.[112]

»Wenn ..., dann ...« – Belohnung und Bestrafung mit Essen als Erziehungsmethode

Dieser Mechanismus läuft in sehr vielen Familien ab: »Wenn du beim Einkaufen brav bist, darfst du dir an der Kasse ein Überraschungsei aussuchen.« Oder: »Wenn du jetzt nicht stillsitzt, bekommst du nachher keinen Nachtisch.«

Zu welchen Verknüpfungen das führen kann, möchten wir an einem Beispiel zeigen: Luis ist knapp drei Jahre alt. Er lernt gerade, aufs Töpfchen zu gehen. Seine Eltern möchten ihn motivieren, das Töpfchen häufiger zu benutzen. Also versprechen sie ihm: Für jeden erfolgreichen Gang zum Töpfchen gibt es ein Schoko-Ei. Sobald Luis es schafft, freuen sich seine Eltern und lösen ihr Versprechen ein. Schon bald sagt der Kleine in dem Moment, in dem er sich aufs Töpfchen setzt: »Schoko-Ei.«

Eine provokante Frage, die zum Nachdenken anregt: Haben Sie schon einmal erlebt, dass eine Mutter ihrem Kind ein Stück Gurke verspricht, wenn es etwas besonders gut gemacht hat?

»Das wird schon wieder gut!« – Essen als Tröster

Situationen wie diese kennen Sie bestimmt: Ein Kind fällt hin und bekommt zum Trost Gummibärchen in die Hand gedrückt. Auch die reflexhafte Gabe von Globuli beim kleinsten Malheur beobachten wir regelmäßig.

Die Botschaft an die Kinder lautet: Wenn eine Situation nicht gut ist, muss ich mir direkt etwas in den Mund stecken. Das gilt auch für die nicht selten vorkommenden Versuche, Tobsuchtsanfällen mit etwas Süßem in den Griff zu bekommen. Essen wird also entweder entzogen (»Wenn …, dann *kein* Nachtisch«), oder es wird genau gegensätzlich agiert (»Hier, nimm einen Keks zur Beruhigung«). In beiden Fällen wird das Kind nicht wohlwollend in seinem Schmerz begleitet, sondern es wird nach einer schnellen, nicht bedürfnisorientierten, Lösung gesucht.

Kinder werden mit Essen dazu ermuntert, einem Erwachsenen Liebe und Zuneigung zu geben

Zugegeben: Diese Formulierung klingt drastisch, und sicher steckt meist keine böse Absicht dahinter. Dennoch kommt es vor, dass Erwachsene sich von Kindern Zuneigung wünschen und ihnen daher Süßigkeiten oder ihre Lieblingsspeisen anbieten.

Ein Beispiel: Emil und Sophie sind acht und sechs Jahre alt. Ihre Mutter ist beruflich sehr viel unterwegs, sodass sich meist das

Au-pair um die beiden Kinder kümmert. Die Mutter erlässt vor ihrer Abreise die Anweisung, dass sich die Kinder bitte gesund ernähren sollen – aus ihrer Sicht ist damit eine kohlenhydratarme Ernährung mit Fisch, Fleisch und Gemüse gemeint. Wenn die Mutter allerdings von ihren Geschäftsreisen nach Hause zurückkehrt, kommen Pasta und Pizza auf den Tisch – genau die Dinge also, die die Kinder am liebsten essen. Die Mutter versucht also unterbewusst mit ihrem Verhalten ihr eigenes Bedürfnis nach Liebe und Anerkennung zu erfüllen.

Was passiert mit dem Kind?

Die in der Kindheit gelernten Belohnungs- und Bestrafungsmechanismen manifestieren sich im Laufe der Zeit immer mehr, sodass es uns auch im Erwachsenenalter sehr schwerfällt, diese gelernten Muster zu durchbrechen. Mit süßen (oder salzigen) Lebensmitteln verbinden wir ein Wohlgefühl, das wir auch als Erwachsene einsetzen, um uns zu belohnen oder zu trösten: Wer kennt sie nicht, die »wohlverdiente« Schokolade, die wir erschöpft zum Sofa tragen, wenn die Kinder endlich im Bett sind?

Solange sich unsere Belohnungsmechanismen nicht negativ auf unser Gewicht, unsere Gesundheit oder unser Wohlbefinden auswirken, sind sie gar nicht so schlimm. Leider ist es aber häufig so, dass der Belohnungsmechanismus die natürliche Körperintelligenz massiv stört, weil Hunger und Sättigung nicht wahrgenommen werden und dadurch Übergewicht entstehen kann. Auch in Kombination mit dem emotionalen Essen ist der Belohnungsmechanismus höchst problematisch.

Mit dem Bestrafungsmechanismus verhält es sich ganz ähnlich: Durch die Strafe wird etwas gestrichen, das sehr positiv besetzt ist. Denn sonst würde die Strafe als Machtmittel nicht funktionieren. »Wenn du jetzt nicht sofort kommst, darfst du nachher nicht Zähneputzen« funktioniert als Drohung natürlich nicht. Auch eine Strafe mit einem Lebensmittel, das neutral besetzt ist, greift nicht. Angenommen, wir würden Süßigkeiten tatsächlich neutral als ein Lebensmittel von vielen betrachten, dann wäre die Bestrafung mit Süßigkeiten-Entzug nicht zielführend. Mit anderen Worten: Nur durch die Erhöhung, den Faktor des Besonderen, funktioniert die Strafe auch tatsächlich. Und genau hier liegt die Krux: Ungewollt wird die Süßigkeit auf einen Sockel gestellt. Der Mechanismus ist also genauso zu bewerten wie die Belohnung mit Süßigkeiten.

Was ist die Herausforderung für Eltern?

Die Lösung ist in diesem Fall sehr naheliegend: Essen sollte Kindern gegenüber niemals manipulierend eingesetzt werden – weder als Strafe, noch als Belohnung, zum Trost oder als Mittel, um sich Zuneigung zu erkaufen. Wichtig ist dabei auch, dass Lebensmittel nicht gegeneinander ausgespielt oder künstlich verknappt werden.

Vielleicht denken Sie nun: Hilfe, mir wird gerade ein wichtiges Erziehungsinstrument genommen! Dieses Gefühl ist verständlich, und daher möchten wir Ihnen mit den nachfolgenden Übungen und Tipps dabei helfen, es dennoch zu schaffen.

Was können Sie konkret tun?

Wenn Sie, ganz unabhängig vom Thema Ernährung, die Tendenz haben, häufig zu belohnen oder zu bestrafen, möchten wir Ihnen Katharina Saalfranks Buch *Kindheit ohne Strafen* ans Herz legen.[113] Es liefert wichtige Impulse für einen bedürfnisorientierten und empathischen Umgang mit Ihrem Kind. Denn Strafen bedeuten immer einen Machtmissbrauch und gehen mit Demütigung einher.

Dennoch ist es nicht leicht, auf Stress-Situationen von heute auf morgen anders als gewohnt zu reagieren. Die nachfolgende Übung kann Ihnen dabei helfen.

Coaching-Tool: Belohnungs- und Bestrafungsmechanismen reflektieren

Schritt 1: Beobachten Sie sich für einige Tage, und notieren Sie alle Sätze, die Sie dafür verwenden, um mit Essen zu belohnen, zu bestrafen oder zu trösten.

Schritt 2: Wählen Sie nun einen der Sätze aus, der Ihnen besonders prägnant erscheint, und reflektieren Sie die Situation, in der Sie ihn ausgesprochen haben. Versuchen Sie, sich in die Lage Ihres Kindes zu versetzen und sich in seine Gefühle, Bedürfnisse und Gedanken einzufühlen.

Fragen Sie sich aus der Sicht Ihres Kindes:

- Warum bin ich heute so gereizt und unausgeglichen?
- Wie fühle ich mich – vor und nach der Eskalation?
- Welche Bedürfnisse sind bei mir nicht erfüllt?
- Was wünsche ich mir von meiner Mama oder meinem Papa?

Reflektieren Sie nun Ihre eigene Gefühlslage:

- Wie fühle ich mich – vor und nach der Eskalation?
- Welche Bedürfnisse sind bei mir nicht erfüllt?
- Was wünsche ich mir?

Schritt 3: Überlegen Sie sich nun, wie Sie alternativ hätten reagieren können. Welches Verhalten hätte die Situation entschärfen können? Was hätten Sie proaktiv tun können, damit es gar nicht so weit kommt? Was hätte Ihrem Kind gutgetan? Was hätten Sie tun können, um auch Ihre eigenen Bedürfnisse zu erfüllen?

Schritt 4: Überlegen Sie nun, wie Sie bei der nächsten ähnlichen Situation handeln wollen.

Spannend ist: Sobald Sie Lösungen finden, die die Bedürfnisse Ihres Kindes erfüllen, werden Sie feststellen, dass auch Ihre eigenen Bedürfnisse erfüllt werden.

Schritt 5: Probieren Sie es beim nächsten Mal einfach aus. Wenn es klappt, wunderbar! Wenn nicht, wird es noch weitere Chancen geben. Versuchen Sie, in jedem Fall wohlwollend mit sich zu bleiben. Veränderungen brauchen einfach ihre Zeit.

Das zugehörige Arbeitsblatt finden Sie unter www.koesel.de/deinkindisstbesser.

Lassen Sie uns die Übung anhand eines Beispiels durchgehen: Ihr Kind ist gefühlt schon den ganzen Tag »unerträglich«. Es ist laut, reagiert auf Bitten von Ihnen genervt. Irgendwann platzt Ihnen der

Kragen, Sie drohen gereizt: »Wenn du nicht sofort auf mich hörst, bekommst du nachher keinen Nachtisch!«

Wenn Sie die Situation reflektieren und die Sicht Ihres Kindes einnehmen, stellen Sie vielleicht fest, dass Ihr Kind schlecht geschlafen hat und der Tag herausfordernd gewesen ist. Ihr Kind ist müde und überreizt und weiß nicht, wohin mit sich und seinen Gefühlen. Es war schon vor der Eskalation angespannt und gestresst und fühlt sich nun gedemütigt und alleine. Es hat ein Bedürfnis nach Ruhe und Geborgenheit. Nun zu Ihrer eigenen Gefühlslage: Ihnen selbst geht es nicht besser. Sie hatten viel Stress und nun macht Ihnen auch noch Ihr Kind das Leben schwer (zumindest fühlt es sich für Sie so an). Sie sind genervt und verärgert und haben ein starkes Bedürfnis nach Ruhe.

Auf der Suche nach Alternativen würden Sie vielleicht zu folgenden Erkenntnissen gelangen:

Ich hätte tief durchatmen und mein Kind in den Arm nehmen können. Wir hätten uns bereits vor einer Stunde eine Ruhe-Auszeit nehmen können, mit einer gemeinsamen Kuscheleinheit. Ich hätte meinem Kind ein Hörspiel anmachen und es zur Ruhe kommen lassen können – gleichzeitig hätte ich auf diese Weise selbst eine kleine Verschnaufpause bekommen. Ich hätte schon am Vorabend dafür sorgen können, dass mein Kind früher schlafen geht. Wir könnten unser Abendritual vorverlegen, damit das Licht am Abend eher aus geht und mein Kind am Morgen ausgeschlafen ist.

Die getroffenen Maßnahmen verschaffen dem Kind also die Ruhe und Geborgenheit, die es braucht. Die Folge: Es wird ausgeglichener und ruhiger sein – und das unterstützt auch Sie in Ihrem Bedürfnis nach Ruhe.

10. Überforderung

In diesem Kapitel geht es nicht – wie man vielleicht erwarten würde – um die Überforderung des Kindes, sondern um Ihre eigene. Und in der Tat kann es das Essverhalten Ihres Kindes negativ beeinflussen, wenn Sie das Gefühl haben, überlastet zu sein. Der Familienalltag ist oft hektisch, und es gelingt nicht immer, allen Bedürfnissen gerecht zu werden. Gleichzeitig reiben wir uns als Eltern oft am eigenen Perfektionsanspruch auf. Sich einzugestehen, wenn man sich überfordert fühlt, ist der erste wichtige Schritt, um Lösungsstrategien entwickeln zu können.

Bei der Entwicklung von Essstörungen kommen Faktoren zum Tragen, die im direkten Zusammenhang mit dem Befinden der Eltern oder auch der Eltern-Kind-Beziehung stehen. So ist das Risiko erhöht, wenn folgende Umstände vorliegen:

- »eine Essstörung, Depression oder Suchtproblematik bei einem Elternteil
- ungelöste oder verborgene Konflikte in der Beziehung der Eltern
- eine von Leistungs- und Erfolgsdenken geprägte Erziehung […]
- eine enge Bindung zu einem Elternteil bei gleichzeitiger großer Distanz zu dem anderen
- Konfliktvermeidung und Mangel an offener Kommunikation«.[114]

Wenn Sie sich überfordert fühlen, kann sich der von Ihnen empfundene Stress negativ auf die Eltern-Kind-Bindung auswirken und das natürliche Essverhalten Ihres Kindes beeinflussen. Ein Beispiel:

Janina ist elf Jahre alt. Ihre Eltern leisten viel im Job und haben wenig Zeit für sie. Um die Zeit zu Hause so konfliktfrei wie möglich zu gestalten, kaufen sie die Lebensmittel ein, die sich Janina wünscht. Wenn sie aus der Schule nach Hause kommt und sich alleine fühlt, freut sie sich schon darauf, das Essen anzurichten. Sie stellt sich einen Süßigkeiten-Teller zusammen, den sie genüsslich, meistens vor dem Fernseher, isst.

Was passiert mit dem Kind?

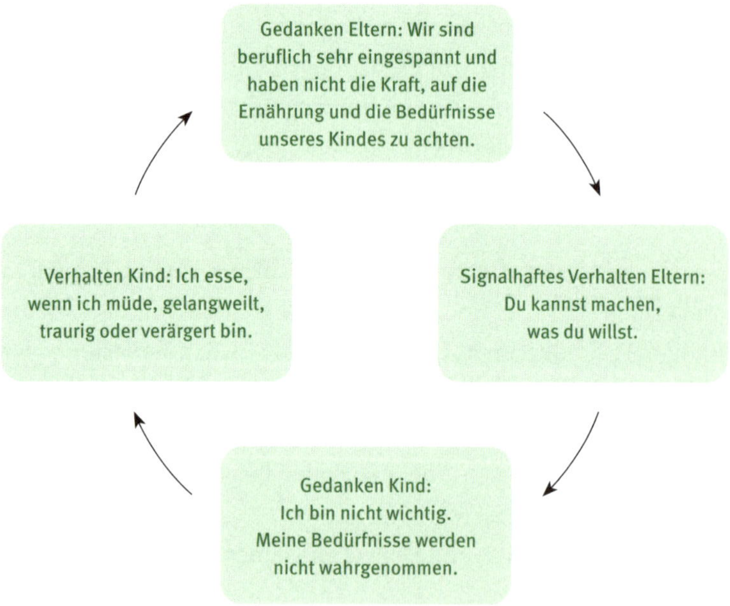

Janina vermisst etwas: Geborgenheit, Gemeinschaft, Zugehörigkeit, einen Familienalltag. Die nicht erfüllten Bedürfnisse kompensiert sie mit Essen. Das kann zu dem abgebildeten Teufelskreis führen.

Was ist die Herausforderung für Eltern?

Für uns als Eltern ist es oft schwierig, den eigenen anspruchsvollen Alltag zu meistern. Wenn wir häufig, gefangen zwischen To-do-Listen und dem Familienleben, unseren eigenen Bedürfnissen hinterherlaufen, fällt es uns schwer, eine gute Beziehung zu unserem Kind zu leben. Die Herausforderung liegt darin, Lösungen zu finden, die uns als Eltern entlasten – und damit auch unser Familienleben wieder harmonischer gestalten.

Was können Sie konkret tun?

So, wie Sie für Ihr Kind Ruhephasen planen, können Sie es auch für sich selbst umsetzen. Eine Mutter erzählte uns, dass es für sie schon einen großen Unterschied macht, ob sie den Kaffee zwischen Tür und Angel im Stehen trinkt, oder ob sie sich zehn Minuten Zeit für eine ruhige Kaffeepause nimmt. Einmal durchatmen, die Gedanken sortieren, Kraft tanken – das reicht mitunter schon.

Coaching-Tool: So-wie-Methode

Diese Übung soll Sie auf spielerische Art und Weise ermutigen, einige Stellschrauben so zu verändern, dass die gesamte Familie davon profitiert.[115]

Schritt 1: Überlegen Sie sich eine Person, die für Sie ein Vorbild ist in Bezug auf Familienleben, Erziehungsansichten oder das Thema Essen. Das kann eine Freundin sein, das kann eine Prominente sein, die inspirierend ist, das kann aber auch die bereits verstorbene Oma sein. Notieren Sie die ausgewählte Person auf einem Blatt Papier oder unserem Arbeitsblatt.

Schritt 2: Sammeln Sie nun auf der linken Seite Ihres Blattes alle positiven Eigenschaften und Verhaltensweisen, die diese Person auszeichnen, beziehungsweise all das, wovon Sie *vermuten*, dass es diese Person auszeichnet – allgemein und speziell auch in Bezug auf das Essverhalten in der Familie.

Schritt 3: Schreiben Sie nun daneben auf der rechten Seite des Blattes zu *jedem* Punkt auf, was Sie selbst tun können, um die positiven Eigenschaften zu verstärken. Lassen Sie sich ruhig Zeit, die Liste wird möglicherweise lang werden.

Wenn Sie feststellen, dass Sie die in der linken Spalte genannte Eigenschaft selbst auch schon mitbringen, setzen Sie einfach einen Smiley.

Schritt 4: Überlegen Sie nun, welche Ideen Sie tatsächlich umsetzen möchten. Ideal ist es, wenn Sie eine ganz konkrete To-do-Liste mit Datum erstellen, bis wann Sie welche Punkte umsetzen möchten.

Schritt 5: Betrachten Sie nun die gesetzten Smileys. Vielleicht sind Sie überrascht, wie viele der positiven Eigenschaften Ihres Vorbildes auch zu Ihren Stärken zählen? Welche Punkte erscheinen Ihnen besonders kraftvoll?

Notieren Sie die Eigenschaft, die Ihnen am bedeutungsvollsten erscheint. Treten Sie in einen inneren Dialog, und sagen Sie sich diese Dinge ganz bewusst, am besten täglich. Sie können sich dafür beispielsweise vor den Spiegel stellen.

Dieses Ritual wird Sie enorm stärken. Haben Sie eine ausgewählte Eigenschaft gut verinnerlicht, können Sie eine neue positive Eigenschaft auswählen, die Sie sich nun täglich besonders bewusst machen.

Schritt 6: Gleichen Sie das, was Sie sich vorgenommen haben, regelmäßig mit der Realität ab: Was wurde umgesetzt, wie ist es gelaufen, was hat gut geklappt, was hat nicht geklappt?

Seien Sie ehrlich zu sich und fragen Sie sich, warum etwas nicht geklappt hat, welche Ängste und Bedenken im Weg stehen. Gibt es reale Hemmnisse, stehen Glaubenssätze im Weg, was kann schlimmstenfalls passieren, was ist der Gewinn, wenn Sie die Veränderung wagen?

Das zugehörige Arbeitsblatt finden Sie unter www.koesel.de/deinkindisstbesser.

Anhand von Janinas Mutter möchten wir Ihnen gerne beispielhaft zeigen, welche wertvollen Impulse die Übung liefern kann. Noch einmal zur Erinnerung: Die Herausforderung der Familie ist, dass die Eltern beruflich sehr eingespannt sind, Janina darunter leidet und ihre Einsamkeit mit Essen kompensiert.

Positive Eigenschaften und Verhaltensweisen von meinem Vorbild Hannah	Was kann ich tun, um die positiven Merkmale bei mir zu verstärken?
Sie ist sehr strukturiert und plant ihren Tagesablauf sorgfältig.	Ich plane gemeinsam mit meinem Mann die Tagesabläufe um: sowohl für uns als Eltern als auch für Janina, damit sie weniger Zeit alleine verbringt.
Am Wochenende plant sie viel Zeit für die Familie ein.	Ich überlege mir Rituale, die wir als Familie gemeinsam machen können, beispielsweise: Jeden Samstagabend schauen wir gemeinsam einen Familienfilm. Zusammen mit meinem Mann achte ich darauf, dass wir uns Qualitätszeit schaffen, zum Beispiel gemeinsame Spaziergänge im Wald.
Sie schafft es, auch mal »Fünfe gerade« sein zu lassen, im Haushalt muss nicht immer alles perfekt sein.	Das gelingt mir manchmal auch, aber ich nehme mir vor, häufiger ganz bewusst Dinge liegen zu lassen und tief durchzuatmen.
Sie meditiert und strahlt dadurch eine innere Ausgeglichenheit aus.	Ich nehme mir bewusste Auszeiten für mich.

Das möchte ich umsetzen:

Ich strukturiere meine Arbeitszeit so um, dass ich Mittwochnachmittag Zeit für Janina habe. Hier nehmen wir uns ganz bewusst Zeit für uns. Montags und freitags buche ich für sie die Nachmittagsbetreuung und donnerstags kann sie sich mit ihrer Freundin verabreden.

Freitags während des Abendessens überlegen wir gemeinsam, was wir am Wochenende unternehmen und wie wir unsere Zeit miteinander gestalten.

Während dieser gemeinsamen Zeit mache ich nichts anderes, der Haushalt muss dann warten.

Ich schreibe abends ein Dankbarkeitstagebuch.

Ich stelle mir den Wecker 15 Minuten eher und nutze die Zeit für eine Meditation.

Dem Vertrauen auf der Spur

In den vorangegangenen zehn Kapiteln haben Sie sich umfassend mit den körperlichen und seelischen Aspekten beschäftigt, die das Essverhalten Ihres Kindes beeinflussen können. Neben Hintergrundwissen und praktischen Tools konnten Sie immer wieder Beispiele aus unserem privaten Alltag und unserer Erfahrung mit Coaching-Familien lesen. Wir haben sie eingeflochten, um Ihnen zu zeigen, dass Sie mit Ihren Sorgen und Ihrer Verunsicherung nicht allein sind. Zugleich möchten wir Sie damit einladen, Ihren Alltag mit Kind aufmerksam zu beobachten und offen für die kleinen und großen Aha-Erlebnisse zu sein, die sich einstellen werden. Denn sobald wir den Fokus auf das intuitive Essverhalten legen und unsere alten Denk- und Ernährungsmuster infrage stellen, sind wir in der Lage, all das zu sehen, was unsere Kinder bereits mitbringen, was gut funktioniert und von Natur aus »eingespielt« ist.

Zum Schluss schlagen wir eine Brücke zu den Anfängen unseres Buches: Sie erinnern sich vielleicht noch an Paul, der im Alter von drei Jahren heimlich und mit viel kreativer Energie das Schokoladen-Papier unter dem Sofa hat verschwinden lassen. Inzwischen ist Paul sechs Jahre alt, und ja, die Geschichte nahm ein gutes Ende. Wie wäre es, wenn Sie diesen abschließenden Erfahrungsbericht als Richtschnur ansehen, um schon mal einen kleinen Vorgeschmack darauf zu bekommen, wie unbeschwert, gelassen und vertrauensvoll das Thema Ernährung für Sie als Familie künftig sein wird?

Wir hatten früher die Angewohnheit, Paul mit Süßigkeiten zu einem Spaziergang zu überreden. Diese wurden zu Hause eingepackt und später willkürlich am Wegesrand versteckt. Paul musste dann auf die Suche gehen – und wenn er fündig wurde, aß er in der Regel alles sofort auf. Oder anders formuliert: Er verschlang das, was er fand, hastig an Ort und Stelle.

Seither hat sich vieles verändert, unser Wendepunkt liegt nun schon drei Jahre zurück. Und da Süßigkeiten seitdem nicht mehr verteufelt, eingeschränkt oder gar verboten werden, haben sie natürlich auch ihren Reiz verloren. Die Tradition, sie bei einem Spaziergang zu verstecken, haben wir allerdings beibehalten. An einem Sonntagabend passierte Folgendes: Wir hatten das ganze Wochenende sehr intensiv an dem Buch, das Sie gerade in den Händen halten, gearbeitet, und im Haushalt war einiges liegen geblieben. Zudem spürte ich, dass Paul meine Aufmerksamkeit vermisste. Ein klassisches Gefühl der Überforderung. Mir hilft in solchen Momenten immer die Natur, Bewegung, einfach rausgehen und mal tief durchatmen. Paul und ich entschlossen uns also, einen abendlichen Spaziergang zu machen. Mit dabei: eine Tüte mit Süßigkeiten. »Lass uns die auf dem Spielplatz verstecken, Mama!« Ich war einverstanden. Immer abwechselnd musste einer von uns verstecken, der andere suchen. Wir vertieften uns in das Spiel und kehrten erst nach Hause zurück, als es schon stockfinster war. Mit dabei: die Tüte mit Süßigkeiten, denn wir hatten beide keinen Appetit auf Süßes gehabt. Gemeinsam verstauten wir sie im Schrank, und mir wurde klar, was für ein Glück dieser Wendepunkt doch für unsere Familie bedeutet hat.

Sind Sie die ersten Schritte in Richtung Vertrauen bereits gegangen? Oder hadern Sie noch mit dem einen oder anderen Punkt? Ganz gleich, ob es dabei um die konkrete Situation am Esstisch oder den Umgang mit vermeintlich ungesunden Lebensmitteln geht: Wir haben im nun folgenden, letzten Teil des Buches die wichtigsten Fragen und Antworten noch einmal kompakt gebündelt.

Teil 5

Häufige Fragen

Fragen rund um den Alltag

Wie erkenne ich, ob mein Kind wirklich hungrig ist?

Für Hunger gibt es unterschiedliche Anzeichen, etwa Magenknurren oder Unkonzentriertheit. Wenn Sie achtsam sind, können Sie in der Regel gut wahrnehmen, ob es sich um Hunger handelt oder einen Impuls von außen. Hunger kommt aus dem Inneren des Kindes, es lässt sich davon nicht mehr abbringen und wird klar signalisieren, dass es das Bedürfnis nach Essen hat. Essen aus Langeweile lässt sich beispielsweise erkennen, wenn Ihr Kind sich leicht von dem Impuls zu essen ablenken lässt und sich stattdessen in ein Spiel vertieft. Kinder verlangen manchmal auch aufgrund äußerer Reize nach Nahrung, zum Beispiel, wenn sie die gekaufte Chipstüte entdecken, während Sie gerade die Einkäufe einräumen. Sie sehen die Tüte und wollen die Chips essen, auch wenn sie kurz zuvor noch überhaupt nicht an Essen gedacht haben. Auch dies ist ein äußerer Impuls und hat meistens mit körperlichem Hunger nichts zu tun.

Wann darf ich »Nein« sagen?

Die Frage, wann Sie trotz allem Vertrauen zu Ihrem Kind »Nein« sagen sollten, ist sehr wichtig – und gleichzeitig gar nicht so leicht zu beantworten. Vorab: Ja, Sie dürfen auch Nein sagen, und zwar immer dann, wenn Sie den Eindruck haben, dass Ihr Kind nicht aufgrund von körperlichem Hunger isst oder essen möchte. Dies kann ganz unterschiedlich aussehen:

- Ihr Kind kommt frustriert von der Schule nach Hause, schnappt sich eine Tafel Schokolade und verschwindet in seinem Zimmer.
- Ihr Kind sitzt vor dem Computer und isst nebenbei Chips.
- Ihr Kind beharrt darauf, Nachtisch zu bekommen, obwohl Sie das Nachtischritual eigentlich aufgegeben haben und Ihr Kind daher schon während des Abendessens Schokolade gegessen hat.

Es wird noch viele andere Situationen geben, entscheidend ist: Sie kennen Ihr Kind am besten, und wenn Sie den Eindruck haben, dass es Nahrung als Ventil nutzt, gibt es verschiedene Möglichkeiten, darauf zu reagieren.

Es liegt an Ihnen und Ihrem Fingerspitzengefühl, ob Sie das Verhalten unterbinden oder ob Sie es zunächst geschehen lassen und zu einem späteren Zeitpunkt ansprechen. Sie sollten aber keinesfalls nichts tun, sondern immer versuchen, aus der Situation etwas mitzunehmen. Lassen Sie uns die oben genannten Beispiele einmal genauer ansehen.

Beginnen wir mit dem Frustessen nach der Schule: Sie ahnen vielleicht, dass Ihr Kind völlig genervt und noch frustrierter reagieren wird, wenn Sie etwas gegen den Schokoladenkonsum einwenden. Aber vielleicht lässt es die Situation zu, dass Sie sich zu Ihrem Kind setzen und über den Tag sprechen? Vielleicht können Sie schmunzelnd den Tipp geben, die Schokolade mit viel Genuss zu essen, und danach gemeinsam überlegen, welche Lösung es für das offensichtliche Problem gibt?

Zweites Beispiel: Ihr Kind sitzt vor dem Computer und isst Chips. In dieser Situation ist es völlig legitim, zu sagen: »Ich finde es nicht gut, dass du die Chips jetzt isst. Ich nehme die Tüte mit und nachher setzen wir uns zusammen. Wenn du dann immer noch Lust auf Chips hast, kannst du sie essen. Okay?« Sollte Ihr Kind nicht einwilligen, können Sie ihm sagen, dass es für heute okay ist, aber dass Sie es in Zukunft gerne anders machen möchten. Begründen Sie Ihre Entscheidung!

Wichtig: Wenn Sie die Reaktion testen, geht es nicht darum, Ihr Kind damit zu belohnen, dass es *dann* seinen Willen bekommt, wenn es heftig protestiert. Es geht darum, herauszufinden, wie wichtig es Ihrem Kind in diesem Moment ist, zu essen, obwohl es nicht hungrig ist.

Ein striktes Nein ist auch ohne körperlichen Hunger nicht immer das beste Mittel der Wahl. Das Gute ist: Ihr Kind hat sich verschiedene Belohnungs-, Gewohnheits- oder anders gelagerte Muster noch nicht über viele Jahre hinweg antrainiert. Sie können ihm also helfen, die ersten Anzeichen für solche Muster zu stoppen. Wie dies gelingen kann? Das finden Sie am besten heraus, indem Sie testen, wie stark das Verhalten sich schon als Muster verfestigt hat. Wenn Ihr Kind zum Beispiel so gut wie nie vor dem Fernseher Süßigkeiten isst, wird es auch nicht protestieren, wenn Sie dies nicht mehr erlauben. Wenn es Ihrem Kind aber bereits schwerfällt, darauf zu verzichten, ist es Ihre Aufgabe, das Muster sukzessive und mit Fingerspitzengefühl zu durchbrechen.

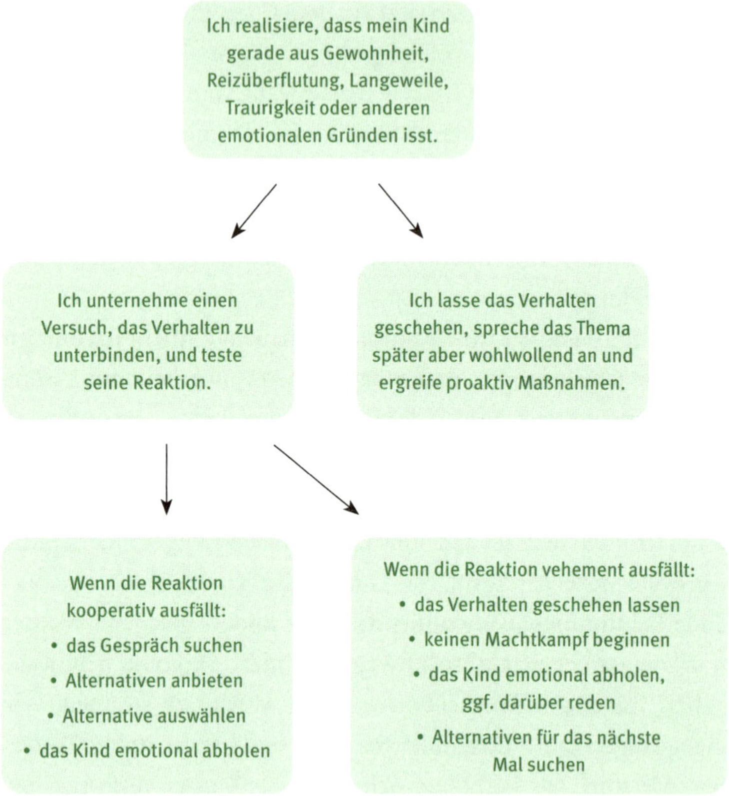

Verwöhne ich mein Kind, wenn es alles essen darf?

Kinder essen zu lassen, worauf sie Appetit haben, bedeutet nicht, sie zu verwöhnen. Vielmehr lernt Ihr Kind, seine eigenen Körpersignale zu erspüren und auf seine Bedürfnisse zu hören. Es vertraut sich und seinem Körper und entwickelt dadurch im wahrsten Sinne des Wortes ein gesundes *Selbstvertrauen*.

Sollte ich auf das Essverhalten einwirken, wenn mein Kind krank ist?

Wenn das eigene Kind krank ist und nicht essen möchte, befürchten wir Eltern oft, dass es zu schwach oder zu dünn wird. Es ist spannend zu sehen, dass Kinder bei Krankheit oft nur sehr wenig essen, denn der Körper will sich nicht mit der Verdauung belasten. Wenn sie wieder gesund sind, essen Kinder aber meist ein paar Tage lang deutlich mehr, um die zuvor nicht zugeführte Energie wieder aufzuholen. Machen Sie sich also keine Sorgen um die geringe Nahrungsaufnahme. Wenn Ihr Kind ernsthaft krank ist, sollten Sie es natürlich einem Kinderarzt vorstellen.

Wie soll ich mit Unverträglichkeiten meines Kindes umgehen?

Haben Sie den Verdacht, dass Ihr Kind bestimmte Lebensmittel nicht verträgt, sollten Sie einen Arzt zurate ziehen. Grundsätzlich ist davon auszugehen, dass Ihr Kind Lebensmittel, die ihm nicht gut bekommen, tendenziell meidet. Dennoch ist beispielsweise bei dem Verdacht auf Zöliakie (lebenslange Unverträglichkeit gegenüber dem Klebereiweiß Gluten) ärztliche Unterstützung unabdingbar.

Was mache ich, wenn mein Kind nicht frühstücken will?

Wenn Ihr Kind morgens keinen Hunger hat, ist es völlig in Ordnung, wenn es morgens nichts isst. Wenn Ihr Kind beispielsweise bereits Schulkind ist und merkt, dass es den Hunger kaum bis zur Frühstückspause aushalten kann, wird es seine Essgewohnheiten anpassen. Wenn es aber wunderbar bis zur Pause durchhalten kann, scheint der Verzicht auf das Frühstück gut in den Tagesrhythmus des Kindes zu passen.

Ich habe Angst, dass mein Kind unkontrolliert isst.

Wenn ein Kind unkontrolliert isst, sind häufig unerfüllte Bedürfnisse im Spiel. Ein unkontrolliertes Essverhalten hat nichts mit einem vertrauensvollen Umgang mit dem Körper zu tun. Der Körper strebt ein Gleichgewicht an, das dann erreicht ist, wenn seine Bedürfnisse befriedigt werden. Versorgen wir unseren Körper mit allen nötigen Nährstoffen, und es stellt sich dennoch keine Sättigung ein, liegen meist andere, emotionale Gründe vor. Wenn Ihr Kind also über einen längeren Zeitraum tatsächlich unkontrolliert isst, sollten Sie genauer hinsehen und mit Ihrem Kind gemeinsam herausfinden, woran es liegt. Dann können Sie gemeinsam auf eine nachhaltige Änderung hinarbeiten. Das Essverhalten zu deckeln und zu kontrollieren, führt langfristig eher zu einer Verschlimmerung der Situation.

Mein Kind ist noch sehr klein, wie soll es wissen, was es essen möchte?

Anders als bei allem, was wir kognitiv erlernen, ist es bei unseren ureigenen Instinkten – wie Essen, Trinken und Schlafen – so, dass diese von Beginn an vorhanden sind. Wir müssen diese Dinge nicht lernen. Das Baby sucht instinktiv die Brust, wenn es hungrig ist. Es weiß, was es zu tun hat. Es spürt, welche Nahrung bekömmlich ist – und welche nicht. Muttermilch ist süß, daher präferieren Kinder genetisch bedingt süße Lebensmittel. Auch wissen sie instinktiv, dass ein bitter schmeckendes Lebensmittel ihnen körperlich schaden könnte. Ihr Körper ist evolutionär darauf eingestellt, bei diesem Geschmack mit einer Gefahr zu rechnen.

Hier können wir wunderbar von unseren Kindern lernen. Denn je kleiner sie sind, desto ungetrübter ist die natürliche Körperintelligenz. Wir empfehlen, kleinen Kindern möglichst unverarbeitete, natürliche Produkte anzubieten. So lernen sie, dass eine frische Erdbeere anders schmeckt als der Shake, dem nur Erdbeeraroma zugesetzt wurde. Aber bitte lassen Sie dies nicht zu einem Dogma werden. Speziell wenn es ältere Geschwisterkinder gibt, kommen auch kleine Kinder unweigerlich in Kontakt mit Süßigkeiten. Hier ist etwas Fingerspitzengefühl gefragt. Sie müssen abwägen zwischen dem Aufkommen von Verzichtgefühlen bei Verknappung auf der einen Seite und dem eventuell etwas schlechteren Spüren der Körpersignale auf der anderen Seite. Unsere Erfahrung zeigt, dass auch kleine Kinder, die aus einer vielfältigen Auswahl wählen können (und eben nicht nur Süßigkeiten angeboten bekommen, sondern beispielsweise auch Obst und Gemüse) bedarfsgerechte Entscheidungen treffen und sich ausgewogen ernähren.

Mein Kind ist mit diesem Ansatz überfordert, ich kenne es!

Jedes Kind verfügt von Geburt an über eine natürliche Körperintelligenz. Wenn Ihr Kind überfordert ist, bedeutet dies, dass es seine Körperintelligenz nicht mehr ausreichend wahrnehmen kann. Wir möchten Sie dazu ermutigen, die Gründe hierfür aufzudecken, um im Anschluss mit Ihrem Kind zu üben, sich wieder auf die Innensteuerung zu verlassen. Gerade Kinder haben noch keine eingeschliffenen Muster und lernen deutlich leichter, wieder auf ihre Körpersignale zu vertrauen als Erwachsene, die häufig über viele Jahre hinweg störende Mechanismen verinnerlicht haben.

Wenn ich Süßigkeiten nicht mehr als Belohnung einsetzen kann, wie belohne ich mein Kind dann in Zukunft?

Es gibt viele Möglichkeiten, ein Kind zu belohnen. Zeit mit den Eltern zu verbringen ist etwas, das Kindern guttut und worüber sie sich sehr freuen. Man kann also das Kind beispielsweise mit einem gemeinsamen Ausflug belohnen; empfehlenswert ist es auch, mit Ihrem Kind gemeinsam Ideen zu entwickeln.

Es lohnt sich aber auch, sich ehrlich zu fragen, ob Sie Ihr Kind überhaupt belohnen (oder auch bestrafen) *müssen*. Belohnungen und Bestrafungen werden in der Regel eingesetzt, um beim Kind ein bestimmtes Verhalten zu erzielen. Besser ist es, wenn dies bedürfnisorientiert geschieht. Auf diesen Punkt gehen wir in Teil 4 (»Belohnung und Bestrafung«) detailliert ein.

Entfallen gemeinsame Essenszeiten, wenn jeder isst, wenn er Hunger hat?

Wir befürworten grundsätzlich gemeinsame Essenszeiten, denn es gibt Hinweise, dass Kinder aus Familien, die regelmäßig gemeinsam essen, ein geringeres Risiko sowohl für Essstörungen als auch für Fettleibigkeit haben.[116] Allerdings sollte der Fokus hier mehr auf dem gemeinsamen Zusammenkommen liegen und nicht auf der Menge und Auswahl, die gegessen werden müssen. Jeder sollte im Rahmen der gemeinsamen Zeiten die Freiheit haben, so viel wie er möchte von dem zu essen, was sein Körper gerade benötigt.

Mein Kind ist sehr wählerisch. Darf ich das Probieren zur Pflicht machen?

Beim Probieren kommt es auf das individuelle Geruchs- und Geschmacksempfinden des Kindes an. Manche Kinder stellen tatsächlich erst beim Probieren fest, dass das Nahrungsmittel ihnen gut schmeckt. Hier ist es durchaus sinnvoll, sie ohne Druck zum Probieren zu ermutigen. Es gibt aber auch Kinder, die anhand des Geruchs schon sehr gut einschätzen können, ob das Lebensmittel ihnen zusagt oder nicht. Tipp: Das Kind einmal bewusst riechen lassen und seine Entscheidung, ob ja oder nein, vertrauensvoll akzeptieren.

Mein Kind verlangt oft nach einer »Extrawurst«, das ärgert mich. Wie gehe ich damit um?

Wir können gut nachempfinden, dass es für Sie anstrengend ist, wenn Sie bei Tisch nicht zur Ruhe kommen, weil Ihr Kind die angebotene Mahlzeit ablehnt. Wie können Sie einer solchen Situation vorbeugen?

- Bieten Sie Vielfalt am Tisch an, beispielsweise eine frisch gekochte Speise, etwas Brot und Aufstrich, Joghurt, Rohkost und etwas Süßes.
- Fragen Sie Ihr Kind vorab, ob aus seiner Sicht alles da ist, was es braucht. Sollte etwas fehlen, können Sie es vor dem Essen noch auf den Tisch stellen.

Fällt Ihrem Kind beim Essen noch etwas ein, was es zusätzlich essen möchte, kann es dies vielleicht sogar selbst holen. Wenn Ihr Kind dafür noch zu klein ist, hängt es von Ihrem Befinden ab, wie

Sie weiter vorgehen. Sie können entweder dem Wunsch nachkommen, oder – und auch das ist legitim – Ihrem Kind erklären, dass Sie nun in Ruhe essen möchten. Denn auch Sie haben Bedürfnisse. Diese wahrzunehmen ist ein wichtiger Lernprozess für Ihr Kind. Sobald transparent ist, welche Bedürfnisse im Raum stehen – auf Ihrer Seite das Bedürfnis nach Ruhe, aufseiten Ihres Kindes das Bedürfnis nach einer bestimmten Nahrung – ist es möglich, auf dieser Basis Kompromisse auszuhandeln.

Was kann ich tun, wenn mein Kind vor dem Essen Hunger hat und nicht warten möchte, bis wir gemeinsam essen?

Es gibt verschiedene Wege, wie Sie mit einer solchen Situation umgehen können.

Möglichkeit 1: Sie erklären Ihrem Kind, dass das Essen bald fertig ist und dass Sie sich wünschen, als Familie gemeinsam zu essen. Überbrücken können Sie die Zeit beispielsweise, indem Sie Ihr Kind bei der Zubereitung mithelfen lassen. Vielleicht quengelt es nur nach Essen, weil ihm langweilig ist. Und wenn es im Laufe der Zubereitung schon eine Kleinigkeit isst, ist das ja auch nicht schlimm.

Möglichkeit 2: Vielleicht hat Ihr Kind Lust, schon etwas Rohkost zu knabbern. Sie können auch eine Routine daraus machen und Ihrem Kind vor der Mahlzeit Gurken, Äpfel oder Karotten aufschneiden, um den Hunger ein wenig zu überbrücken.

Möglichkeit 3: Wenn Ihr Kind wirklich so hungrig ist, dass es nicht mehr bis zum Essen warten kann, können Sie ihm vorab etwas zu essen geben. Vielleicht haben Sie noch Reste im Kühlschrank oder es hat Lust auf ein Brot. Darf es in diesem Fall auch Süßigkeiten essen? Ja, wenn es hungrig ist, Sie verschiedene Dinge anbieten und es sich für etwas Süßes entscheidet, dann ist das in Ordnung.

Möglichkeit 4: Wenn es häufig vorkommt, dass Ihr Kind vor der eigentlichen Essenszeit hungrig ist, kann es sinnvoll sein, Ihre Routine zu verändern und den Zeitpunkt des Essens vorzuverlegen.

Es stört mich sehr, wenn mein Kind sich viel auf den Teller füllt und dann nicht aufisst.

Kinder können häufig noch nicht gut einschätzen, wie groß ihr Hunger tatsächlich ist. Natürlich können Sie Ihr Kind bitten, sich zunächst wenig aufzufüllen und später noch einmal nachzunehmen, falls es dann noch hungrig ist. Auf keinen Fall sollten Sie aber Ihr Kind zwingen, den Teller zu leeren, um ihm die Konsequenz seines Handelns – nämlich in diesem Fall, dass es seine Portionsgröße überschätzt hat – aufzuzeigen. Erklären Sie Ihrem Kind, dass Sie Essen nicht wegwerfen möchten und sich deshalb wünschen, dass es sich zunächst eine kleinere Portion nimmt.

Rosinenpickerei gehört sich nicht.

Hier unterscheiden wir, ob dieses Verhalten zu Hause stattfindet oder bei Freunden oder Verwandten. Im häuslichen Umfeld sehen wir kein Problem: Warum sollte sich Ihr Kind nicht genau das heraussuchen, worauf es gerade Appetit hat?

Bei der Oma oder Freunden hingegen kommt eine weitere Komponente ins Spiel: Wir möchten niemanden vor den Kopf stoßen, indem wir beispielsweise die Pistazien vom Kuchen picken und den Rest liegen lassen. Hier ist es wichtig, dass Sie Ihrem Kind auch die Perspektive der anderen Person erklären. Ihr Kind sollte seine eigenen Bedürfnisse wahrnehmen können, ohne jedoch die Bedürfnisse des Gegenübers außer Acht zu lassen. Ihr Kind kann lernen, abzuwägen: Wann schaue ich auf mich und darauf, was mein Körper gerade idealerweise braucht? Aber auch: Wie verhalte ich mich höflich? Ihr Kind sollte sich nie gegen seine Bedürfnisse verhalten müssen, aber auch nicht rein auf persönliche Befindlichkeiten fokussieren. Vielleicht können Sie – wie hier beim Pistazienbeispiel – auch eine gemeinsame Lösung finden. Ihr Kind isst die Pistazien, Sie den Kuchen. Oder Ihr Kind isst die Pistazien, und Sie bitten darum, sich den Rest einpacken zu lassen. Ihr Gegenüber wünscht sich wahrscheinlich Wertschätzung für die Mühe, die er sich bei der Zubereitung gegeben hat. Es ist möglich, ihm diese zuteilwerden zu lassen, ohne die eigenen Bedürfnisse ignorieren zu müssen.

Ich habe die Sorge, dass ich für alle Familienmitglieder extra kochen und ständig den Tisch decken muss …

Es ist gar nicht nötig, für jedes Familienmitglied extra zu kochen. Stellen Sie sich vor, am Abend wird gekocht: Es gibt Reis, Hühnchen und eine Soße dazu. Nun haben die Kinder bereits drei unterschiedliche Lebensmittel, zwischen denen sie auswählen können. Eventuell schneiden Sie noch etwas Rohkost auf, vielleicht gibt es noch Reste vom Vortag oder Sie haben noch ein Brot, das Sie anbieten können.

Zum Tischdecken: Es ist tatsächlich so, dass Kinder ihre Sättigung, die abends ja für die ganze Nacht vorhalten soll, manchmal noch nicht richtig einschätzen können und dann zum Beispiel nach dem Abendessen nochmals Hunger bekommen. Hier liegt es an Ihnen und auch an Ihren Bedürfnissen, wie Sie damit umgehen möchten. Eine Möglichkeit ist, Ihrem Kind nochmals etwas zu essen zu geben. Als Eltern spüren Sie meist, wie ernst es Ihrem Kind mit seinem Bedürfnis ist. Wenn Sie von einem kleinen Hunger ausgehen, dann dürfen Sie klar formulieren, dass es Ihnen zu viel wird. Dass Sie müde sind, dass Sie sich nicht noch mal in die Küche stellen möchten, die Sie gerade aufgeräumt haben. Das ist völlig legitim und authentisch. In diesem Fall macht Ihr Kind eine Erfahrung: Es spürt, dass es vorher zu wenig gegessen hat. Wenn Sie Ihre Bedürfnisse klar artikulieren, wird Ihr Kind diese auch akzeptieren können, ohne sich herabgesetzt zu fühlen. Eine gute Möglichkeit ist darüber hinaus, die Bedürfnisse auf beiden Seiten zu erfüllen und zu verhandeln. Sie haben vielleicht keine Energie mehr, nochmals etwas zuzubereiten, Ihr Kind ist aber vielleicht auch mit einer Scheibe Brot zufrieden. Auf diese Weise lassen sich kreative Lösungen finden, mit denen alle gut leben können.

Fragen zu ungesunden Lebensmitteln

Wie stehen Sie zu Fertigprodukten? Stören die Zusatzstoffe nicht unser natürliches Hunger- und Sättigungsgefühl?

Wir begrüßen es, wenn Sie möglichst viele natürliche Lebensmittel einkaufen und diese für Ihre Familie zubereiten. Die feinen Geschmacksnuancen, die wir wahrnehmen können, werden so nicht von künstlichen Aromen überlagert. Es sollte aber kein Dogma werden, denn eine dogmatische, auf die Gesundheit fokussierte Haltung von Eltern kann entweder zu Rebellion führen (»Gesundes schmeckt mir eh nicht«) oder – so vermuten Experten – bei angepassten Kindern mit niedrigem Selbstwert und hohen Ansprüchen an sich selbst auch Essstörungen wie Orthorexie begünstigen. Kinder, die gut mit sich in Kontakt stehen und gut spüren können, was ihnen bekommt und was nicht, lassen sich auch von Fertigprodukten nicht aus dem Gleichgewicht bringen. Es kann zum Beispiel sein, dass Chips so gut schmecken, dass die ganze Packung gegessen wird – darauf kann dann aber ein Gefühl von Magendrücken folgen. Der Körper signalisiert: Das ist mir nicht gut bekommen. Kinder nehmen diese Information unterbewusst auf und entscheiden auf Basis dieser Erfahrung, dass die nächste Chips-Portion kleiner sein sollte. Unser Körper lernt durch spürbare Erfahrungen, nicht durch kognitive Ansprache wie Gebote und Verbote.

Aber Gemüse ist für mein Kind doch in jedem Fall gesund!

Nein, nicht unbedingt. Wenn Ihrem Kind Gemüse gut bekommt und es Gemüse mit Freude isst, können Sie davon ausgehen, dass es für Ihr Kind auch gesund ist. Wenn Ihr Kind aber bestimmte Gemüsesorten ablehnt, sollte es nicht zum Verzehr gezwungen werden, denn sein Körper signalisiert schlechte Bekömmlichkeit. Ablehnung von bestimmten Lebensmitteln hat häufig nichts damit zu tun, dass ein Kind verwöhnt ist, sondern ist vielmehr ein Körpersignal. Es gibt jedoch eine Ausnahme: Ablehnung kann auch »ansozialisiert« sein. Das bedeutet, dass ein Kind dazu erzogen ist, etwas eigentlich Bekömmliches abzulehnen. Ein Beispiel: Ein Kind wird jahrelang gezwungen, zum Sport Bananen zu essen. Später lehnt es auch dann Bananen ab, wenn dem Körper Bananen gut bekommen würden. Die entstandene Aversion verhindert die Wahrnehmung des Körpersignals.

Was ist denn jetzt gesund und ungesund?

Wenn wir von einem Kind ausgehen, das seelisch und körperlich im Gleichgewicht ist und eine Vielzahl an Lebensmitteln kennenlernt, ist immer genau das gesund, was das Kind verlangt und was es gerne isst. Denn hier ist eine gute Bekömmlichkeit gegeben – die wichtigste Voraussetzung, um die enthaltenen Nährstoffe optimal verarbeiten zu können.

Ich sorge mich, dass mein Kind nur noch zu ungesunden Lebensmitteln greifen und sich hauptsächlich von Zucker und Süßigkeiten ernähren wird.

Jeder Organismus strebt Balance an. Wir sind dann im Gleichgewicht, wenn sowohl unsere körperlichen als auch unsere seelischen Bedürfnisse erfüllt sind. Wenn ein Kind aus einer breiten Lebensmittelauswahl frei wählen kann, wird es sich langfristig ausgewogen ernähren und dafür sorgen, dass es alle notwendigen Nährstoffe erhält. Es sei denn, es liegen andere (psychische) Defizite vor. Eine strikte Haltung zu Zucker überdeckt diese nur, löst sie aber nicht.

Was kann beim Kind vorliegen? Es besteht die Möglichkeit, dass das Kind *Verzichthunger* spürt: Dem Kind wurde so lange Süßes vorenthalten, bis ein extremes Verlangen danach entstanden ist. Auch *emotionale Gründe* können ausschlaggebend sein: Das Kind ist traurig und versucht, ein seelisches Bedürfnis mit süßen Lebensmitteln zu kompensieren. Oder aber es ist müde, überdreht, fühlt sich gelangweilt. Es kann seine wahren Bedürfnisse gerade schlecht wahrnehmen. Darüber hinaus können *anerzogene Belohnungsmechanismen* zu einem hohen Zuckerkonsum führen: Es wurde immer wieder mit Zucker belohnt, sodass sich dieses Muster verfestigt hat. Natürlich können sich solche Belohnungsmuster auch mit Chips oder Ähnlichem etablieren.

Wenn Ihr Kind also tatsächlich langfristig nur zu süßen Lebensmitteln greift, ist der wichtigste Schritt, die wahren Ursachen hierfür näher zu beleuchten. Auf diesen Aspekt gehen wir in Teil 4 (»Emotionales Essen«) detailliert ein.

Ich fürchte, dass mein Kind nicht genügend Nährstoffe bekommt.

Unser Körper ist auf Überleben programmiert. Wenn einem Kind vielfältige Nahrungsmittel angeboten werden, wird sein Körper ihm klar signalisieren, was er wann benötigt. Es gibt keinen Grund, etwas zu essen, worauf man keine Lust hat. Im Gegenteil: Signalisiert der Körper Unlust, kann man davon ausgehen, dass der Körper hierfür triftige Gründe hat.[117] Vielleicht beruhigt es Sie, dass sogar Kinder, die als selektive Esser diagnostiziert werden, in den allermeisten Fällen kerngesund sind. Ein selektives Essverhalten wird dann als Essverhaltensstörung bezeichnet, wenn Kinder für den jeweiligen Entwicklungsstand und die jeweilige Kultur eine statistisch unterdurchschnittliche Auswahl von Konsistenzen, Nahrungsmitteln oder Zubereitungsformen zu sich nehmen. Selektive Esser wählen häufig nur zwischen fünf und sechs verschiedenen Lebensmitteln – und zwar in einem Alter, das über die normale »picky eater«-Phase hinausgeht. In der Regel gedeihen diese Kinder normal, und aufgrund ihres guten Gesundheitszustandes ist davon auszugehen, dass sie alle notwendigen Nährstoffe erhalten.[118] Mangelernährung ist in unseren Breiten generell sehr selten und betrifft Kinder, die ihre Köperintelligenz nicht verloren haben, in aller Regel nicht.

Was ist mit Softdrinks? Was mache ich, wenn mein Kind so viel Süßes trinkt, dass es keinen Hunger mehr hat?

Wenn Ihr Kind keinen Durst hat (Durst sollte nach Möglichkeit immer zuerst mit Wasser gestillt werden) und sich dann an einem Softdrink satt trinkt, gibt es keinen Grund, warum das Kind zusätzlich noch etwas essen sollte. Wenn es häufiger passiert, dass Ihr Kind ein süßes Getränk einem Essen vorzieht, kann dies unterschiedliche Gründe haben: Vielleicht ist Ihr Kind sehr hungrig und benötigt daher schnell verfügbare Energie. Es kann auch sein, dass emotionale Gründe oder zuvor aufgebaute Verzichtgefühle eine Rolle spielen. Versuchen Sie herauszufinden, ob der Körper Appetit auf Süßes signalisiert – oder ob etwas anderes dahintersteckt. Wenn Ihr Kind einen glücklichen und ausgeglichenen Eindruck auf Sie macht, dann wird es mit hoher Wahrscheinlichkeit der körperliche Hunger sein, der nach einem süßen Getränk verlangt.

Dennoch sind wir nicht der Meinung, dass ein Kind stets Softdrinks zur Verfügung haben sollte. Es kann eine gute Lösung sein, zu Hause Wasser anzubieten, um den Durst zu löschen, Softdrinks aber nicht rigoros zu verbieten.

Was ist besser für mein Kind: Zucker oder Süßstoff?

Unserer Einschätzung nach sind Süßstoffe für Kinder weniger geeignet als Zucker. Auf diesen Punkt gehen wir in Teil 2 (»Können eine Zuckersteuer oder der Nutri-Score Übergewicht wirkungsvoll bekämpfen?«) detailliert ein. Unsere Hauptgründe sind folgende:

- Süßstoffe sind synthetisch. Wir wissen nicht, ob und wie schädlich diese für Kinder sind.
- Die aktuelle Datenlage lässt vermuten, dass Süßstoffe das Sättigungsempfinden schwächen und somit die Körperintelligenz stören.
- Zusätzlich kann man in den USA beobachten, dass die zunehmende Verbreitung von Süßstoffen mit einem Anstieg der Prävalenz für Übergewicht assoziiert ist. Das bedeutet: Die Häufigkeit, an Übergewicht zu erkranken, sinkt nicht, sondern sie steigt.

Es wird ja häufig berichtet, dass Zucker schädlich ist. Wie können Sie das Gegenteil behaupten?

Im Blut jedes Menschen ist unser Körpertreibstoff Glukose (Traubenzucker) zu finden. Glukose ist derart wichtig für unseren Organismus, dass er diesen Stoff selbst produziert, wenn er ihm nicht ausreichend zugefügt wird.[119] Aber natürlich stimmt es, dass wir in einer Welt leben, in der sich viele Menschen tatsächlich nicht bedürfnisorientiert, sondern *zu stark* zuckerlastig ernähren. Potenzielle Folgen sind Krankheiten und Übergewicht. Nun ist der naheliegende, einfachste Gedanke, Zucker per se zu verteufeln. Diese Argumentation greift aber zu kurz, sie ist sogar kontraproduktiv. Die entscheidende Frage ist: Warum ernähren sich manche Menschen auf eine Weise, die gesundheitsschädlich für sie ist? Es gibt unterschiedliche Gründe, wie Verzichthunger, emotionale Gründe oder (anerzogene) Belohnungsmechanismen. Kurzum: Die Innensteuerung ist gestört, der Mensch handelt nicht mehr bedürfnisorientiert.

Emotional stabile Kinder, die auf ihre Körperintelligenz vertrauen und bedürfnisorientiert handeln, schützen sich intuitiv vor Maßlosigkeit und Gesundheitsschädigung. Wenn übermäßiger, nicht bedürfnisorientierter Konsum vorliegt, müssen die Gründe genau überprüft und geeignete – bedürfnisorientierte – Maßnahmen ergriffen werden.

Kinder benötigen in erster Linie Energie, also Eiweiß, Fett und Kohlenhydrate (die aus Zuckermolekülen bestehen), um zu wachsen.[120] Wenn ein Kind, das vielfältig wählen kann, sich beispielsweise für ein Honig-Brötchen entscheidet und ihm dieses gut bekommt, dann war es für das Kind die richtige Wahl. Es gibt keinerlei Evidenz, die das Gegenteil beweisen würde.

Vielleicht fragen Sie sich jetzt: Aber was ist mit dem zugesetzten Zucker in Fertigprodukten oder Fruchtjoghurts?

Wir raten Ihnen hier zu möglichst natürlichen Produkten, selbst zubereiteten Speisen und beispielsweise selbst angerührtem Fruchtjoghurt. Aber: Für Ihr Kind ist es wichtig, möglichst wenigen Verboten gegenüberzustehen. Sie können darauf vertrauen: Je vielfältiger das Angebot ist (hier meinen wir die gesamte Lebensmittelpalette über einen bestimmten Zeitraum, nicht bei jeder Mahlzeit) und je besser Ihr Kind seine Bedürfnisse spüren kann, desto weniger wird es ständig nach Zucker verlangen. Eine eindrückliche Studie untermauert dies: Kindern wurden im Rahmen eines Experiments Limonaden mit unterschiedlichen Süßgraden angeboten. Gerade die restriktiv erzogenen Kinder präferierten besonders die süßeste Limonade – im Gegensatz zu den weniger dogmatisch erzogenen Kindern.[121]

Macht Zucker süchtig?

Die Aufnahme von Nahrung ist ein elementares Lebensbedürfnis, wenn es befriedigt wird, stellen sich Glücksgefühle ein.[122] Das ist also nicht nur bei Zucker der Fall. Richtig ist, dass die Kombination aus Zucker und Fett für den Menschen besonders attraktiv ist. Bereits Muttermilch vereint Fette und Kohlenhydrate (die im Körper in Zucker zerlegt werden). Daher wird angenommen, dass Menschen durch Muttermilch darauf gepolt werden, besonders intensiv auf kohlenhydrat- und fettreiche Nahrung zu reagieren und diese als belohnend wahrzunehmen, weil sie überlebenswichtig ist.[123]

In unserer Gesellschaft wird sehr häufig mit süß-fettigen Nahrungsmitteln (wie Schokolade) belohnt, sodass sich dieser Belohnungsmechanismus schon bei Kindern manifestiert. Das kann dazu führen, dass versucht wird, nicht erfüllte Bedürfnisse mit Süßem zu bekämpfen. Die Folge ist eine Art psychische Abhängigkeit, die jedoch aus den kontinuierlich übergangenen und nicht erfüllten Bedürfnissen resultiert. Es kann daher nicht von einer Zuckersucht gesprochen werden. »Denn wer auf Zucker verzichtet, leidet nicht körperlich unter dem Entzug, wie es bei Suchtmitteln wie Drogen der Fall ist.«[124] Auch eine wissenschaftliche Auswertung von 160 Studien kommt zu diesem Ergebnis.[125] Nun denken Sie vielleicht: Aber ich habe doch schon von einer Studie gehört, die bestätigt, dass Zucker süchtig macht! Lassen Sie uns eine dieser Studien, die oft zitiert wurde, einmal genauer ansehen:

Mit einem Trick hatten Forscher Ratten dazu gebracht, regelmäßig große Mengen Zucker zu sich zu nehmen: Sie verwehrten ihnen sozusagen das Frühstück, was bei den Tieren eine Art Heißhunger auslöste. Um diesen Hunger zu stillen, standen ihnen jedoch nur eine geringe Menge Futter und Zuckerwasser zur Verfügung, was die Ratten gierig zu sich nahmen. Das rief ein Verhalten hervor, wie man es auch bei Süchtigen beobachten kann. Bei einer erzwungenen Abstinenz verausgabten sich die Ratten geradezu, um wieder an Nahrung zu kommen. Sie reagierten extrem empfindlich auf Aufputschmittel, ein typisches Anzeichen dafür, dass sich die Hirnfunktionen dauerhaft verändert hätten. Zudem wurden die Ratten während ihrer abstinenten Phase zu regelrechten Angsthasen: Ihre Zähne klapperten und sie trauten sich kaum noch aus den überdachten Bereichen ihrer Käfige heraus.[126]

Stellen wir uns dieses Experiment am Menschen vor: Wir müssen hungern und dürfen dann fast ausschließlich Softdrinks konsumieren, um den Hunger zu stillen. Ein solches Experiment würde wahrscheinlich als unethisch eingestuft und hat mit der Realität nichts zu tun. Hinzu kommt: Eine Ratte nimmt unter natürlichen Bedingungen etwa zwölf Mahlzeiten am Tag auf[127] – sie ist also auf Hungerphasen genetisch überhaupt nicht vorbereitet. Ein auffälliges, geradezu panisches Verhalten ist vorprogrammiert. Zusätzlich hatten die Ratten natürlich überhaupt keine Chance, sich an ihrer

Körperintelligenz zu orientieren. Zuerst wurden sie gezwungen, auf Nahrung zu verzichten, und danach hatten sie die Wahl, ob sie weiter Hunger leiden oder sich mit Zucker – also für das Tier völlig unpassender Nahrung – vollpumpen.

Der Trieb nach Nahrungsaufnahme muss gestillt werden, um das Überleben zu sichern. Die Tiere werden also unter extremen Stress gesetzt, die Hungerphase löst große Ängste aus. Die unpassende Nahrung bringt die Tiere auch physisch aus ihrem natürlichen Gleichgewicht. Aus diesem Experiment die These abzuleiten, dass Zucker süchtig macht, erscheint uns bei genauerem Hinsehen als äußerst fragwürdig.

Was lässt sich also festhalten? Ja, wir haben eine Präferenz für süß-fettige Lebensmittel. Aber: Babys, die süß-fettige Muttermilch trinken, überessen sich nicht. Zucker macht nicht körperlich süchtig. Doch bestimmte Bedingungen können dazu führen, dass wir verlernen, mit ihm adäquat umzugehen – psychische Abhängigkeiten können aufgrund von nicht erfüllten Bedürfnissen entstehen. Der Aspekt der Bedürfniserfüllung wird in Teil 4 (»Emotionales Essen«) ausführlich erläutert, und wir zeigen auf, wie Sie Ihr Kind stärken können, damit es nicht zum emotionalen Essen kommt.

Bunt gestaltete Kinderprodukte ziehen mein Kind besonders an, sie enthalten aber häufig viel Zucker. Wie soll ich damit umgehen?

Es stimmt: Gerade bunt gestaltete Kinderprodukte sind häufig besonders süß und für Kinder sehr attraktiv. Dennoch wird Ihr Kind einen angemessenen Umgang damit erlernen, wenn das Produkt wie jedes andere Lebensmittel neutral behandelt wird und Ihr Kind frei erspüren kann, wie es ihm bekommt.

Müssen Sie als Mutter oder als Vater beim Einkauf alles erlauben?

Nein, das müssen Sie nicht. Sie können beispielsweise vereinbaren, dass Ihr Kind einen Artikel pro Einkauf ganz frei wählen darf. Wir empfehlen aber, diese Entscheidung niemals mit »gesund« oder »ungesund« zu begründen. Argumentieren Sie zum Beispiel damit, dass Sie nicht unbegrenzt Geld ausgeben wollen oder können, um auf alle Wünsche einzugehen. Wenn Ihr Kind gar nicht dazu neigt, sich viel auszusuchen, können Sie den Einkauf natürlich auch einfach so gemeinsam erledigen. Vielleicht sucht es sich bei einem Einkauf mehrere bunte Produkte aus, beim nächsten Mal dann gar keine. Wichtig ist, die Wahl nicht zu kommentieren, sondern Ihr Kind frei entscheiden zu lassen.

Fragen zum eigenen Essverhalten

Wie kann mein Kind lernen, seiner Körperintelligenz zu folgen, obwohl ich es selbst nicht (mehr) kann?

Eltern haben gerade beim Thema Essen eine wichtige Vorbildfunktion. Es prägt Kinder, wenn ein Elternteil beispielsweise häufig Diät macht. Dennoch ist es grundsätzlich so, dass wir alle mit der Fähigkeit, unsere Körperintelligenz wahrzunehmen, auf die Welt kommen. Kinder sind in puncto Ernährungswissen noch nicht von außen manipuliert wie Erwachsene. Wenn wir ihnen vertrauen, prägt ihre natürliche Körperintelligenz weiterhin ihr Essverhalten.

Sie selbst müssen nicht unbedingt ein natürliches Essverhalten haben, damit Ihre Kinder ein solches entwickeln können. Aber es ist wichtig, dass Sie dem Ansatz grundsätzlich vertrauen und Ihrem Kind gegenüber authentisch sind. Wenn Sie selbst mit Ihrem Essverhalten hadern, kommen Sie vielleicht an den Punkt, an dem

Sie feststellen, dass die Körperintelligenz auch für Sie selbst ein sehr zuverlässiger Ernährungskompass sein kann. Dann haben Sie die Möglichkeit, etwas von Ihren Kindern zu lernen. Probieren Sie es einfach mal aus!

Ich esse selbst keinen Zucker, wieso soll ich es meinem Kind erlauben?

Warum essen Sie keinen Zucker? Wenn Ihnen zuckerhaltige Lebensmittel nicht gut bekommen, ist das völlig in Ordnung. Jeder Mensch hat eine andere Bekömmlichkeit – was Ihnen gut schmeckt, ist für einen anderen vielleicht schlecht bekömmlich und umgekehrt. Wenn Sie sich und Ihrem Kind aber aus Angst vor einem übermäßigen Konsum Zucker verbieten, würden wir das kritisch hinterfragen. Denn Verbote führen zu starken Verzichtgefühlen. Vielleicht verbieten Sie sich auch Süßes, weil Sie spüren, dass Sie damit häufig nicht bedürfnisorientiert umgehen, dass Sie Süßes als Belohnung, bei Müdigkeit oder zur Frustbekämpfung einsetzen. Dann möchten wir auch Sie ermutigen, bei Ihren Bedürfnissen anzusetzen und über diesen Weg zu innerem Gleichgewicht zu gelangen.

Ich ernähre mich vegetarisch oder vegan – und das aus Überzeugung. Wie soll ich mit meinem Kind umgehen?

Hier stehen sich zwei Positionen gegenüber: Die eine ist Ihre ethische Haltung. Wahrscheinlich ist es Ihnen zuwider, dass Tiere geschlachtet werden, dass sie in Mastanlagen leiden, dass Regenwald für den Anbau von Futtermitteln abgeholzt wird. Das können wir sehr gut nachvollziehen.

Dem gegenüber steht, dass der Körper Ihres Kindes vielleicht Fleisch gerade sehr gut gebrauchen kann und Ihr Kind daher

Appetit darauf hat. Auch steht Ihrer ethischen Haltung gegenüber, dass Ihr Kind vielleicht Verzichthunger entwickelt, wenn ihm kategorisch tierische Produkte vorenthalten werden, während seine Freunde in der Kita oder in der Schule diese genussvoll essen. Bedenken Sie außerdem, dass Ihr Kind sich von Ihrer Sichtweise vielleicht auf eine Art und Weise beeinflussen lässt, dass es tierische Lebensmittel ablehnt, um Ihnen einen Gefallen zu tun und sich und seine Bedürfnisse nicht mehr spüren kann; oder vielleicht auch, dass es hinter Ihrem Rücken beginnt, Tierisches zu essen und sich dafür vielleicht sogar schämt.

Wir wollen nicht entscheiden, was höher gewichtet werden sollte. Wir möchten Ihnen nur die relevanten Aspekte, das Für und Wider, vorstellen. Sie selbst treffen die für sich besten Entscheidungen.

Kritikpunkte an unserem Ansatz

Meine Eltern haben mir auch gesagt, was ich essen soll, und es hat mir nicht geschadet.

Wir glauben: Ihr Kind hat eine deutlich bessere Chance, sein Leben lang ein unbeschwertes Essverhalten beizubehalten, wenn es sich auf seine Innensteuerung verlassen darf und möglichst wenig von außen beeinflusst wird. Auch wenn individuelle Vorhersagen kaum möglich sind, so weisen Studien darauf hin: Wer beim Essen seiner Körperintelligenz folgt, leidet seltener unter Essstörungen und hat insgesamt ein höheres Selbstwertgefühl.[128] Zudem verfügen intuitive Esser über eine höhere Wertschätzung des eigenen Körpers und sind insgesamt zufriedener mit sich und ihrem Leben.[129]

Soll ich alles, was ich über gesunde Ernährung gehört habe, über Bord werfen?

Ja, wir laden Sie dazu ein! Wie wäre es, wenn Sie aufhören, stets den Verstand und das Gewissen zu adressieren und beginnen, Lebensmitteln mit Neugier, Freude und Genuss zu begegnen? Neues zu probieren, zu schmecken, zu riechen, Essen wertzuschätzen – dazu möchten wir Sie ermuntern. Sie müssen nichts über gesunde Ernährung *wissen*, denn wir halten es für viel erfüllender und auch gesünder, wenn Sie geradezu kindlich neugierig sind, in sich hineinspüren und mit allen Sinnen genießen; und wenn Sie all diese Dinge auch Ihrem Kind ermöglichen.

Hat der Ansatz überhaupt eine Chance gegen die Nahrungsmittelindustrie?

Ja, es stimmt – die industrialisierte Produktion überfordert mitunter unsere natürliche Wahrnehmung dessen, was uns guttut und was nicht. Nur: Wir leben in der Welt, in der wir leben. Wir können das Rad nicht zurückdrehen. Natürlich wäre es für uns und unsere Körperintelligenz leichter, wenn es nur natürliche, unverarbeitete Produkte gäbe. Die Frage ist doch: Wie können wir mit den bestehenden Gegebenheiten *am besten* umgehen? Und hier sind wir überzeugt: Unsere Körperintelligenz ist der wichtigste Kompass, um trotz des Überangebots von verarbeiteten Produkten körperlich und seelisch im Gleichgewicht zu bleiben. Je mehr Sie die Körperintelligenz Ihres Kindes fördern und es auch emotional stärken, umso besser wird es mit den Produkten der Nahrungsmittelindustrie umzugehen lernen.

Besteht nicht die Gefahr, dass Kinder die Wertschätzung für Lebensmittel verlieren?

Hier sagen wir ganz klar: Das Gegenteil ist der Fall. Wertschätzung für Essen geht in der Regel verloren, wenn ich etwas ohne Genuss und mit Zwang esse, wenn ich etwas esse, worauf ich eigentlich gar keinen Appetit habe. Oder wenn ich etwas essen muss, obwohl ich längst satt bin. Wertschätzung ist eng verknüpft mit Genuss, Lust und der Verfügbarkeit von schmackhaften Lebensmitteln. Wenn ich mich auf mein Essen freue, wenn ich den Geruch als positiv wahrnehme, wenn das Essen Spaß bereitet, wenn ich nur so viel esse, wie mein Körper benötigt – dann schätze ich Essen wert.

Ich befürchte, dass ich mehr Lebensmittel wegwerfen muss …

Es gibt keinen Grund, weshalb vermehrt Essen weggeworfen werden sollte. Reste lassen sich in der Regel im Kühlschrank aufbewahren und können am nächsten Tag verwertet werden. Häufig machen gerade Reste des Vortages das Abendessen noch bunter und vielfältiger!

Vielleicht empfinden Sie das Wegwerfen von Lebensmitteln auch als respektlos gegenüber Menschen, die Hunger leiden müssen. Das ist nachvollziehbar, aber dennoch möchten wir Sie dazu ermutigen, diese Sorge fallen zu lassen. Denn Sie helfen mit Ihrem eigenen – nicht bedürfnisorientierten Verhalten – niemandem, der nicht genügend zu essen hat. Wertschätzung für Essen, Wertschätzung für das privilegierte Leben, das wir haben, können Sie Ihrem Kind anders vermitteln, und auch Unterstützung für Notleidende können Sie auf andere Weise leisten.

Ich finde es verantwortungslos, meinem Kind nicht aufzuzeigen, was gesund ist und was nicht.

Gesund korreliert in der Wahrnehmung vieler Kinder, die nach den Kriterien »gesund und ungesund« erzogen werden, mit »schmeckt mir nicht«.[130] Das bedeutet, dass Kinder die Kategorie »gesund« automatisch mit etwas Negativem, Zwanghaftem verbinden. Die Erziehung zu »gesund« ist also kontraproduktiv, da Kinder dann zwar *kognitiv* ein Bewusstsein dafür entwickeln, was gut für sie sein soll. Auf ihr Essverhalten wirkt es sich aber gegenteilig aus, denn diese Kinder wollen tendenziell nicht *mehr*, sondern *weniger* davon essen.

Ist der Mensch von Natur nicht aus gierig?

Es existiert die These,dass der Mensch evolutionsbedingt dazu neigt, mehr zu essen als er eigentlich braucht. Der Hintergrund: Als wir noch Jäger und Sammler waren, konnten wir nicht damit rechnen, schnell und vor allem regelmäßig (wieder) Nahrung zu finden. Heute hingegen, so sagen die Befürworter dieser These, seien wir umgeben von fett- und zuckerreichen Lebensmitteln, die wir, wenn wir uns nicht disziplinieren und kontrollieren, in Unmengen verzehren würden.[131]

Das klingt im ersten Moment logisch. Aber fest steht auch: Hunger und Sättigung sind feine Mechanismen. Babys folgen ihnen intuitiv und ungezwungen, wie man wunderbar bei Neugeborenen sehen kann. Sie verhalten sich nicht unersättlich und gierig, im Gegenteil. Sie versperren sich sogar Versuchen, ihnen mehr zuzuführen, als sie benötigen. Sind sie satt, drehen sie den Kopf von der Brust oder der Milchflasche weg.

Stellen wir uns den Urzeitmenschen einmal in unterschiedlichen Gegebenheiten vor. Variante 1: Es herrscht Nahrungsknappheit, er ist ausgehungert und muss um sein Überleben kämpfen. In diesem Bild ist vollkommen schlüssig, dass er sich gierig auf alles Essbare stürzen wird, was er findet – und ganz besonders auf die Dinge, die besonders nahrhaft und sättigend sind. Variante 2: Er lebt in einer fruchtbaren Umgebung und findet genügend Nahrung. Er hat keinerlei Not. Aus welchem Grund sollte er sich hier gierig verhalten? Ist es nicht viel wahrscheinlicher, dass er im Einklang mit sich und der Natur leben würde? Hinzu kommt: Er musste immer damit rechnen, vor Tieren flüchten zu müssen. Wäre ihm hier nicht ein voller Bauch im Weg gewesen?

Gehen wir noch einen Schritt weiter: Nun stellen wir uns vor, dass der Mensch tatsächlich doch eine gewisse Gier in sich trägt, die in unserer Überflussgesellschaft Übergewicht fördert. Wäre dann die richtige Handlungsempfehlung, dieser Gier mit Disziplin zu begegnen? Nein! Denn Disziplin führt zu Verzichthunger. Wir wissen heute, dass etwa 90 Prozent aller Diäten scheitern und dass sich Übergewichtige häufig in einem Teufelskreis aus Verzicht und kompensatorischem Essen wiederfinden.

Fazit: Selbst wenn der Mensch von Natur aus gierig wäre, wäre ein probates Mittel nur die Stärkung der natürlichen Innensteuerung.

Ist es nicht ein bisschen einfach, zu sagen: Erlaubt einfach alles, der Körper signalisiert schon, was er braucht?

Das confidimus-Prinzip ist individuell und bedürfnisorientiert. Es geht nicht darum, einfach alles zu erlauben. Es geht darum, dem Kind Vielfalt anzubieten und aufmerksam zu sein, wenn es zu emotionalem Essen neigt; achtsam zu sein, wenn es bestimmte Lebensmittel ablehnt; unterstützend neben seinem Kind zu stehen, anstatt es mit Regeln, Verboten und Kontrolle zu einem gesunden Essverhalten zu erziehen.

Schlusswort, Danksagung – und ein persönlicher Appell an Sie

Diese unglaubliche Erfahrung, ein Buch – von der ersten Idee bis zum fertigen Manuskript – zu schreiben, endet nun (für uns kaum vorstellbar) mit diesen Zeilen. Das Schreiben wird uns fehlen – was nicht bedeutet, dass wir nicht schon längst Ideen für eine Fortsetzung haben.

Für den Moment aber hoffen wir, dass dieses Buch zu einem nachhaltigen Umdenken beitragen wird – sowohl bei der gesellschaftlichen Haltung als auch in der Debatte rund um gesunde Ernährung für Kinder. Ja, unser confidimus-Prinzip ist anders als das, was aktuell vorrangig in den Medien propagiert wird. Und ja, es ist konträr zur Haltung, die in vielen Kitas und Schulen gelebt wird. Aber gerade deshalb möchten wir Sie von Herzen bitten, diesen Ansatz mit uns gemeinsam in die Welt zu tragen. Ein gesellschaftliches Umdenken fängt immer beim Einzelnen an.

Unsere Vision ist, dass das Vertrauen in die Körperintelligenz die Basis für alle weiterführenden Empfehlungen wird. Dass Hilfsangebote auf dieser Prämisse aufbauen, dass sich die Politik, die Deutsche Gesellschaft für Ernährung, Krankenkassen, Schulen und Kindergärten daran ausrichten. Jeder Impuls, den Sie setzen, hat Einfluss – ganz gleich, ob Sie mit Freunden, Ihrer Familie oder Ihrem Kinderarzt darüber sprechen.

Natürlich hoffen wir, dass Sie die praktischen Tipps in diesem

Buch gut umsetzen können und Ihr Kind dadurch die Chance hat, seiner Innensteuerung zu folgen. In unseren Coaching-Familien hat sich nachhaltig so vieles verändert und verbessert, dass confidimus für uns zu einer echten Herzensangelegenheit geworden ist. Und auch wir selbst haben diese Änderungen in unseren Familien vollzogen und sind jeden Tag dankbar für diese Entwicklung.

Apropos: Wir danken von Herzen unseren Coaching-Familien, die uns ihr Vertrauen geschenkt haben. Ohne sie wäre dieses Buch nicht möglich gewesen. Wir bedanken uns bei unseren confidimus-Partnerinnen, die an unserer Seite stehen, an unsere Vision glauben und die wundervollsten Botschafterinnen sind, die wir uns wünschen können. Wir bedanken uns bei allen Experten, die sich Zeit für uns genommen und auf Interviewfragen geantwortet haben, obwohl noch in den Sternen stand, ob sich ein Verlag für unser Projekt interessieren würde. Wir bedanken uns bei allen Unterstützern, die uns darin bestärkt haben, diesen Weg zu gehen. Danke an Sarah, Claudia, Julia, Vivien, Christina, Katrin, Vera und Elisabeth für eure authentischen und sehr ehrlichen Erfahrungsberichte. Ein herzlicher Dank gebührt auch unseren engagierten TestleserInnen Silke, Elisabeth, Susanne, Isabel und Jörg sowie Dr. med. Christian Henkel für seine fachliche Expertise. Sie alle haben viel Mühe und Zeit investiert, um diesem Buch den letzten Schliff zu geben. Ein herzlicher Dank geht auch an Annegret Augustin vom Kösel-Verlag für die hervorragende Betreuung, an unsere Lektorin Imke Oldenburg, die mit viel Geduld und Kompetenz alle Lektoratsschleifen mit uns gedreht hat, und an unsere Agentin Nicola Einsle, ohne die wir nicht wären, wo wir sind. Danke an Astrid für dein wunderbares Mentaltraining. Danke an unsere Eltern, die uns die Kraft gegeben haben, wenn nötig auch gegen den Strom zu schwimmen. Und wir danken natürlich unseren wunderbaren Männern und Vätern unserer Jungs für ihr Verständnis, dass so ein Buchprojekt viel Herzblut erfordert, und für ihre Bereitschaft, uns in den besonders intensiven und turbulenten Phasen den Rücken freizuhalten.

Und last but not least: Danke an vier großartige Jungs! Mit euch gemeinsam erleben wir die schönsten und faszinierendsten Aha-Momente. Hättet ihr uns nicht gezeigt, wie wunderbar unser confidimus-Prinzip funktioniert, gäbe es dieses Buch nicht. Es ist euch gewidmet.

Wir verabschieden uns nun also als Autorinnen von Ihnen, aber wenn Sie mögen, nicht als Coaches. Wenn Sie sich Unterstützung für Ihre Familie wünschen, sind wir im Rahmen von Coachings, Kursen und Workshops für Sie da. Sie können auch gerne in unseren Podcast reinhören, sich mit anderen LeserInnen in der gleichnamigen Facebook-Gruppe zum Buch vernetzen oder uns beziehungsweise eine unserer Partnerinnen für einen Vortrag einladen, beispielsweise in der Schule oder in der Kita Ihres Kindes. Und wenn Sie unseren Ansatz gern selbst weiter in die Welt tragen möchten, freuen wir uns natürlich auch, wenn Sie Teil unseres Partnerinnen-Netzwerks werden.

Es wäre schön, wenn wir Sie weiterhin – und dann im persönlichen Austausch – begleiten dürften.

Anhang

Literaturverzeichnis

The ABCs of Family Mealtimes (2011): »Observational Lessons for Promoting Healthy Outcomes for Children With Persistent Asthma«, in: *Child Development*, Volume 82, Issue 1, January/February 2011, S. 133ff.

Asgodom, Sabine (2012): *So coache ich. 25 überraschende Impulse, mit denen Sie erfolgreicher werden*. 3., überarb. Aufl., Kösel-Verlag, München

Becker, A. E., et al. (2011): »Social network media exposure and adolescent eating pathology in Fiji«, in: *British Journal of Psychiatry*. 198(1), S. 43–50

Berndt, Christina (2015): *Resilienz. Das Geheimnis der psychischen Widerstandskraft*. 13. überarbeitete Aufl., dtv, München

Binnberg, Nils (2019): *Ich habe es satt! Wie uns Ernährungsgurus krank machen*. Suhrkamp, Berlin

Botved, A./Gräßer, M./Hovermann, E. (2016): *Gefühle benennen mit Kindern und Jugendlichen*. Beltz, Weinheim

Bryant-Waugh, R./Lask, B (2008): *Essstörungen bei Kindern und Jugendlichen – Rat und Hilfe für Eltern*. Hans Huber, Bern

Davis, C. M. (1928): »Self selection of diet by newly weaned infants: an experimental study«, in: *Am J Dis Child* 36, S. 651–679

Denny, K. N., et al. (2013): »Intuitive eating in young adults. Who is doing it, and how is it related to disordered eating behaviors?«, in: *Appetite*, 60(1), S. 13–9

Ellis, J./Galloway A./Webb, R. M./Martz, D. M./Farrow, C. V. (2016): »Recollections of pressure to eat during childhood, but not picky eating, predict young adult eating behavior«, in: *Appetite* 97, S. 58–63

Ellrott, Thomas (2007): »Wie Kinder essen lernen«, in: *Ernährung – Wissenschaft und Praxis* 1(4), S. 167–173

Ellrott, Thomas (2003): »Zunehmende Portionsgrößen – Ein Problem für die Regulation der Nahrungsmenge«, in: *Ernährungs-Umschau* 50, S. 340–343

Ellrott, Thomas (2009): *Einflussfaktoren auf die Entwicklung des Essverhaltens im Kindesalter*. Deutscher Ärzte-Verlag, Köln

Everke, Dr. Heinrich (2013): *Schluss mit den Diätlügen: Wann Abnehmen wirklich gelingen kann.* 1., überarb. Aufl., Südverlag, Konstanz

Fisher JO et al. Am J Clin Nutr (1999) aus: »Essverhalten in der frühen Kindheit«, Ostschweizer Kinderspital

Frankenbach, Thomas (2015): *Schlank sein. Idealgewicht durch Somatische Intelligenz.* KOHA, Burgrain

Frankenbach, Thomas (2015): *Somatische Intelligenz. Hören, was der Körper braucht.* 3. überarbeitete Aufl., KOHA, Burgrain

Fröschl, B./Haas, S./Wirl, Ch. (2009): *Prävention von Adipositas bei Kindern und Jugendlichen (Verhaltens- und Verhältnisprävention).* Deutsches Institut für Medizinische Dokumentation und Information, Geschäftsbereich des Bundesministeriums für Gesundheit, Köln

Gay, Roxane (2019): *Hunger – Die Geschichte meines Körpers,* btb, München

Gelibert, A./Aversa, A. (2003): »Emotional Eating in overweight, normal weight and underweight individuals«, in: *Eating Behaviors* 3, S. 342–347

González, Carlos (2018): *Mein Kind will nicht essen.* 8. Aufl., La Leche Liga Deutschland e. V.

Gräßer, Melanie/Hovermann, Eike (2015): *Ressourcenübungen für Kinder und Jugendliche.* Beltz, Weinheim

Herbert, B. M., et al. (2013): »Intuitive eating is associated with interoceptive sensitivity. Effects on body mass index«, in: *Appetite, 70,* S. 22–30

Holler, Ingrid (2010): *Trainingsbuch: Gewaltfreie Kommunikation.* 5., überarb. Aufl., Junfermannsche Verlagsbuchhandlung, Paderborn

Kerr, Alison C. (2017): *The binge code. 7 unconventional keys to end binge eating & lose excess weight.* Mind Free

Knop, Uwe (2017): *Kind, iss was dir schmeckt! Die wissenschaftliche Abrechnung mit den Märchen zu »gesunder« Kinderernährung.* Börsenmedien, Kulmbach

Knop, Uwe (2019): *Dein Körpernavigator zum besten Essen aller Zeiten.* Polarise, Heidelberg

Liem D. G./Mars M./De Graaf, C. (2004): »Sweet preferences and sugar consumption of 4- and 5-year-old children: role of parents«, in: *Appetite* 43, S. 235–245

Otto, Anne: »Satt und zufrieden?«, in: *Spiegel Wissen 03/2019*

Pauli, Dagmar (2018): *Size Zero. Essstörungen verstehen, erkennen und behandeln.* C. H. Beck, München

Pollmer, Udo (2017): *Esst endlich normal.* Piper, München

Pollmer, Udo/Warmuth, Susanne (2016): *Lexikon der populären Ernährungsirrtümer. Mißverständnisse, Fehlinterpretationen und Halbwahrheiten von Alkohol bis Zucker.* 7. Aufl., Piper, München/Berlin

Resch, Elyse/Tribole, Evelyn (2013): *Intuitiv Abnehmen. Zurück zu natürlichem Essverhalten.* 7., überarb. Aufl., Goldmann, München
Roediger, Eckard (2014): *Wer A sagt muss noch lange nicht B sagen: Lebensfallen und lästige Gewohnheiten hinter sich lassen*, Kösel-Verlag, München
Rozin, Paul (1976): »The selection of food by rats, humans and other animals«, in: Rosenblatt, J./Hinde R. A./Berr C./Shaw E. (Hrsg.): *Andvances in the Study of Behavior, Band 6*, Academic Press, New York
Saalfrank, Katharina (2017): *Kindheit ohne Strafen. Neue wertschätzende Wege für Eltern, die es anders machen wollen.* Beltz, Weinheim/Basel
Senécal, Dr. Catherine (2019): *Du bist gut so, wie du bist! So befreien Sie Ihr Kind vom Figurwahn, Rollenklischees abbauen, Individualität stärken, Essstörungen vorbeugen.* Mankau, Murnau am Staffelsee
Stahl, Stefanie (2015): *Das Kind in dir muss Heimat finden.* Kailash, München
Thomson, J. Anderson (2014): *Warum wir (an Gott) glauben – eine kompakte Einführung in die Wissenschaft der Religion.* Springer, Berlin/Heidelberg
Tylka, T. L., & Kroon Van Diest, A. M. (2013): »The Intuitive Eating Scale–2: Item refinement and psychometric evaluation with college women and men«, in: *Journal of Counseling Psychology, 60(1)*, S. 137–153
Vandereycken, Walter, Meermann Rolf (2003): *Magersucht und Bulimie. Ein Ratgeber für Betroffene und ihre Angehörigen.* Hans Huber, Bern
Windscheid, Leon (2018): *Hey Hirn! Warum wir ticken, wie wir ticken.* Heyne, München
Wollinger, Olivia (2018): *Essanfälle, adé: Vom emotionalen Essen zum persönlichen Wohlfühlgewicht.* Ullstein, Berlin
World Health Organization (2016): Growing up unequal: gender and socioeconomic differences in young people's health and well-being. http://www.euro.who.int/__data/assets/pdf_file/0003/303438/HSBC-No.7-Growing-up-unequal-Full-Report.pdf

Onlinequellen

In Klammern das Datum des letzten Seitenaufrufs.

https://www.antenne.com/tipps/lifestyle/ernaehrung/4-fragen-zu-gesunder-kinder-ernaehrung-id273644.html (06.09.2019)

https://www.bips-institut.de/no_cache/aktuelles/presse/einzelansicht/artikel/wer-als-kind-viel-zucker-und-fett-konsumiert-trinkt-als-jugendlicher-haeufiger-alkohol.html (12.09.2019)

https://www.bzga-essstoerungen.de/lehr-und-fachkraefte/zahlen-zur-haeufigkeit/ (12.09.2019)

http://contemporaryfoodlab.com/de/uncategorized/2014/11/orthorxi-nervosa/ (12.09.2019)

https://www.dasgehirn.info/denken/motivation/schaltkreise-der-motivation (12.07.2019)

https://www.deutsche-handwerks-zeitung.de/backtechnik-so-ist-brot-besser-vertraeglich/150/3096/335948 (12.05.2020)

https://www.dge.de/wir-ueber-uns/die-dge/ (12.09.2019)

https://www.elternwissen.com/ernaehrung-kinder/gesund-essen/art/tipp/suessstoffe-dickmacher-ohne-kalorien.html (25.04.2020)

https://www.evoo.expert/post/gefahr-durch-n%C3%A4hrwertampel-nutri-score (25.04.2020)

https://www.familie.de/kleinkind/bilderstrecke/kinderernaehrung/ (10.08.2020)

https://www.focus.de/wissen/natur/wissenschaft-studie-kinder-essen-ohne-verbote-weniger-ostereier_aid_619379.html (19.03.2020)

https://www.kita-bildungsserver.de/downloads/download-starten/?did=755 (13.08.2018)

https://magazin.bodychange.de/gesunde-ernaehrung/ernaehrungsplan/cheat-day-so-hilft-er-bei-der-diaet-10986/ (12.05.2020)

https://www.manifestation-boost.de/gehirn-kennt-keinen-unterschied-zwischen-erlebter-realit%C3%A4t-und-film/ (15.07.2019)
https://www.onmeda.de/krankheiten/wachstumshormonmangel-diagnose-3289-5.html (25.04.2020)
https://www.presseportal.de/pm/35730/1669377 (12.05.2020)
https://www.rund-ums-baby.de/stillberatung/Naehrstoffgehalt-der-Muttermilch-beeinflussen_132466.htm (05.09.2019)
https://www.savethekoala.com/german/gmkoalasdiet (05.09.2019)
https://www.sciencedaily.com/releases/2009/03/090318140624.htm (12.09.2019)
https://www.spiegel.de/gesundheit/ernaehrung/weight-watchers-launcht-diaet-app-fuer-kinder-und-erntet-scharfe-kritik-a-1282148.html (13.09.2019)
https://www.spiegel.de/gesundheit/ernaehrung/ernaehrung-eier-sind-gesuender-als-viele-denken-a-1208886.html (06.09.2019)
http://www.spiegel.de/wissenschaft/natur/suchtverhalten-forscher-machen-ratten-zu-zucker-junkies-a-595867.html (05.09.2019)
https://www.stuttgarter-zeitung.de/inhalt.hirnforschung-pommes-und-sahnetorte-machen-gluecklich.70d64984-21d1-425f-af0a-0c39d2a066d3.html (02.09.2019)
https://www.sueddeutsche.de/gesundheit/der-naechste-bitte-zucker-1.3210170 (05.09.2019)
https://www.sueddeutsche.de/gesundheit/gesundheit-optimales-uebergewicht-1.2987480 (12.05.2020)
https://www.sueddeutsche.de/gesundheit/gesundheit-zucker-regt-belohnungs system-an-macht-aber-nicht-suechtig-dpa.urn-newsml-dpa-com-20090101-140403-99-02976 (12.05.2020)
https://www.surrey.ac.uk/features/let-them-eat-easter-eggs (12.05.2020)
https://www.tagesspiegel.de/berlin/essstoerungen-mehr-magersucht-und-bulimie-in-der-hauptstadtregion/21582432.html (06.09.2019)
https://www.tagesspiegel.de/berlin/nils-binnberg-ueber-zwanghaftes-essen-ich-war-schon-als-jugendlicher-unzufrieden-mit-meinem-koerper/24074236-2.html (03.09.2019)
https://www.tagesspiegel.de/berlin/nils-binnberg-ueber-zwanghaftes-essen-vegan-sein-erschien-mir-wie-der-weg-zur-unsterblichkeit/24074236.html (02.09.2019)
https://www.tierschutzbund.de/fileadmin/user_upload/Downloads/Broschueren/Haltung_von_Ratten.pdf (12.05.2020)
https://www.verbraucherzentrale.de/wissen/lebensmittel/gesund-ernaehren/mahlzeiten-im-ueberblick-6962 (03.09.2019)

https://www.verbraucherzentrale.de/wissen/lebensmittel/kennzeichnung-und-inhaltsstoffe/entscheidung-fuer-den-nutriscore-naehrwertkennzeichnung-kommt-2020-36561 (04.09.2019)
https://www.vonguteneltern.de/picky-eaters-essen-studieren-und-vielleicht-probieren/ (15.07.2019)
https://www.zeit.de/wissen/gesundheit/2016-01/ernaehrung-uebergewicht-kinder-medizini-figurtest/seite-2 (05.09.2019)
https://www.zm-online.de/news/gesellschaft/wie-schaedlich-sind-suessstoffe-fuer-kinder-keine-ahnung/ (25.04.2020)

Anmerkungen

1 Ellrott: *Einflussfaktoren auf die Entwicklung des Essverhaltens im Kindesalter*, S. 83
2 Das komplette Interview mit Thomas Frankenbach finden Sie unter www.koesel.de/deinkindisstbesser
3 Das komplette Interview mit Dorothee Asmus-Timm finden Sie unter www.koesel.de/deinkindisstbesser
4 Frankenbach: *Somatische Intelligenz*, S. 16
5 https://www.tagesspiegel.de/berlin/nils-binnberg-ueber-zwanghaftes-essen-vegan-sein-erschien-mir-wie-der-weg-zur-unsterblichkeit/24074236.html (02.09.2019)
6 Knop: *Dein Körpernavigator*, S. 6
7 Frankenbach: *Somatische Intelligenz*, S. 38f.
8 Frankenbach: *Somatische Intelligenz*, S. 42
9 Frankenbach: *Schlank sein*, S. 14
10 Frankenbach: *Somatische Intelligenz*, S. 11
11 Frankenbach: *Schlank sein*, S. 10
12 Frankenbach: *Schlank sein*, S. 10ff.
13 https://www.savethekoala.com/german/gmkoalasdiet (05.09.2019)
14 Frankenbach: *Schlank sein*, S. 18
15 Ellrott: *Einflussfaktoren auf die Entwicklung des Essverhaltens im Kindesalter*, S. 79
16 Ellrott: *Einflussfaktoren auf die Entwicklung des Essverhaltens im Kindesalter*, S. 80
17 Davis, S. 651ff.
18 https://www.vonguteneltern.de/picky-eaters-essen-studieren-und-vielleicht-probieren/ (29.08.2019)
19 Pauli: *Size Zero*, S. 82
20 Ellrott: *Einflussverhalten auf die Entwicklung des Essverhaltens im Kindesalter*, S. 79
21 Rozin, S. 21ff.
22 https://www.sciencedaily.com/releases/2009/03/090318140624.htm (12.09.2019)

23 González: *Mein Kind will nicht essen,* S. 25

24 https://www.tagesspiegel.de/berlin/nils-binnberg-ueber-zwanghaftes-essen-ich-war-schon-als-jugendlicher-unzufrieden-mit-meinem-koerper/24074236-2.html (03.09.2019)

25 Binnberg, S. 57

26 Frankenbach: *Somatische Intelligenz,* S. 121

27 Pauli: *Size Zero,* S. 71

28 Everke: *Schluss mit den Diätlügen,* S. 74ff.

29 Everke: *Schluss mit den Diätlügen,* S. 75

30 Everke: *Schluss mit den Diätlügen,* S. 76

31 World Health Organization, S. 97ff.

32 https://www.bzga-essstoerungen.de/lehr-und-fachkraefte/zahlen-zur-haeufigkeit/ (12.09.2019)

33 Senécal, S. 20

34 http://contemporaryfoodlab.com/de/uncategorized/2014/11/orthorexia-nervosa/ (12.09.2019)

35 https://www.zeit.de/wissen/gesundheit/2016-01/ernaehrung-uebergewicht-kinder-medizini-figurtest/seite-2 (12.09.2019)

36 https://magazin.bodychange.de/gesunde-ernaehrung/ernaehrungsplan/cheat-day-so-hilft-er-bei-der-diaet-10986/ (05.09.2019)

37 Das komplette Interview mit Dagmar Pauli finden Sie unter www.koesel.de/deinkindisstbesser

38 Das komplette Interview mit Maria Kieninger-Meerkamp finden Sie unter www.koesel.de/deinkindisstbesser

39 Gewicht geteilt durch Körpergröße in Metern im Quadrat

40 González, S. 141

41 Das komplette Interview mit Sonja Kössler-Galos finden Sie unter www.koesel.de/deinkindisstbesser

42 Knop: *Kind, iss was … dir schmeckt!,* S. 56

43 vgl. Fisher JO et al. Am J Clin Nutr 1999; aus »Essverhalten in der früher Kindheit«, Ostschweizer Kinderspital

44 https://www.sueddeutsche.de/gesundheit/gesundheit-optimales-ueber gewicht-1.2987480 (12.09.2019)

45 González, S. 150

46 Binnberg, S. 149

47 Binnberg, S. 148

48 Binnberg, S. 148

49 Binnberg, S. 148

50 https://www.spiegel.de/gesundheit/ernaehrung/ernaehrung-eier-sind-gesuender-als-viele-denken-a-1208886.html (06.09.2019)

51 Pollmer: *Lexikon der populären Ernährungsirrtümer*, S. 122

52 https://www.dge.de/wir-ueber-uns/die-dge/ (12.09.2019)

53 https://www.sueddeutsche.de/gesundheit/der-naechste-bitte-zu-cker-1.3210170 (05.09.2019)

54 Frankenbach: *Schlank sein*, S. 39

55 Knop: *Kind, iss was … dir schmeckt*, S. 63; Confectionery consumption and overweight, obesity, and related outcomes in children ad adolescents: a systematic review and meta-analysis; Am J Clin Nutr. 2016 May; 103(5), S. 1344-56

56 https://www.spiegel.de/gesundheit/ernaehrung/coca-cola-senkt-zucker gehalt-von-sprite-und-fanta-a-1200084.html

57 https://www.zm-online.de/news/gesellschaft/wie-schaedlich-sind-suess stoffe-fuer-kinder-keine-ahnung/

58 https://www.zm-online.de/news/gesellschaft/wie-schaedlich-sind-suess stoffe-fuer-kinder-keine-ahnung/

59 vgl. https://www.elternwissen.com/ernaehrung-kinder/gesund-essen/art/tipp/suessstoffe-dickmacher-ohne-kalorien.html

60 https://www.verbraucherzentrale.de/wissen/lebensmittel/kennzeichnung-und-inhaltsstoffe/entscheidung-fuer-den-nutriscore-naehrwertkennzeich nung-kommt-2020-36561

61 https://www.evoo.expert/post/gefahr-durch-n%C3%A4hrwertampel-nutri-score

62 https://www.tagesspiegel.de/berlin/essstoerungen-mehr-magersucht-und-bulimie-in-der-hauptstadtregion/21582432.html (06.09.2019)

63 Pauli: *Size Zero*, S. 119

64 https://www.zeit.de/wissen/gesundheit/2016-01/ernaehrung-uebergewicht-kinder-medizini-figurtest/seite-2 (05.09.2019)

65 vgl. Knop: *Kind, iss was … dir schmeckt*, S. 38

66 https://www.vonguteneltern.de/picky-eaters-essen-studieren-und-vielleicht-probieren/ (15.07.2019)

67 Gätjen: *Lotta lernt essen. Stillen, Milch und Babybreie*, Stuttgart 2017

68 Windscheid, S. 187

69 www.koesel.de/deinkindisstbesser

70 vgl. Fröschl/Haas/Wirl

71 https://www.rund-ums-baby.de/stillberatung/Naehrstoffgehalt-der-Muttermilch-beeinflussen_132466.htm (05.09.2019)

72 González, S. 168
73 nach Sabine Asgodom
74 Ellrott: »Zunehmende Portionsgrößen – Ein Problem für die Regulation der Nahrungsmenge«, in: Ernährungs-Umschau 50, S. 340–343
75 Everke, S. 79f.
76 vgl. Pudel (1982), zitiert nach Everke, S. 79f.
77 Roediger, S. 174
78 vgl. Pollmer, S. 156ff.
79 vgl. Frankenbach: *Somatische Intelligenz*, S. 160f.
80 vgl. Windscheid, S. 64
81 Frankenbach: *Somatische Intelligenz*, S. 144
82 Frankenbach: *Somatische Intelligenz*, S. 144
83 Der Begriff »ectomorph« beschreibt einen eher schmächtigen Körper mit flacher Brust, langen, dünnen Armen und Beinen. Als »endomorph« werden eher massige und muskulöse Körper mit eher kürzeren Gliedmaßen und größeren Fettspeichern beschrieben.
84 Der vollständige Verzicht auf Süßigkeiten führt bei den meisten Menschen eher zu Kontrollverlusten, bei denen sie letztlich mehr davon zu sich nehmen. Vgl. Gelibert/Aversa, S. 342ff.
85 vgl. Kerr, S. 171
86 Saalfrank, S. 205
87 vgl. Berndt, S. 171
88 www.koesel.de/deinkindisstbesser
89 Zur weiteren Vertiefung dieses Aspekts empfehlen wir das Buch *Kindheit ohne Strafen* von Katharina Saalfrank.
90 vgl. Windscheid, S. 142ff.
91 vgl. https://www.manifestation-boost.de/gehirn-kennt-keinen-unterschied-zwischen-erlebter-realit%C3%A4t-und-film/ (15.07.2019)
92 https://www.manifestation-boost.de/70000-gedanken-pro-tag-wie-wirken-sie-sich-aus/ (15.07.2019)
93 vgl. Gräßer/Hovermann
94 vgl. Saalfrank, S. 101ff.
95 vgl. Holler, S. 197
96 vgl. Saalfrank, S. 196
97 vgl. Berndt, S. 159
98 zitiert nach Otto
99 vgl. Resch/Tribole, S. 49

100 Resch/Tribole, S. 49
101 https://www.surrey.ac.uk/features/let-them-eat-easter-eggs; https://www.sn-online.de/Nachrichten/Wissen/Uebersicht/Kinder-essen-ohne-Verbote-weniger-Ostereier-und-Schokolade
102 https://www.focus.de/wissen/natur/wissenschaft-studie-kinder-essen-ohne-verbote-weniger-ostereier_aid_619379.html (19.03.2020)
103 vgl. Frankenbach: *Somatische Intelligenz*, S. 185
104 vgl. Wollinger
105 Diese Übung ist angelehnt an Stahl, S. 256ff.
106 vgl. Windscheid, S. 186
107 vgl. Roediger, S. 151f.
108 vgl. Roediger, S. 158f.
109 Becker/Burwell/Gilman/Herzog, S. 43ff.
110 vgl. Senécal, S. 69
111 https://www.antenne.com/tipps/lifestyle/ernaehrung/4-fragen-zu-gesunder-kinder-ernaehrung-id273644.html
112 vgl. Ellrott: *Wie Kinder essen lernen*, S. 167ff.
113 Saalfrank, Katharina: *Kindheit ohne Strafen. Neue wertschätzende Wege für Eltern, die es anders machen wollen*, Weinheim 2017
114 Vandereycken/Meermann: S. 49f.
115 Asgodom, S. 108, angelehnt an die Madonna-Methode
116 vgl. Knop: *Kind, iss was … dir schmeckt*, S. 93; *The ABCs of Family Mealtimes*, S. 133ff.
117 vgl. Knop, S. 37ff.
118 vgl. Bryant-Waugh/Lask, S. 29f.
119 vgl. Binnberg, S. 36
120 vgl. Knop: *Kind, iss was … dir schmeckt*, S. 39
121 Liem/Mars/De Graaf, S. 235ff.
122 https://www.dasgehirn.info/denken/motivation/schaltkreise-der-motivation (12.07.2019)
123 vgl. https://www.stuttgarter-zeitung.de/inhalt.hirnforschung-pommes-und-sahnetorte-machen-gluecklich.70d64984-21d1-425f-af0a-0c39d2a066d3.html (02.09.2019)
124 https://www.sueddeutsche.de/gesundheit/gesundheit-zucker-regt-belohnungssystem-an-macht-aber-nicht-suechtig-dpa.urn-newsml-dpa-com-20090101-140403-99-02976
125 https://www.presseportal.de/pm/35730/1669377

126 http://www.spiegel.de/wissenschaft/natur/suchtverhalten-forscher-machen-ratten-zu-zucker-junkies-a-595867.html

127 https://www.tierschutzbund.de/fileadmin/user_upload/Downloads/Broschueren/Haltung_von_Ratten.pdf

128 Denny et al., S. 13ff.

129 Tylka/A.M. Kroon/Van Diest, S. 137ff.

130 https://www.kita-bildungsserver.de/downloads/download-starten/?did=755

131 vgl. Thomson, S. 16

Stichwortregister

T

U

Sollte diese Publikation Links auf Webseiten Dritter enthalten, so übernehmen wir für deren Inhalte keine Haftung, da wir uns diese nicht zu eigen machen, sondern lediglich auf deren Stand zum Zeitpunkt der Erstveröffentlichung verweisen.

Klimaneutral
Druckprodukt
ClimatePartner.com/14044-1912-1001

MIX
Papier aus verantwortungsvollen Quellen
FSC® C083411
FSC
www.fsc.org

Verlagsgruppe Random House FSC® N001967

Neumarkter Str. 28, 81673 München
Umschlag: Weiss Werkstatt, München
Umschlagmotiv: ssj414/E+/Getty Images
Satz: Leingärtner, Nabburg
Redaktion: Imke Oldenburg
Fachlektorat: Dr. med. Christian Henkel,
Facharzt für Kinder- und Jugendpsychiatrie und
Psychotherapie sowie für Kinder- und Jugendmedizin
Druck und Bindung: CPI books GmbH, Leck
Printed in Germany
ISBN 978-3-466-31154-5
www.koesel.de

ieses Buch ist auch als E-Book erhältlich.